OSTSEEKÜSTE

Regioführer **spezial**

DIE AUTORINNEN

Katrin Tams ist an der Ostseeküste aufgewachsen und hat in Rheinland-Pfalz, in Nordirland und in den USA gelebt und gearbeitet. Heute ist sie in Potsdam als Autorin und Redakteurin tätig. Von hier reist sie gern und regelmäßig in die 350 Kilometer entfernte Heimat und schreibt darüber.

Tanja Klindworth schreibt auf www.spaness.de über Wellbeing Life & Travel. Sie reist viel, sowohl privat als auch beruflich. Dabei ist sie bevorzugt Slow Travel unterwegs – in Wanderschuhen, per Fahrrad, in einem Wellness- oder Spahotel, auf der Suche nach spannenden Zielen vor der Haustür in ihrer Heimat Norddeutschland oder bei einem entspannten Roadtrip mit der Familie.

INHALT

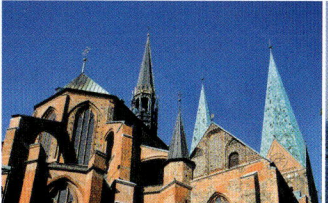

INHALT

Zeichenerklärung

 Top 10
Das müssen Sie gesehen haben

 Vista Point
Reiseregionen, Orte und
Sehenswürdigkeiten

 Symbole
Verwendete Symbole siehe hintere innere
Umschlagklappe.

 Kartensymbol: Verweist auf das entsprechende
Planquadrat der ausfaltbaren Karte bzw. der
Detailpläne im Buch.

Buchenwald im
Nationalpark Jasmund

Willkommen an der Ostseeküste

Alljährlich verbringen Millionen von Menschen die schönste Zeit des Jahres an den Stränden, Buchten und Förden der Ostsee. Aber nicht erst in unserer Zeit entdeckte man die landschaftlichen Reize und das gute Klima der Küstenregion: Bereits der Tourismus des 19. Jahrhunderts ließ viele verträumte Ostseeorte zu mondänen Seebädern erwachen, und Adlige, Wohlhabende und später auch die Bewohner der überfüllten Städte reisten an die See in die Sommerfrische.

Mit der Wiedervereinigung endete der DDR-Dornröschenschlaf vieler Badeorte Mecklenburg-Vorpommerns. Seit der Wende hat sich die Region mit viel Energie und Liebe zum Detail der Instandsetzung und dem Neuaufbau der touristischen Infrastruktur gewidmet. »In altem Glanz« – kein leeres Wort, wenn man in Heiligendamm vor dem

*Die Seebrücken der
Ostseebäder – dem Horizont
ein Stückchen näher*

schneeweißen Grandhotel, in Sellin vor der rekonstruierten Seebrücke oder auf dem beeindruckenden Marktplatz von Wismar steht.

Aber noch viel früher, in vergangenen Jahrhunderten, kamen Besucher von weit her an die Küste – in Schleswig-Holstein und Mecklenburg-Vorpommern haben diese Zeiten viele spannende Spuren und Zeugnisse hinterlassen. Von der Wikingersiedlung Haithabu bis zu den großen Hansestädten, vom Wikinger-Langschiff bis zu Viermastbarken, die noch um Kap Hoorn segelten, gibt es viel Historisches zu entdecken. Nicht verstaubt und theoretisch wie im Schulunterricht, sondern live und anschaulich vermitteln Freilicht- und Dorfmuseen einen Einblick in das Leben an der Ostseeküste der Vergangenheit.

Ein Urlaub an der Ostsee kann ganz unterschiedliche Schwerpunkte haben. Wer es sportlich mag, wird segeln, angeln, Golf spielen, reiten, aber auch kitesurfen oder Beachvolleyball spielen. Wer das Spiel der Wellen liebt, verbringt seine Zeit am Strand und an atemberaubenden Steilküsten. Baumfreunde bewundern die zahlreichen Alleen. Feinschmecker probieren sich durch die preisgekrönte Gastronomie und durchstöbern Hofläden und Räuchereien nach Katenschinken und saftigem Fisch. Kinder verlieren sich in Sandwelten und Verliebte suchen sich einsame Buchten, um ganz ungestört zu sein.

Weiße Segel vor blauem Himmel, eine frische Brise, heller Sand unter den Füßen und ein Hauch von Salz in der Luft – unvergessliche Urlaubseindrücke aus dem Land, »wo die Ostseewellen trecken an den Strand …«

Top 10: Das müssen Sie gesehen haben

① Lübecker Altstadt
S. 12 ff. ➡ G5

Die beeindruckende Altstadt wird von der UNESCO zum Weltkulturerbe gezählt. Die zahlreichen Backsteinbauten atmen noch heute den Geist der Hansezeit.

② Schloss Gottorf
S. 64, 66 ff. ➡ C1

Die mächtige Vierflügelanlage in Schleswig ist über 800 Jahre alt und beherbergt heute verschiedene Teile des Landesmuseums.

③ Wikingersiedlung Haithabu
S. 66, 68, 69 ➡ C1

Aus der bedeutenden Ausgrabungsstätte erwuchs ein Museum über das Leben und Wirken der Wikinger vor 1000 Jahren.

④ Oldenburger Wall
S. 94 ➡ D6

Die historische Ringwallanlage ist Zeugnis der frühen Slawenkultur. Im dazugehörigen Freilichtmuseum wird ihre Zeit wieder lebendig.

⑤ Doberaner Münster
S. 151 ff. ➡ E10

Der elegante Bau ist eine der bedeutendsten hochgotischen Backsteinkirchen Mecklenburgs.

6 Darß
S. 168 ff. ➡ C12

Die Halbinsel gehört zum Nationalpark Vorpommersche Boddenlandschaft. Wunderschöne Strände und eine vielfältige Vogelwelt machen diese Region einzigartig.

7 Ozeaneum Stralsund
S. 176, 178, 179 ➡ D14

Spannend präsentierte Meeresinfos in einem spektakulären Museumsneubau.

8 Rügener Kreideküste
S. 203 ff. ➡ B16

Die strahlend weißen Felsen fand schon Caspar David Friedrich zum Malen schön. Ihr markantester Punkt ist noch heute der 118 Meter hohe Königsstuhl.

9 Hiddensee
S. 212 ff. ➡ B/C14

Das schmale Inselchen westlich von Rügen wird bereits in einem germanischen Versepos erwähnt. Im 19. Jahrhundert fand man hier ei-

nen Goldschatz aus der Zeit um das Jahr 1000. Wer die Insel heute besucht, findet vor allem viel Ruhe und faszinierende Natur.

10 Ahlbecker Seebrücke
S. 230, 231 ➡ F18

Die Seebrücke mit dem türmchenverzierten Holzbau ist das Wahrzeichen Usedoms.

Ein Rundgang durch die Stadt der sieben Türme

Vorschlag für eine Stadttour:
Etwa zwei Stunden Fußweg, ohne Besichtigungen
Rathaus – Café Niederegger – St. Marien – Buddenbrookhaus – Schiffergesellschaft – Gangviertel (Hellgrüner und Dunkelgrüner Gang) – Europäisches Hansemuseum – Heiligen-Geist-Hospital – Jakobikirche – Willy-Brandt-Haus – Günter-Grass-Haus – Füchtingshof – Glandorpsgang – St. Katharinen – Aegidienkirche – St. Annen – Dom – St. Petri – TheaterFigurenMuseum – Holstentor.

Ein Besuch der wunderschönen ❶ **Lübecker Altstadt** kann jedem Ostsee-Urlauber wärmstens empfohlen werden. Das intakte mittelalterliche Stadtbild ist einzigartig.

Der Rundgang durch Lübeck startet am **Rathaus** ➡ c C3. Es gilt als eines der schönsten und ältesten seiner Art in Deutschland. Noch heute ist der monumentale

Lübeck: die Königin der Hanse aus der Vogelperspektive

ALTSTADT VON LÜBECK

Lübeck, Schleswig-Holstein

Ein Besuch der Lübecker Altstadt darf bei keinem Ostseeurlaub fehlen! Nicht nur einzelne Gebäude sind hervorzuheben, sondern es ist die Gesamtwirkung eines intakten mittelalterlichen Stadtbilds, die der geneigte Betrachter auf sich wirken lassen kann. Die Lübecker Kaufleute hatten Geld und wollten es zeigen. Lübeck war die Königin der Hanse und ihre Bewohner ließen sich eine Stadt bauen, die noch Jahrhunderte später beeindruckt: 1986 wurde der Altstadtkern daher von der UNESCO als Weltkulturerbe anerkannt. Der so geschützte Bereich bezieht die wichtigsten Bauwerke der Stadt ein: Rathaus, Burgkloster, Koberg – ein vollständig erhaltenes Viertel des späten 13. Jahrhunderts – mit Jakobikirche, Heiligen-Geist-Hospital und den Baublöcken zwischen Glockengießer- und Aegidienstraße, das Viertel der Patrizierhäuser des 15. und 16. Jahrhunderts zwischen Petrikirche und Dom, die Salzspeicher am linken Traveufer und natürlich das Holstentor.

Wie in anderen Großstädten des späten Mittelalters gab es auch in Lübeck eine Vielzahl von Tagelöhnern und Trägern. Meist wohnten sie in kleinen Holzhäusern, die dicht aneinandergedrängt auf Eckgrundstücken oder an den Rückseiten der Bürgerhäuser standen. Die versteckt gelegenen Wohnbereiche wurden Gänge oder Gangviertel genannt. Gegen Ende des 17. Jahrhunderts gab es in Lübeck noch mehr als 180 Gänge, heute bestehen noch etwa 90.

Erheblich menschenfreundlicher ging es da im 1286 vollendeten Heiligen-Geist-Hospital zu, das als eine der ältesten Sozialeinrichtungen Europas gilt. Fromme, reiche Bürger hatten es gestiftet. Aus dem Krankenhaus ist später ein Seniorenheim geworden.

Das Rathaus ist eines der größten mittelalterlichen Rathäuser Deutschlands und

Das Heiligen-Geist-Hospital auf einer kolorierten Fotografie um 1900.

beherbergt noch heute die Verwaltung, die Bürgerschaft und den Senat. Im Jahr 1230, nur kurz nach der Verleihung der Reichsfreiheit an Lübeck, wurde mit dem Bau begonnen. Die vielen Erweiterungen und Anbauten haben dazu geführt, dass hier an einem Bau eine Vielzahl verschiedener Stilrichtungen zu sehen ist.

Im zweiten Stock des Marzipanzauberers Café Niederegger an der Breiten Straße gibt es einen Ausstellungsraum, in dem sich die Besucher über die Geschichte des Hauses und seines Produktes informieren können.

INFO: Lübeck liegt ca. 65 km nordöstlich von Hamburg. **INFO LÜBECK:** Welcome Center (Touristbüro), Lübeck und Travemünde Marketing GmbH, Holstentorplatz 1, 23552 Lübeck, Tel. (04 51) 889 97 00, www.luebeck-tourismus.de, **INFO CAFÉ NIEDEREGGER:** Shop und Marzipan-Salon, Breite Str. 89, Lübeck, Tel. (04 51) 53 01-126/127, www.niederegger.de, Öffnungszeiten Mo–Sa 9–18, So 10–18 Uhr.

Bau Sitz der Verwaltung, der Bürgerschaft und des Senats. Baubeginn war 1230, kurz nach der Verleihung der Reichsfreiheit an Lübeck. Immer wieder wurde angebaut und erweitert – die vielen verschiedenen Stilrichtungen sind Zeugen lebhaften Architekturinteresses. 1594 wurde die im niederländischen Stil errichtete Renaissancetreppe an der Breiten Straße errichtet. Am besten kann man sie vom Giebelfenster des gegenüberliegenden **Café Niederegger** ➥ cC3 aus bewundern. Im zweiten Stock des »Marzipan-Paradieses« gibt es einen Ausstellungsraum, in dem über die Geschichte des Hauses und die des köstlichen Mandelprodukts und seiner Verarbeitung informiert wird. Hier kann man auch gut etwas Wartezeit überbrücken, wenn die Tische der hochfrequentierten Räumlichkeiten, wie so oft, alle besetzt sind. Schließlich kann kein japanischer Tourist Europa den Rücken kehren, ohne die berühmte Marzipan-Nuss-Torte von Niederegger probiert zu haben.

Hinter dem Rathaus ragt eine mächtige Kirche auf. Sie gilt mit ihren 750 Jahren als Mutterkirche der norddeutschen Backsteingotik: **St. Marien** ➥ cC3 diente rund 70 Kirchen im Ostseeraum als Vorbild. Die stolzen und reichen Bürger Lübecks errichteten dieses Wunderwerk bewusst in unmittelbarer Nähe ihres Rathauses. Der Bau wurde um 1250 begonnen und 1350 vollendet. Das Backsteingewölbe ist mit 38,5 Metern im Mittelschiff das höchste der Welt. Bei einem Bombenangriff brannte das Innere fast völlig aus – die herabgestürzten Glocken im Süderturm zeugen heute mit beredtem Schweigen von der schweren Zeit. Viele wertvolle Kunstwerke verbrannten ebenfalls, darunter auch der berühmte Lübecker Totentanz. Die Fenster der Totentanzkapelle von 1957 nehmen die Motive und Gestalten des zerstörten Kunstwerks wieder auf. Die

Moderner Teufel an altem Gemäuer: Die Plastik von Rolf Goerler ziert seit 1999 die Marienkirche

Das mächtige Kirchenschiff von St. Marien

Die Volksausgabe der »Buddenbrooks« von 1930 machte den Erfolgsroman von 1901 noch populärer

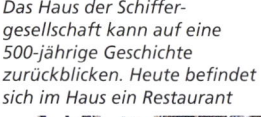

Das Haus der Schiffergesellschaft kann auf eine 500-jährige Geschichte zurückblicken. Heute befindet sich im Haus ein Restaurant

heutige Astronomische Uhr, nach dem Vorbild des im Krieg verbrannten Originals erstellt, stammt von dem Lübecker Uhrmacher Paul Behrens.

Von der Breiten Straße geht es nach links in die Mengstraße zum **Buddenbrookhaus** ➜ cC3, über das der berühmteste Sohn der Stadt in seinem berühmtesten Buch schrieb – die Rede ist natürlich von Thomas Mann. Im Herzen Lübecks wurde 1758 das schöne Haus erbaut, das heute das Heinrich-und-Thomas-Mann-Zentrum beherbergt und bis 2025 erweitert wird.

Dann geht es ein paar Schritte zurück und weiter die Breite Straße entlang nach Norden und nach links in die Engelsgrube, benannt nicht etwa nach himmlischen Flügelwesen, sondern nach den englischen Handelspartnern Lübecks aus der Hansezeit. An der Ecke steht das altehrwürdige **Haus der Schiffergesellschaft** ➜ cB3 (Nr. 2), 1535 durch die Gemeinschaft von Seeleuten erworben und bis heute in ihrem Besitz. Das Gebäude ist eines der schönsten Treppengiebelhäuser der Stadt und darf zum Glück betreten werden – es ist ein Restaurant.

Von der Engelsgrube geht es rechts in den Engelswisch; am Haus mit der Nummer 28 führt ein niedriger Rundbogen in den Hellgrünen Gang, er mündet in die Straße An der Untertrave. In den Großstädten des späten Mittelalters wurden jene versteckt gelegenen Wohnbereiche, in denen die vielen Tagelöhner und Lastenträger lebten, Gänge oder Gangviertel genannt.

Der Lübecker Weihnachtsmarkt ist einer der beliebtesten in Norddeutschland

Oft standen die kleinen Holzhäuser dicht beieinander auf Eckgrundstücken oder an den Rückseiten der Bürgerhäuser. Achtung: Es empfiehlt sich, den Kopf einzuziehen!

Weiter nach rechts, entlang der Uferstraße, geht es jetzt in die Kleine Altefähre, aber vor dem Abbiegen sollte man noch einen Blick auf das **Europäische Hansemuseum** ➡cA4 werfen. Der Besuch des Museums ist definitiv ein wichtiger Programmpunkt bei jedem Lübeckbesuch, denn die Geschichte des bedeutenden Wirtschaftsbunds wird hier anschaulich und spannend präsentiert.

Weiter geht es nach rechts in die Kleine Burgstraße über den Koberg. Hier steht mit seinen vier schlanken Türmen das 1286 vollendete **Heiligen-Geist-Hospital** ➡cB4, eine der ältesten Sozialeinrichtungen Europas. Es wurde von reichen und frommen Bürgern gestiftet und diente zunächst als Krankenhaus, dann als Altenheim – bis heute. Die Kammern des Langhauses, die winzige Zimmerchen waren, und die Kirchenhalle bieten alljährlich den Rahmen für einen sehr stimmungsvollen Kunsthandwerker-Weihnachtsmarkt. An den »Kabäusterchen« stehen noch die Namen der letzten Bewohner, bevor diese 1970 in den modernisierten Gebäudeteil umzogen.

Tauchen Sie ein in eine einzigartige Ausstellung, interaktiv und in vier Sprachen erlebbar

EUROPÄISCHES
HANSEMUSEUM LÜBECK

Lübeck, Schleswig-Holstein

Im Jahr 2015 eröffnete das aus typisch norddeutschem, handgefertigtem Backstein erbaute und wegen seiner modernen Architektur preisgekrönte Haupthaus des Europäischen Hansemuseums am Lübecker Hafen. In einladender Manier lenkt die große Treppe den Blick auf das denkmalgeschützte Burgkloster oberhalb, eine der bedeutendsten Klosteranlagen Norddeutschlands.

Im Hansemuseum begibt sich der Besucher auf eine faszinierende Reise in die Zeit der Hanse, die zwischen Lübeck und London, Bergen, Brügge und Nowgorod zu einem der mächtigsten Handelsnetzwerke des Mittelalters heranwuchs. In der inaktiven Ausstellung erleben Groß und Klein die aufregende Atmosphäre eines Hansetags, befühlen edle Stoffe und andere Handelswaren und erfahren vom bis heute spürbaren Einfluss der Hanse auf Wirtschaft, Politik und Kultur.

Die Ausstellung führt durch 800 Jahre Hansegeschichte, sie erzählt vom Wagemut der Kaufleute, vom Leben in der Fremde, von Reichtum und Spekulation bis hin zu Krankheit und Tod. Stellen musste man sich Problemen wie Rechtsfragen, Währungsumrechnung und Sprachbarrieren – während die Besucher von heute das Museum wahlweise auf Deutsch, Englisch, Schwedisch oder Russisch erleben können. Ein moderner Museumsneubau mit inszenierten Räumen, das aufwendig restaurierte Burgkloster und eine archäologische Grabungsstätte laden zum Entdecken ein.

Im Anschluss lohnt sich ein Besuch des nahen Traditionsrestaurants »Schiffergesellschaft«. Unter der Decke der historischen Halle hängen Schiffsmodelle und Kronleuchter, man sitzt auf langen Bänken mit hohen Lehnen

Das Europäische Hansemuseum ist die Top-Adresse für die Geschichte der Hanse.

– einfach ideal, um dem Hanse-Feeling noch etwas nachzuspüren.

Info: In der Lübecker Innenstadt gelegen. **Info Europäisches Hansemuseum:** An der Untertrave 1, 23552 Lübeck, Tel. (04 51) 809 09 90, www.hansemuseum.eu, Öffnungszeiten tägl. 10–18 Uhr, Eintritt € 13, ermäßigt € 9, unter 18 J. frei. **Info Schiffergesellschaft:** Breite Str. 2, 23552 Lübeck, Tel. (04 51) 767 76, schiffergesellschaft.de, Öffnungszeiten Di–So 17–22 Uhr, Reservierung am Abend empfohlen.

St. Katharinen diente einst dem Franziskanerorden als Sitz

Die **Jakobikirche** ➜ cB4 wurde 1334 als Kirche der Seefahrer und Fischer geweiht. Ihr Patron ist der heilige Jakobus d. Ä. und sie ist eine Station auf einem Zweig des Jakobswegs von Nordeuropa nach Santiago de Compostela. Als eine von wenigen im Krieg unbeschädigten Lübecker Kirchen verfügt sie als einzige über zwei alte Orgeln. In der nördlichen Turmkapelle befindet sich eine Gedenkstätte für die auf See gebliebenen Lübecker Seeleute. Hier steht auch das Wrack eines Rettungsboots der 1957 gesunkenen Viermastbark »Pamir«.

Mit dem **Willy-Brandt-Haus** ➜ cB4 (Königstr. 21) und dem **Günter-Grass-Haus** ➜ cB4 (Glockengießerstr. 21): wurde das »Nobelpreisträger-Trio« (Mann, Brandt, Grass) der Stadt komplettiert.

Entlang der Glockengießerstraße befinden sich zwei der schönsten Stiftshöfe Lübecks: der **Füchtingshof** ➜ cB4 von 1639 und der **Glandorpsgang** ➜ cB4, der 1612 gegründet wurde. Gleich um die Ecke steht **St. Katharinen** ➜ cB/C4, die einzige erhaltene Klosterkirche der Stadt. Seit 1980 wird sie vom Museum für Kunst und Kulturgeschichte verwaltet.

Thomas Mann (*1875 in Lübeck, † 1955 in Zürich) zählt zu den bedeutendsten Erzählern deutscher Sprache im 20. Jahrhundert. Charakteristisch für seine Prosa sind genaue Beobachtung, sprachliche Präzision, eine ironische Haltung und später Allegorien sowie mythologische Motive. Für seinen ersten Roman »Buddenbrooks« (1901) erhielt er 1929 den Nobelpreis für Literatur. Sowohl dieser Roman als auch die Novelle »Tonio Kröger« (1903) handeln eindeutig in der Geburtsstadt des Autors, ohne dass der Stadtname jedoch im Text jemals erwähnt wird. Über den Badeort der  Lübecker schrieb Thomas Mann: »In Travemünde, dem Ferienparadies, wo ich die unzweifelhaft glücklichsten Tage meines Lebens verbracht habe, (...) gingen das Meer und die Musik in meinem Herzen eine ideelle, eine Gefühlsbindung für immer ein (...).« Seit Thomas sieben Jahre alt war, fuhr die wohlhabende Lübecker Kaufmannsfamilie Mann regelmäßig ans Meer.

Sein älterer Bruder Heinrich und drei seiner sechs Kinder – Erika, Klaus und Golo – waren ebenfalls bedeutende Schriftsteller.

Die Einrichtung des »Hauses in der Mengstraße«, in dem Thomas Mann aufwuchs

Gewaltiges Baudenkmal:
Lübecks Dom

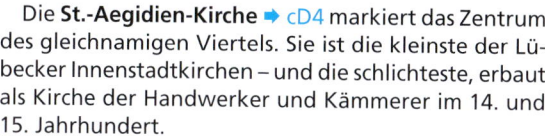

Der »Passionsaltar« (1491) von Hans Memling im St. Annen-Museum in Lübeck (Ausschnitt)

Die **St.-Aegidien-Kirche** ➡ cD4 markiert das Zentrum des gleichnamigen Viertels. Sie ist die kleinste der Lübecker Innenstadtkirchen – und die schlichteste, erbaut als Kirche der Handwerker und Kämmerer im 14. und 15. Jahrhundert.

Unterwegs zum nächsten Highlight lohnt noch der Blick in weitere Gänge, die hier abzweigen. In der St.-Annen-Straße liegt das ehemalige Stift **St. Annen** ➡ cD4, das heute die **Kunsthalle St. Annen** und das **St.-Annen-Museum** beherbergt.

Der Weg durchs Lübecker Fegefeuer (Straße in der Altstadt) führt in eine der ruhigsten Ecken der Altstadt. Hier steht der **Dom** ➡ cE3, Lübecks ältestes Baudenkmal. Nachdem die Stadt 1160 Bischofssitz geworden war, legte Heinrich der Löwe im Jahr 1173 den Grundstein zu dem gewaltigen Backsteinbau, der zwischen 1226 und 1335 zur gotischen Hallenkirche umgestaltet wurde. Nach starken Zerstörungen im Zweiten Weltkrieg begann der Wiederaufbau ab 1960 nur zögerlich und kostete die Stadt am Ende etwa 13 Millionen Deutsche Mark. Den Abschluss bildete 1982 die Wiederherstellung des »Paradieses«. Dieser prächtige Vorraum diente im Mittelalter als Freistätte für Verfolgte und als Ort der Almosenausgabe. 1970 wurde der Dom so eingerichtet, wie er heute zu sehen ist: ein schlichter Sandsteinaltar, nur um eine Stufe erhöht. Um den Altar gliedert sich das Gestühl kreuzförmig in vier Blöcke. Das alte Taufbecken von 1455 hat seinen Platz im ehemaligen romanischen Chorhaupt. Eine Ausstellung im

Der Ausblick von St. Petri ist noch immer ein Geheimtipp

Norderturm zeigt das Ausmaß der Kriegszerstörung. Vor dem Dom erinnert seit 1975 eine Kopie des Braunschweiger Löwen an den Grundsteinleger.

Am nördlichen Ende der Großen Petersgrube ragt der Turm der **Petrikirche** ➡ cC3 empor. Zwischen 1227 und 1250 erfolgte der Bau von St. Petri, einer spätromanischen, dreischiffigen Kirchenhalle. Wegen der starken Zerstörung diente die ehemalige Kaiserkirche nach Kriegsende bescheiden ihren Artgenossinnen als Lagerhalle für Kunstschätze und Bauteile. Erst 1987 war die äußerliche Rekonstruktion abgeschlossen, im Inneren verzichtete man auf die Wiederherstellung. 2004 wurde St. Petri zur Universitätskirche ernannt und beherbergt heute häufig Kunstausstellungen. Ein Fahrstuhl im Turminneren befördert Gäste auf eine 50 Meter hoch gelegene Aussichtsplattform. Von hier bietet sich ein einmaliger Blick über all die Backsteinschönheiten.

Im Kolk hat das **TheaterFigurenMuseum** ➡ cC3 (wegen Sanierung derzeit geschlossen) seine Heimat – eine große Sammlung von Marionetten und Handpuppen auf vier Stockwerken. Von hier geht es zum Traveufer – gegenüber ein hübsches Fotomotiv: die markanten Salzspeicher der Stadt – und über die Brücke zum weltberühmten Symbol hanseatischen Selbstbewusstseins, dem **Holstentor** ➡ cC2. Das zwischen 1464 und 1478 von dem Lübecker Ratsbaumeister Hinrich Helmstede errichtete Stadttor ist das Wahrzeichen der Stadt. Lübeck war das Haupt der Hanse und der sogenannte Lübecker Pfennig war die gemeinsame Währung. Das brachte der

HOLSTENTOR

Lübeck, Schleswig-Holstein

Lübecks Wahrzeichen ist das Holstentor. Erbaut zwischen 1464 und 1478 von dem Lübecker Ratsbaumeister Hinrich Helmstede ist es wohl das berühmteste deutsche Stadttor. Kaum eine andere Region des Kontinents

entwickelte sich im Mittelalter derartig schwungvoll und energisch wie die der Hanse. 170 große und kleine Hansestädte von Skandinavien bis zum Rheinland gewährten ihren ansässigen Kaufleuten gemeinsame Auslandsniederlassungen und Handelslizenzen.

Lübeck war das Haupt der Hanse, der Lübecker Pfennig die gemeinsame Währung und die Stadt gelangte zu großem Wohlstand. Diesen Reichtum wollte man mit mächtigen Befestigungsanlagen schützen: Eine Stadtmauer führte ganz um die Stadt herum und Zugang boten nur drei Stadttore, das Mühlentor im Süden, das Burgtor im Norden und das Holstentor im Westen. Die beiden letzteren sind noch erhalten, wobei das Holstentor von Anfang an auch repräsentative Bedeutung für das stolze Lübeck hatte.

Steht für frühe europäische Handelskultur: das Holstentor in Lübeck.

An der Doppelturmanlage mit schiefergedeckten Kegeldächern prangt die Inschrift »Concordia Domi Foris Pax« (Drinnen Eintracht, draußen Friede). Sie stammt von 1871 und ist eine verkürzte Form der Inschrift, die zuvor auf dem nicht erhaltenen äußeren Tor stand: »Concordia domi et foris pax sane res est omnium pulcherrima« (Drinnen Eintracht und draußen Friede sind in der Tat für alle am besten).

Im Tor informiert heute ein Museum zur Stadtgeschichte, im Zentrum stehen unter anderem die Themen Fernhandel, Schifffahrt, das Lübische Recht und die Historie des Holstentors selbst. Gelegentlich kommen auch Wechselausstellungen hinzu. Wer sich noch intensiver mit der Zeit der Hanse auseinandersetzen möchte, dem sei ein Besuch des

nahen, im Jahr 2015 eröffneten Europäischen Hansemuseums empfohlen.

Besucher, die das Wahrzeichen der Hansestadt Lübeck in die Tasche stecken wollen, haben die Qual der Wahl: Es ziert mit seinen dicken roten Backsteinmauern und den wuchtigen Türmen unzählige Postkarten, Marzipantorten, Briefmarken etc. Oft hat man es ohnehin in der Tasche, denn seit 2006 prangt das Tor auch auf Zwei-Euro-Münzen.

Info: In der Innenstadt von Lübeck gelegen. **Info Museum Holstentor:** Holstentorplatz, 23552 Lübeck, Tel. (04 51) 122 41 29, museum-holstentor.de, Öffnungszeiten April–Dez. tägl. 10–18, Jan.–März Di–So 11–17 Uhr, Eintritt € 8, ermäßigt € 2,50.

erfolgreichen Stadt viele gierige Feinde. Das Holstentor bildete nur einen kleinen Teil einer weitaus größeren, komplexen Anlage von Befestigungstoren. Der Bau hat seiner Funktion nach daher eine Stadt- und eine Feldseite, erstere mit vielen Fenstern ausgestattet, letztere mit wenigen, dafür aber mit Schießscharten und Geschützkammern.

Die Inschrift *Concordia Domi Foris Pax* (Drinnen Eintracht, draußen Friede) zierte zunächst ein älteres, äußeres Tor. Im Zuge der Industrialisierung im 19. Jahrhundert empfand man aber alte Gemäuer als rückschrittlich und riss alle anderen Stadttore ab. 1855 hätte auch das Holstentor beinahe dem Ausbau der Eisenbahn im Stadtbereich weichen müssen. Aber ab 1863 besann man sich, sanierte den maroden Bau und zierte ihn 1871 mit dem friedvollen Motto.

Im Inneren des Holstentors befindet sich heute eine Ausstellung, die dem Beruf des Kaufmanns und der Bedeutung der Stadt als Fernhandelszentrum gewidmet ist. »Die Macht des Handels« beleuchtet das Thema in all seinen Facetten.

Das Wahrzeichen, das lange den 50-Mark-Schein zierte und seit 2006 auch auf Zwei-Euro-Münzen prangt, kann man übrigens nicht nur besichtigen, sondern auch anders – auf typisch lübische Art – verinnerlichen: in Form einer Nachbildung aus echtem Lübecker Marzipan von Niederegger.

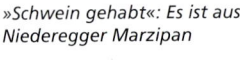

»Schwein gehabt«: Es ist aus Niederegger Marzipan

Backsteinschönheiten unter sich

LÜBECKER KIRCHEN

Lübeck, Schleswig-Holstein

Vor 800 Jahren wurde im Ostseeraum Kulturgeschichte geschrieben: Die christlichen Handelsherren der wirtschaftlich erfolgreichen Hanse wollten ihre aufstrebenden Städte mit Kathedralen schmücken. In Ermangelung von Sandstein, wie er anderswo – z.B. in Frankreich – verwendet wurde, wandte man sich der Backsteintechnik zu und brachte es darin bald zu großer Meisterschaft und neuem Stil. Backsteinerne Kirchengiganten erblickten, einer nach dem anderen, das Licht der staunenden Welt – schlicht, filigran und wunderschön. Die sieben Türme der fünf gotischen Hauptkirchen auf dem Altstadthügel verkörpern die zum Wahrzeichen gewordene Stadtansicht.

Ältestes Baudenkmal Lübecks ist der Dom. Sein Stifter, Heinrich der Löwe, legte 1173 den Grundstein zu dem gewaltigen romanischen Bau, der zwischen 1226 und 1335 zur gotischen Hallenkirche umgestaltet wurde. Mit 130 Metern ist der Dom eines der längsten Kirchengebäude Deutschlands.

St. Marien, die Kirche des Rates der Hansestadt Lübeck, wurde bereits um 1350 vollendet und gilt als Mutterkirche der norddeutschen Backsteingotik: Mit ihrer Errichtung wurde in Lübeck der Stil gotischer Kathedralen, die in Frankreich und Flandern Bewunderung auslösten, in norddeutschen Backstein umgesetzt. Entsprechend wurde der Sakralbau mit dem höchsten Backsteingewölbe der Welt zum Vorbild zahlreicher Kirchen im Ostseeraum. Die Bürger- und Marktkirche steht an der höchsten Stelle der Lübecker Altstadtinsel und genoss beim Wiederaufbau nach dem Krieg oberste Priorität.

Die Jakobikirche wurde 1334 als Kirche der Seefahrer und Fischer geweiht. Sie gehört zu den wenigen Lübecker Kirchen, die im Krieg

Der mächtige Bau von St. Marien diente vielen Backsteinkirchen im norddeutschen Raum als Vorbild.

unbeschädigt geblieben sind, und verfügt so als einzige über zwei alte Orgeln.

St. Aegidien, die kleinste und schlichteste der Lübecker Innenstadtkirchen, wurde als Kirche der Handwerker und Kämmerer im 14. und 15. Jahrhundert errichtet. St. Katharinen ist um 1300 entstanden. Die einzige erhaltene Klosterkirche der Stadt wird museal genutzt.

St. Petri fand bereits 1170 erste schriftliche Erwähnung, zwischen 1227 und 1250 erfolgte dann der Bau einer spätromanischen, dreischiffigen Kirchenhalle. 1942 stürzte bei einem Bombenangriff das Dach ein und die reiche barocke Innenausstattung brannte fast vollständig nieder. Nach Jahrzehnten als Ruine konnte die Kirche erst 1987 wieder in Dienst genommen werden. St. Petri dient nun ohne eigene Gemeinde als Kirche für die ganze Stadt und beherbergt häufig Kunstausstellungen. Der Blick von der Aussichtsplattform ist großartig.

INFO: www.luebeck-tourismus.de.

Der Malerwinkel erfreute sich schon im 20. Jahrhundert bei Malern und Fotografen äußerst großer Beliebtheit

Service-Informationen Lübeck

ℹ Tourist Information ➡ cC2
Holstentorplatz 1, 23552 Lübeck
☎ (04 51) 889 97 00
www.luebeck-tourismus.de
Ostern–Okt., Dez. Mo–Fr 9.30–18/19, Sa 10–16, So 10–15, Nov., März–Ostern Mo–Fr 9.30–17, Sa 10–15, Jan./Feb. Mo–Fr 10–15 Uhr

📷 🚌 Stadtführungen ➡ cC2
– **Tourist Information** (s. o.)
– **Stadtverkehr Lübeck**
☎ (04 51) 88 80, www.sv-luebeck.de
– **Verein Lübecker Stadtführer**
☎ (04 51) 20 21 86 35, www.luebecker-stadtfuehrer.de
– **Stadtrundfahrt** mit dem Open-Air-Bus
☎ (04 502) 86 16 44, www.sv-luebeck.de

🛥 City Schifffahrt ➡ cC2
Abfahrt: An der Untertrave Nähe Holstentor sowie Mengstraße
☎ (04 51) 300 23 76, www.cityschifffahrt.de
Tickets ab € 15/11
Einstündige Stadt-, Kanal- und Hafenrundfahrt.

🏛 ⊙ Buddenbrookhaus ➜ cC3
Heinrich- und Thomas-Mann-Zentrum
Mengstr. 4, Lübeck
✆ (04 51) 122 41 90, buddenbrookhaus.de
Wird bis 2025 umfangreich renoviert und um das Nachbargrundstück erweitert. Eine Ausstellung über die Familie Mann ist bis März 2023 im **Museum Behnhaus** (museum-behnhaus-draegerhaus.de, Königsstr. 9–11, Di–So 10/11–17 Uhr, Eintritt € 8/4) zu sehen.

🏛 ⊙ 📧 📧 Europäisches Hansemuseum ➜ cA4
An der Untertrave 1, Lübeck
✆ (04 51) 809 09 90, www.hansemuseum.eu
Tägl. 10–18 Uhr (außer 24.12.)
Eintritt Dauerausstellung € 9/7, nach dem Umbau ab Sommer 2022 € 13/9, unter 18 J. frei
Die Dauerausstellung erzählt die Geschichte der Hanse in atmosphärischen Rauminszenierungen und klassischen Kabinetten mit Originalen. Zum Museumskomplex gehören das Baudenkmal Burgkloster, ein Bistro sowie eine Dachterrasse mit Blick auf die Trave. Wechselnde Sonderausstellungen ergänzen das Programm.

🏛 Günter-Grass-Haus ➜ cB4
Glockengießerstr. 21, Lübeck
✆ (04 51) 122 42 30, grass-haus.de
Jan.–März tägl. außer Mo 11–17, April–Dez. tägl. 10–17 Uhr, Eintritt € 4/1,25, unter 6 J. frei

Seit 2002 eine feste Größe im Kulturleben Lübecks: das Günter-Grass-Haus in der Glockengießerstraße 21

BUDDENBROOKHAUS

Lübeck, Schleswig-Holstein

D as alte »Familienhaus aus dem 18. Jahrhundert, mit dem Spruche Dominus providebit am Rokoko-Giebel, welches meine Großmutter väterlicherseits allein bewohnte«, war das Haus, das Thomas Mann beim Verfassen seiner »Buddenbrooks« im Sinn hatte. Der Roman brachte ihm den Literaturnobelpreis und der Stadt einen weltberühmten Sohn ein. Im Herzen Lübecks wurde 1758 das Haus in der Mengstraße, wie es der Autor im Roman nennt, fertiggestellt, 1842 erwarb es die Familie Mann und lebte darin bis 1891. Thomas Mann lässt seine Romanfamilie, die Buddenbrooks, 1835 einziehen.

Nach dem Erfolg des jungen Schriftstellers, der inzwischen seinen Lebensmittelpunkt nach München verlegt hatte, wurde das Haus von 1922 bis 1929 zur Buddenbrook-Buchhandlung und schuf so erstmals die Verbindung zwischen literarischem Werk und ehemaligen Bewohnern, jedoch fand eine völlige Umgestaltung des Interieurs statt. Ein Brandbombenangriff ließ 1942 allein die Fassade übrig.

1975 wurde im Zwischengeschoss ein Thomas-Mann-Zimmer eingerichtet, 1993 weihte Bundespräsident Richard von Weizsäcker das Heinrich-und-Thomas-Mann-Zentrum in der Mengstraße 4 ein. Das ganze Haus wurde zu einem Museum, das den Besuchern ein ganzheitliches Literaturerlebnis bietet – mit ständigen Ausstellungen, Veranstaltungen, originalgetreu eingerichteten Räumen, umfangreichen Sammlungen, einer Spezialbibliothek und einem Archiv.

Bis 2025 wird das Haus erneuert und das Museum verdoppelt seine Ausstellungsfläche, indem das Nachbargrundstück einbezogen wird. Während dieser Zeit können Besucher im Stadtpalais Behnhaus die Ausstellung »Buddenbrooks im Behnhaus« besuchen und viel über Heinrich und Thomas Mann erfahren.

INFO: In der Innenstadt von Lübeck gelegen. **INFO BUDDENBROOKHAUS:** Mengstr. 4, 23552 Lübeck, buddenbrookhaus.de; Ausstellung im Museum Behnhaus Drägerhaus: Königstr. 9–11, 23552 Lübeck, Tel. (04 51) 122 41 48, museum-behnhaus-draegerhaus.de, Öffnungszeiten Di–So 10–17, Jan.–März ab 11 Uhr, Eintritt € 8, ermäßigt € 4.

Vorbild für Weltliteratur: das Buddenbrookhaus in Lübeck.

Im 12. Jahrhundert war der Lübecker Dom der erste große Backsteinkirchbau an der Ostsee

Hier wird der 2015 verstorbene Nobelpreisträger auch von einer weniger bekannten Seite gezeigt: als Bildhauer und Grafiker.

🏛 👁 💺 St.-Annen-Museum und Kunsthalle ➜ cD4
St.-Annen-Str. 15, Lübeck
✆ (04 51) 122 41 37
kunsthalle-st-annen.de
Tägl. außer Mo Jan.–März 11–17, April–Dez. 10–17 Uhr
Eintritt € 8/2,50
Bedeutende Sammlung sakraler und moderner Kunstwerke in den Räumen des **St.-Annen-Klosters**.

🏛 Willy-Brandt-Haus ➜ cB4
Königstr. 21, Lübeck
✆ (04 51) 122 42 50, www.willy-brandt-luebeck.de
Tägl. 11–18 Uhr, Eintritt frei
Leben und politisches Wirken des ehemaligen Bundeskanzlers – des dritten Nobelpreisträgers der Stadt.

👁 Dom zu Lübeck ➜ cE3
Mühlendamm 2–6, Lübeck
domzuluebeck.de
Tägl. April–Sept. 10–18, Okt. 10–17, Nov.–März 10–16 Uhr
Den Grundstein für den gewaltigen Backsteinbau legte 1173 Heinrich der Löwe.

Historische Ansicht des Holstentors um 1900 und Blick durch das geschichtsträchtige Tor (rechts)

◉ 🏛 **Holstentor/Museum Holstentor** ➡ cC2
Holstentorplatz, Lübeck
☎ (04 51) 122 41 29, museum-holstentor.de
Jan.–März tägl. außer Mo 11–17, April–Dez. tägl. 10–18 Uhr, Eintritt € 8/2,50, unter 6 J. frei
Das Museum im Stadttor informiert über die Bedeutung der Stadt als Fernhandelszentrum.

◉ **Rathaus** ➡ cC3
Breite Str. 62, Lübeck
☎ (04 51) 122 10 05
Führungen Mo–Fr 11, 12, 15, Sa/So/Fei 15.30 Uhr
Eintritt € 4/2
Das Rathaus von 1308, eines der schönsten Deutschlands, vereint verschiedene Baustile. Highlight ist der Audienzsaal.

◉ ✕ **Schiffergesellschaft** ➡ cB3
Breite Str. 2, Lübeck
☎ (04 51) 767 76
schiffergesellschaft.de
Tägl. außer Mo 17–22 Uhr
Lübecker Traditionshaus, in dem sich einst wie heute Kapitäne und Seeleute zum Bier treffen. Unter der Decke hängen Schiffsmodelle und mächtige Kronleuchter, man sitzt auf langen Holzbänken mit hohen Rückenlehnen. Serviert wird selbstredend überwiegend regionale Küche. Auch ein schöner Innenhof ist vorhanden: der »Schiffergarten«. €–€€

🖥 🎒 🏛 Café Niederegger ➡ cC3
Breite Str. 89, gegenüber der Rathaustreppe, Lübeck
✆ (04 51) 53 01-126/127
www.niederegger.de
Mo–Sa 9–18, So 10–18 Uhr
Die Lübecker Institution feierte 2006 ihr 200-jähriges Firmenjubiläum. Das Café ist erste Wahl für Frühstück, Mittagsimbiss und natürlich zur Kaffeestunde: Tortenvielfalt mit Schwerpunkt Marzipan. Die Ausstellung im zweiten Stock zeigt die Geschichte der Mandelspezialität von ihren orientalischen Ursprüngen bis zu ihrem Aufstieg in der Hansestadt (Eintritt frei, auch ohne Café-Besuch).
  Von der Filiale am Marktplatz, dem **Arkadencafé**, bietet sich ein schöner Blick auf das Rathaus.

🎒 Niederegger Fabrikverkauf
Zeißstr. 1–7, Lübeck
✆ (04 51) 530 10, www.niederegger.de
Mo–Fr 8–17, Sa 9–14 Uhr
Große Auswahl an Marzipanspezialitäten zu Werkspreisen im Gewerbegebiet Genin.

🎭 🎬 Freilichtbühne Lübeck ➡ cE3
Wallstraße, Lübeck
✆ (041 94) 75 64, freilichtbuehne-luebeck.de
Open-Air-Bühne für Kino und Konzert in schöner Anlage im Osten der Innenstadt. Für Kinder gibt es im Sommer Fr–So um 15 Uhr Aufführungen. ◾

*Traditionssegler
an der Untertrave*

Der Kurpark in Mölln wurde in den 1960er Jahren vom Hamburger Gartenarchitekten Gustav Lüttge entworfen

Städte-Entdeckungen und Insidertipps jenseits der bekannten Küstenorte in Schleswig-Holstein

Die Ostseeregion in Schleswig-Holstein ist bekannt für lange Strände, für Wind und Wellen, Naturgewalten und den rauen Charme der Küste. Doch die vorgelagerte Landschaft bietet darüber hinaus auch reizvolle Alternativen zu den oft touristisch überlaufenen Küstenorten: Natur pur, idyllische Wälder, zahlreiche Seen, historische und bewegende Geschichten sowie überraschende Entdeckungen in reizenden Städtchen mit kulturell bunten Schätzen.

All diese Highlights werden bei der großen Begeisterung für Strand und Meer leider viel zu oft übersehen. Dabei lohnt es sich, genauer hinzuschauen und Regionen wie das Herzogtum Lauenburg, die Holsteinische Schweiz oder den Kreis Stormarn zu besuchen und so das Binnenland Schleswig-Holstein für sich zu entdecken.

Neben seinen mehr als 70 Seen – allein 40 davon befinden sich im Naturpark Lauenburgische Seen, nur rund 50 Kilometer von der Ostseeküste entfernt – bietet Schleswig-Holstein in Küstennähe allerhand Ziele für kleine und große Abenteuer. Von ungewöhnlichen Übernachtungsorten bis hin zu interessanten und zum Teil bei Urlaubern noch fast unbekannten Städtchen wie beispielsweise dem märchenhaften Mölln oder auch dem historischen Lauenburg.

Gut zu wissen: In den meisten Seen in Schleswig-Holstein darf an offiziellen Badestellen gebadet werden. Viele der Seen verfügen sogar über eine natürliche Seebadeanstalt.

Mölln:
Die Heimat von Till Eulenspiegel

Um Till Eulenspiegel ranken sich einige Geschichten und Sagen. Ob es diesen Meister des Schabernacks wirklich gegeben hat, steht bis heute nicht ganz fest. Doch laut Volksbuch von Hermann Bote soll Till Eulenspiegel im Jahr 1350 in der Stadt Mölln in Schleswig-Holstein gestorben sein.

Streift man durch das bezaubernde Fachwerkstädtchen, kann man sich gut vorstellen, dass einst auch Till Eulenspiegel durch eben diese Straßen gezogen ist, um die Menschen mit Witz und Intelligenz zum Narren zu halten.

Zu Fuß lässt sich Mölln am besten erkunden. Besondere Hingucker bietet der Marktplatz mit dem historischen Ensemble aus Rathaus, Eulenspiegel Museum, Eulenspiegel-Brunnen und -Gedenkstein sowie der

Blick auf Mölln, auch »Eulenspiegelstadt« genannt, im Vordergrund der Stadtsee

Neben dem Kirchberg verziert seit 1950 eine von dem Bildhauer Karlheinz Goedtke geschaffene Bronzefigur Eulenspiegels den hiesigen Brunnen

Tipp:
Angeblich bringt es Glück, gleichzeitig Daumen und Fußspitze der Till-Eulenspiegel-Figur am Brunnen auf dem historischen Marktplatz zu berühren.

Gut zu wissen:
Alle drei Jahre finden im Juli die Eulenspiegel-Festspiele statt. Der nächste Termin steht noch nicht fest.

St.-Nicolai-Kirche. Zahlreiche Fachwerkhäuser mit verspielten Verzierungen entzücken ebenso wie ein Blick auf den historischen Wasserturm.

Doch Mölln ist nicht nur Eulenspiegelstadt, sondern auch Kneippkurort. Diesem Umstand verdankt es eine weitere Attraktion: Der 40 000 Quadratmeter große, denkmalgeschützte Kurpark im Zentrum ist auf jeden Fall einen Besuch wert. Hier finden Besucher beim Flanieren in den Grünanlagen mit liebevoll angelegten Beeten, an den Kneippstationen und in den unterschiedlichen Ruhezonen Entspannung. Bei der Planung in den 1960er Jahren wurde die Anlage sogar als der »schönste Kurpark Norddeutschlands« vorgestellt. ▬

Tourist Information Mölln ➡ H5
Am Markt 12, 23879 Mölln
✆ (045 42) 97 65 10
www.moelln-tourismus.de

Eulenspiegel Museum ➡ H5
Am Markt 2, Mölln
✆ (045 42) 83 54 62
www.moellner-museum.de
Mo–Fr 14–16, Sa/So 11–13 und 14–16 Uhr
Eintritt € 2,50/1, bis 6 J. frei, Familienkarte € 5
Zeigt die Beziehung zwischen Mölln und Till Eulenspiegel.

Kurpark Mölln ➡ H5
Bergstraße, Mölln
www.moelln-tourismus.de/poi/kurpark-moelln
Tägl. 9–20.30 Uhr, Eintritt frei

Parken
Kostenfreies Parken am Wochenende auf den städtischen Parkplätzen: Am Hafen (Alt Möllner Straße), ZOB (Hauptstraße), Kurpark (Bergstraße), Mühlenplatz (Mühlenstraße), Quellenhof (Hindenburgstraße), Waldsportplatz (Ratzeburger Straße)

Anfahrt mit dem Zug
Der Bahnhof Mölln befindet sich am Rande der Altstadt. Bis zum Marktplatz mit Eulenspiegel-Brunnen und Museum ist es knapp 1 km zu Fuß.

Lauenburg: **Die südlichste Stadt in Schleswig-Holstein**

An der Grenze zu Niedersachsen und Mecklenburg-Vorpommern befindet sich direkt an der Elbe die pittoreske Fachwerkstadt Lauenburg. Eine Stadt voller romantischer Postkartenmotive.

Die hübschen, liebevoll sanierten und restaurierten Fachwerkhäuser ziehen sich wie eine Perlenkette am Ufer der Elbe entlang. Die Altstadt präsentiert mit ihren verträumten Kopfsteinpflastergassen und noch mehr Fachwerk das größte denkmalgeschützte Ensemble in Schleswig-Holstein.

Über der Stadt thront das Schloss mit Turm und Fürstengarten und hier oben befindet sich auch der Askanierblick. Von dem Aussichtspunkt genießt man einen malerischen Blick über das Dreiländereck – von Schleswig-Holstein nach Niedersachsen und Mecklenburg-Vorpommern. Ober- und Unterstadt von Lauenburg sind idyllisch durch Treppen und Gässchen verbunden.

Die Lage an der Elbe hatte immer schon einen großen Einfluss auf die Stadtgeschichte. So trägt Lauenburg den Beinamen Schifferstadt und noch heute lädt ein historisches Dampfschiff zu einer besonderen Elbfahrt ein. Wer sich für Schiffe interessiert, sollte dem Elbschifffahrtsmuseum mit seiner »Schatzkammer der Schiffsantriebe« einen Besuch abstatten und eine Runde mit dem historischen Raddampfer »Kaiser Wilhelm« drehen.

Eine weitere Attraktion ist die Palmschleuse aus dem Jahr 1398. Und dann ist da auch noch der Lauenburger Rufer, eine der bekanntesten Statuen im Herzogtum Lauenburg. Es heißt, ein Selfie mit dem Herrn ist Pflicht. Um sich das Glück dauerhaft zu sichern, versäumt es kaum ein Besucher, den blank polierten Daumen zu berühren. ▬

Der Rufer erinnert an die große Bedeutung der Elbschifffahrt für die Lauenburger Geschichte

Tourist-Information Lauenburg/Elbe ➡ südl. H5
Elbstr. 59
21481 Lauenburg/Elbe
✆ (041 53) 590 92 20
www.herzogtum-lauenburg.de

*Ausstellungsraum im Lauen-
burger Elbschifffahrtsmuseum*

Elbschifffahrtsmuseum ➡ südl. H5
Elbstr. 59, Lauenburg/Elbe
☏ (041 53) 590 92 19
www.elbschiffahrtsmuseum.de
März–Okt. Mo–Fr 10–18, Sa/So 10–17, Nov.–Feb. tägl.
10–16 Uhr
Eintritt € 5/3, bis 6 J. frei

Schloss und Schlossturm ➡ südl. H5
Amtsplatz 6, Lauenburg/Elbe
www.lauenburg-erleben.de
März–Okt. tägl. 10–17 Uhr
Eintritt frei

*Gut zu wissen:
Jedes Jahr am Freitag
und Samstag des zwei-
ten Januarwochenendes
findet die Schipperhöge
statt. Bei der jahrhun-
dertealten Tradition
zieht die Lustige Person
im Flickenkostüm als
Galionsfigur der Lauen-
burger Schifferbrüder-
schaft durch die Straßen
von Lauenburg, um einen
besonderen Neujahrsgruß
auszusprechen. Ihr folgen
die ganz in schwarz ge-
kleideten Schifferbrüder
und eine Schar Kinder, die
natürlich auf Süßigkeiten
aus sind.*

Der Lauenburger Rufer ➡ südl. H5
Elbstr. 100, Lauenburg/Elbe

Palmschleuse ➡ südl. H5
Bei der Palmschleuse 7, Lauenburg/Elbe

Askanierblick ➡ südl. H5
Amtsplatz 6, Lauenburg/Elbe
www.lauenburg-erleben.de

Parken
Teils gebührenpflichtige Parkplätze befinden sich am
Rande der Altstadt: Am Lösch- und Ladeplatz, Borke-
platz (moderate Preise), Am Fürstengarten (kostenfrei)

Anfahrt mit dem Zug
Vom Bahnhof Lauenburg/Elbe läuft man etwa 500 m bis
in die Altstadt, wobei man zunächst den Elbe-Lübeck-
Kanal überquert.

Lust auf ein kleines Abenteuer?
Außergewöhnliche Herbergen

Wie wäre es, den Trip an die Ostsee mit einem ganz außergewöhnlichen Erlebnis zu kombinieren? Beispielsweise mit einer Übernachtung in einer wirklich ungewöhnlichen Herberge, denn kuriose Schlaforte gibt es gleich eine ganze Menge in der Region.

Übernachtung im Waldkorb

Der Schlafstrandkorb ist vielen Urlaubern inzwischen schon ein Begriff. Doch wie sieht es mit einem Waldkorb aus? Nur wenige Kilometer vom Ostseestrand entfernt liegt das Forsthaus Friedrichsruh. Auf dessen Aussichtskanzel lädt der Waldkorb zu einer zauberhaften Nacht unter einem rauschenden Blätterdach zwischen Moos und Rehen ein. Ein Nachtsichtgerät gehört ebenso zur Ausstattung wie ein Bollerwagen mit Picknickkorb.

Forsthaus Friedrichsruh ➡ südl. G4
Ödendorfer Weg 5, Aumühle, OT Friedrichsruh
✆ (041 04) 699 28 99

Der Waldkorb beim Forsthaus Friedrichsruh

www.forsthausfriedrichsruh.de
Übernachtungen April–Oktober ab € 98 pro Nacht
Der Waldkorb eignet sich für eine Übernachtung mit
maximal 2 Personen.

Fast wie in Afrika …

… fühlt sich eine Nacht in der Great Lake Lodge am
Großensee an. Von diesem luxuriös eingerichteten
Lodge-Zelt mit eigenem kleinen Strand schweift der
Blick über den Großensee – übrigens einer der schöns-
ten Badeseen in Schleswig-Holstein. Für den ultimativen
Seeblick direkt aus dem Bett, lässt sich die Lodge see-
seitig sogar komplett öffnen. Genussfans lassen sich ein
Menü auf der Terrasse der Great Lake Lodge servieren.

Campingplatz ABC Großensee ➡ südl. G4
Trittauer Str. 11, Großensee
℗ (041 54) 606 42
www.campingplatz-abc.de
Übernachtungen Mai–Mitte Sept. ab € 50 pro Person
Der Aufenthalt ist ab mindestens zwei Übernachtungen
möglich.

*Bei der Great Lake Lodge lässt
sich die dem See zugewandte
Seite vollständig öffnen*

Tiny House: wenig Platz, dafür aber eine tolle Aussicht

Design trifft auf Nachhaltigkeit und Panorama

Eine ganz besondere Übernachtung bieten auch die Green Tiny Houses im Herzogtum Lauenburg. Gleich drei der trendig-hyggeligen Wohneinheiten wurden an unterschiedlichen exklusiven Erlebnisorten in der Region aufgestellt. Alle wurden in wohngesunder Bauweise und aus nachhaltigen, überwiegend regionalen Rohstoffen errichtet. Geboten werden – je nach Stellplatz: Seensucht, Streuobstwiesen-Zauber oder Waldrand-Romantik. ▬

Natur-Campingplatz Salemer See ➡ H6
Seestr. 60, Salem
✆ (045 41) 825 54
www.camping-salem.de

Gut Basthorst ➡ westl. H5
Auf dem Gut 3, Basthorst
✆ (041 59) 825 20
www.gut-basthorst.de

Hotel Waldhof auf Herrenland ➡ H5
Auf dem Herrenland 2, Mölln
✆ (045 42) 21 15
www.hotel-waldhof.de

Eine Übernachtung im Green Tiny House eignet sich für bis zu 4 Personen und kostet ab € 175 pro Haus. Informationen unter www.greentinyhouses. com, www.moelln-tourismus.de.

Maritim Seehotel Timmendorfer Strand: Vom Pool blickt man direkt auf den Strand

Maritim Seehotel Timmendorfer Strand ➡ F6
Strandallee 73
Timmendorfer Strand
© (045 03) 60 50
www.maritim.de

Zauberhafte Spaziergänge:
Rund um den Timmendorfer Strand

Timmendorfer Strand ist eines der bekanntesten Ostseebäder in Schleswig-Holstein. Rund 1,5 Millionen Übernachtungen zählt der mondäne Ort in der Lübecker Bucht pro Jahr. Zu den bekanntesten regelmäßigen Gästen gehört übrigens Panikrocker Udo Lindenberg. In Timmendorfer Strand hat er – passend zu dieser wunderschönen Kulisse – das Lied »Horizont« geschrieben. Ihm zu Ehren wurde 2012 sogar ein Denkmal in die Dünen zwischen Strand, Seebrücke und dem Maritim Seehotel Timmendorfer Strand gesetzt.

Der Strand rund um Timmendorf hat eine Länge von über sechs Kilometern. Er lädt besonders an sonnigen Sommertagen zu entspannten Momenten ein. Doch auch zu anderen Jahreszeiten hat ein Spaziergang am hiesigen Strand mit der hübschen Promenade seine Reize. Denn schmecken Glühwein, Tee oder andere Heißgetränke im Winter, wenn der kalte Wind den Spaziergänger gut durchgepustet hat, nicht besonders gut?!

Gut zu wissen: Udo Lindenberg bereitet sich regelmäßig in Timmendorfer Strand auf seine Tourneen vor. Zu Gast ist er dabei meistens im Maritim Seehotel Timmendorfer Strand. Im Konzertsaal des Hotels findet vor dem Tourneestart auch immer seine öffentliche Generalprobe statt – ein echtes Highlight für Anwohner und Urlauber.

Für Menschen, die sich mal etwas abseits des Trubels bewegen möchten, empfehlen sich folgende Pfade und Spazierwege – mit zum Teil spannenden Aussichten, lauschigen Eckchen und grünen Entdeckungen. Geboten werden Wasser, Wind, Wellen, Wälder, Wiesen, Bäche, natürlich Strand und hier und da vielleicht noch ein paar echte Überraschungen.

Brodtener Steilufer:
Wo Meer und Kliff sich küssen

Die Wellen brechen sich am Strand, zwischen größeren Felsen und zerklüfteter Steilküste. Die Möwen ziehen ihre Bahnen, landen auf dem Wasser, steigen erneut empor in die Lüfte und kreisen über der einmaligen Landschaft. Der kleine Spazier- und Wanderweg oberhalb des Steilufers gibt zwischen windschiefen Bäumen eine atemberaubende Sicht auf die Ostsee frei. In der Ferne ziehen große und kleine Schiffe vorbei. Bei Sonnenschein brechen sich die Sonnenstrahlen in den Wellen und im Winter scheinen die rasch dahinziehenden weißblauen Wolken fast mit der Gischt und den Wellen zu verschmelzen. Das Brodtener Steilufer: Wahrlich eine Kulisse, die zum Träumen einlädt.

Der Weg unterhalb des Steilufers führt abwechslungsreich an einem wunderschönen Naturstrand entlang. Hier heißt es: dem Meeresrauschen lauschen, den Blick über die Ostsee schweifen lassen oder auch den kleinen Steinen und Muscheln am Strand seine Aufmerksamkeit widmen. Mit etwas Glück lässt sich ein »Hühnergott«, das ist ein Stein mit einem natürlichen Loch in der Mitte, entdecken.

Zwischen Steilküste und Meer bietet der Weg entlang der Wasserkante eine verträumte Landschaft, geformt durch die letzte Eiszeit, den Wind und die Gezeiten. Die Naturgewalten gestalten die Steilküste immer wieder neu und sorgen für beeindruckende Landschaftsbilder. So brechen regelmäßig große Teile des bis zu 20 Meter hohen Kliffs ab und reißen dabei sogar Bäume mit hinunter an den Strand.

Für eine Pause mit Ostseeblick empfiehlt sich die Einkehr am höchsten Punkt des Brodtener Steilufers, nämlich im Erlebniscafé Hermannshöhe. Das Ausflugslokal mit traditioneller Holsteiner Küche, regionalen Fischgerichten, gastronomischen Klassikern und einer großen Auswahl an Kuchen und Torten liegt etwa auf halber Strecke zwischen Timmendorfer Strand und Travemünde. Vom Café führt eine Treppe hinunter zum Strand.

Der rund acht Kilometer lange Rundwanderweg ist nur teilweise barrierefrei, und zwar oberhalb des Brodtener Steilufers.

*Gut zu wissen:
Der Rundwanderweg
kann individuell erweitert werden, etwa durch
einen Abstecher entlang
der Strandpromenade
Timmendorfer Strand
oder auch in Travemünde.*

43

Gut zu wissen:
Für die Anreise mit
dem Auto eignet sich der
kostenfreie Parkplatz P2
in Timmendorfer Strand
oder P3 in Niendorf. Die
Gesamtlänge des Spa-
ziergangs erhöht sich
dadurch auf ca. 12 bis
16 Kilometer.

Erlebniscafé Hermannshöhe ➡ F6
Hermannshöhe 1, Lübeck-Travemünde
℗ (045 02) 888 54 25
www.die-hermannshoehe.de
Tägl. 11–19 Uhr

Parken
Parkplatz P2 Strand-Arena ➡ F6
Höppnerweg 7, Timmendorfer Strand
Parkplatz P3 Wiesenweg Niendorf Ostsee ➡ F6
Wiesenweg 15, Niendorf
Weitere Parkplätze: P4 Vogelpark/Hafen, P5 Am
Schwimmbad

Anfahrt mit dem Zug
Der Bahnhof Timmendorfer Strand ist ca. 9 km von der
Hermannshöhe entfernt, der Bahnhof Lübeck Trave-
münde Strand ca. 4 km.

Blick von oben auf das
Brodtener Steilufer

Hemmelsdorfer See:
Am tiefsten Punkt von Deutschland

Von hoch oben, dem höchsten Punkt des Brodtener Steilufers, geht es hinab zum tiefsten Festlandpunkt in Deutschland. Der liegt bei 39,5 Meter Tiefe im Hemmelsdorfer See und ist mit einer Boje markiert.

Der See wurde durch eiszeitliche Gletscher gebildet und zählt zu den schönsten Seen in Schleswig-Holstein. Entlang des Ufers führt ein sehr idyllischer Spazierweg (teils barrierefrei): Holzstege verlaufen zum Teil direkt durch die Schilfzonen und geben pittoreske Ausblicke auf das glitzernde Wasser frei. Kleine Dörfer zum Verlieben wie Kreuzkamp, Hemmelsdorf, Wilmsdorf, Offendorf oder auch Häven umrahmen den fast fünf Quadratkilometer großen See. Malerische Buchten und verträumte Badestellen wie beispielsweise in Offendorf laden im Sommer zu einer Abkühlung ein.

Ein Highlight auf dem Spaziergang ist das Naturschutzgebiet Aalbeek-Niederung mit Schilf- und Bruchwaldgürtel sowie zahlreichen seltenen und zum Teil sogar gefährdeten Wiesenpflanzen und Kräutern. Die Niederung gilt darüber hinaus als wichtiges Brut- und Rastgebiet für viele Vogelarten und auch zahlreiche Kleintiere fühlen sich hier mehr als wohl.

Neben purer Natur wartet am Nordufer des Hemmelsdorfer Sees auch der zwölf Meter hohe Herman-Löns-Blick. Benannt wurde der Aussichtsturm nach dem gleichnamigen Schriftsteller, der im Sommer oft in Niendorf an der Ostsee zu Gast war. Von besagtem Turm aus bietet sich dem Besucher eine wundervolle Aussicht über das Naturschutzgebiet. Bei klarer Sicht sind sogar die Kirchtürme der Hansestadt Lübeck zu erkennen. ▬

Weitere Ausflugsziele am See: der Vogelpark Niendorf mit ca. 250 Arten, Karls Erlebnis-Dorf mit Bauernmarkt, Hof-Küche und zahlreichen Spiel- und Erlebnisangeboten für Kinder sowie das Restaurant Seepavillon Wilmsdorf mit traditioneller deutscher Küche.

Naturbadestelle Offendorf ➡ F6
Zum See 8, Offendorf
www.ratekau.de/leben-erleben/freizeitbad/spiel-spass
Im Sommer tägl. 10–19 Uhr (nach Wetterlage)
Eintritt € 2/1

Vogelpark Niendorf ➡ F6
An der Aalbeek
Timmendorfer Strand/Niendorf

Gut zu wissen:
Einmal im Jahr findet
an einem Samstag Mitte
Juni das Hemmelsdorfer
Seefest statt.

℗ (045 03) 47 40, www.vogelpark-niendorf.de
Tägl. 9–19.30, Nebensaison 10–16 Uhr
Eintritt € 12/6, im Winter reduzierter Eintritt

Karls Erlebnis-Dorf Warnsdorf ➡ F6
Fuchsbergstr. 4, Warnsdorf
karls.de/warnsdorf
Tägl. 9–18 Uhr
Eintritt frei

Restaurant Seepavillon Wilmsdorf ➡ F6
Wilmsdorf 8, Ratekau
www.seepavillon-wilmsdorf.eatbu.com
Tägl. außer Mo 9–19 Uhr

Parken
Günstig liegt der kostenfreie Parkplatz P3 am Wiesenweg in Niendorf.

Anfahrt mit dem Zug
Der Bahnhof Timmendorfer Strand ist ca. 3 km vom
Hemmelsdorfer See entfernt. Es verkehrt eine Buslinie.

Blocksberg:
Auf den Spuren der Slawen

Gut zu wissen:
Der Spazierweg ist rund
vier Kilometer lang und
kann durch Abzweigun-
gen verlängert werden.
-

Der Wind flüstert in den Blättern der Laubbäume. Ein
kleiner Bach mit Wasserfall plätschert neben dem Spazierweg und eine winzige Siedlung mit märchenhaften
alten Bauernhäuschen liegt an einem malerischen Wei-
her. Der Wald und die Wiesen rund um den Blocksberg
wirken schon etwas verwunschen – den Hexentanz auf
dem Blocksberg wird man hier trotzdem vergeblich
suchen.

Allerdings wandelt man beim Spaziergang rund um
den Blocksberg in Pansdorf bei Ratekau nicht nur in
schöner Natur, sondern auch auf geschichtlichen Spuren, denn es handelt sich um einen alten, denkmalgeschützten Ringwall. Die westslawische Anlage aus dem
8. und 9. Jahrhundert hat einen Durchmesser von rund
120 Metern und ist bis zu acht Meter hoch. Slawische

REISEBLOG
Ostseeküste

Der Hemmelsdorfer See war früher eine Förde

Stammesverbände bevölkerten die Region ungefähr ab dem Jahr 400 und blieben bis ins 12. Jahrhundert.

Der Weg zum Blocksberg führt über schmale, verwinkelte Pfade durch idyllische Waldabschnitte und ein romantisches Bachtal – das **Schwartautal.** Lässt man den Blick über die satten Wiesen schweifen, kann man Weidevieh oder auch Schaf- und Ziegenherden beim Grasen zuschauen. Mit etwas Glück erspähen achtsame Spaziergänger sogar einen Eisvogel, Gebirgsstelzen oder Kolkraben. Darüber hinaus führt der Weg durch den Wald auch vorbei an alten Bunkeranlagen, die heute als Quartier für Fledermäuse dienen.

Zu einer genussvollen Pause bei einem guten Tropfen lädt das gemütliche Weinhus Balz am kleinen Mühlenteich ein. ▬▬

Weinhus Balz ➡ F5
Packan 1, Ratekau
℡ (0173) 231 22 79
www.winzerhof-balz.de

Parken
Kostenfreie Parkmöglichkeiten am Straßenrand befinden sich in den Straßen Packan und Alte Landstraße.

Anfahrt mit Zug oder Bus
Der Bahnhof Pansdorf liegt ca. 2km vom Blocksberg entfernt. Den Bus verlässt man an der Haltestelle Pansdorf Schulstraße oder Pansdorf Alte Gleschendorfer Straße.

Mehr Insidertipps zur Ostseeküste und anderen Destinationen finden Sie auf www.spaness.de.

Ostsee-Souvenir: Buddelschiff

Reiseregionen, Orte und Sehenswürdigkeiten

SCHLESWIG-HOLSTEIN

Die Strände der Ostsee, das klare Wasser, die gute Luft – sie sind es, die Jahr für Jahr Sonnenhungrige, Badewillige und Wassersportler in ihren Bann ziehen und die meisten zu Wiederholungstätern werden lassen. Kinder verleben hier wohl oft die schönsten Ferien. Hinzu kommen die vielfältigen kulturellen Eindrücke, die die Region zu bieten hat, was sie zu einem außerordentlichen Ferienziel macht.

Bereits vor 800 Jahren wurde im Ostseeraum Kulturgeschichte geschrieben: Die christlichen Handelsherren wollten ihre aufstrebenden Städte gern auch mit Gotteshäusern schmücken. In Ermangelung von Sandstein, wie er z. B. in Frankreich verwendet wurde, wandte man sich der Backsteintechnik zu und brachte es darin bald zu großer Meisterschaft und einem neuen Stil. Backsteinerne Kirchengiganten erblickten, einer nach dem anderen, das Licht der staunenden Welt, mächtige Gebäude, jedoch schlicht, filigran und wunderschön.

Aber nicht nur die großen Städte entlang der Ostseeküste haben eine lange Geschichte. Generell gilt bei Fahrten über Land: Beinahe jeder noch so kleine Ort

Historische Karte der Provinz Schleswig-Holstein des Niederländischen Kartografen Willem Blaeu, veröffentlicht im Atlas Novus (Amsterdam 1635)

In Schleswig-Holstein locken wünderschöne Ostseestrände, so etwa bei Travemünde

ist hier Hunderte von Jahren alt, das älteste Gebäude ist meist die Dorfkirche und fast immer lohnt ein Blick ins Innere.

Flensburger Förde

Die Region hoch oben im Norden Deutschlands ist traditionell geprägt durch ihre Nähe zu Dänemark und durch gemütliche Dörfer in romantisch-üppiger Knicklandschaft. Von der Halbinsel Holnis in die Innen- und Außenförde geteilt, bietet sich dem Besucher eine höchst abwechslungsreiche Landschaft. Die letzte Eiszeit hinterließ fruchtbares Ackerland und steile Uferküsten, die Lage an der Ostsee und den Nachbarländern prägte jahrhundertelang Menschen und Kultur.

Glücksburg, nördlichste Stadt Deutschlands, unterstand 400 Jahre lang dänischer Herrschaft. Bis heute gibt es enge Kontakte zum königlichen Nachbarn.

FLENSBURG ➡ A1

Um 1200 als dänischer Handelsstützpunkt gegründet, liegt Flensburg (90 300 Einw.) heute direkt an der Grenze zu Dänemark. Jeder Fünfte hat hier Dänisch als Muttersprache, es gibt dänische Kindergärten und Schulen sowie eine dänische Zeitung. Man spricht Petuh, einen Dialekt mit dänischen, nieder- und hochdeutschen Elementen.

*Der Handel mit Tabak (links)
verhalf Flensburg zu großem
Wohlstand und
Blick auf die Stadt (rechts)*

Die drittgrößte Stadt Schleswig-Holsteins kann auf eine 800-jährige maritime Tradition zurückblicken. Im 18. Jahrhundert kamen die Vollrigger von großer Westindienfahrt hier an. Kaffee, Tee, Tabak, Baumwolle und Edelhölzer fanden ihren Weg nach Norddeutschland. 1755 begann die Rum-Geschichte der Stadt, dokumentiert im **Schifffahrtsmuseum**. Ein Bummel durch die Gassen von Flensburg ist eine gemütliche Angelegenheit. Der **Kapitänsweg,** ein Stadtrundgang mit Texttafeln, beginnt am Schifffahrtsmuseum. Hübsch ist auch der **Jugendstilweg**, der in der Nähe der Tourismusinformation anfängt. Die Kaufmannshöfe der Altstadt wurden zwischen dem 17. und dem 18. Jahrhundert gebaut, steinerne Zeugen blühenden Handels. Der fünfgeschossige **Westindienspeicher** und der **Speicher des Brasseriehofs** vervollkommnen das Bild der historischen Handelsstadt.

ℹ️ Tourist Information ➡️ A1
Nikolaistr. 8, 24937 Flensburg
✆ (04 61) 909 09 20, www.flensburger-foerde.de
Mo–Fr 10–17, Sa 10–14 Uhr

🏛️ ☕ Museumsberg Flensburg ➡️ A1
Museumsberg 1, Flensburg
✆ (04 61) 85 29 56, www.museumsberg-flensburg.de
Tägl. außer Mo 10–17, Mai–Sept. bis 20 Uhr
Eintritt € 8, bis 18 J. frei
Bietet Einblicke in Kunst- und Kulturgeschichte der Region (Ernst Nolde, Ernst Barlach und Erich Heckel), u. a. sind eine umfangreiche Möbelsammlung, Kirchenkunst und original eingerichtete Bauernstuben zu sehen. Eines der größten Museen Schleswig-Holsteins.

Herbe Schönheit hoch im Norden

ALTSTADT VON FLENSBURG

Flensburg, Schleswig-Holstein

V on wegen Flachland: Deutschlands zweitnördlichste Stadt (nur das benachbarte Glücksburg liegt noch ein klein wenig nördlicher) überrascht durch bewaldete Hügel. Sie bilden die Kulisse für eine malerische Altstadt, die sich unten im Tal südlich und westlich des Hafens ausbreitet und in der sich erstaunlich viele Gebäude aus vergangenen Epochen erhalten haben.

Da ist z. B. das Nordertor aus dem späten 16. Jahrhundert mit seinem charakteristischen Treppengiebel. Heute gilt es als Wahrzeichen der Stadt. Noch älter ist die Nikolai-Apotheke: Der älteste Profanbau Flensburgs entstand im Jahr 1490. Doch es sind nicht einzelne Gebäude, die zählen, sondern es ist der Gesamteindruck, der diese Stadt an der Förde so lebens- und liebenswert macht.

Das Zentrum von Flensburg ist ein buntes Gemisch aus gotischen Kirchen und uralten Giebelfronten, aus dänisch anmutenden Fachwerkhäusern und pompösen Bauten aus der Zeit des Historismus. Am lauschigen Nordermarkt bilden diese unterschiedlichen Stile ein spannungsvolles und doch harmonisches Ganzes – kein Wunder also, dass dieser Platz bei Besuchern und Einheimischen gleichermaßen beliebt ist!

Doch Flensburg, das ist vor allem eine Hafenstadt. Am besten kann man sich davon im Historischen Hafen mit seinen alten Kränen und Stegen, der Museumswerft und dem Schifffahrtsmuseum sowie den vielen historischen Dampfern, Kuttern und Seglern überzeugen.

Daran, dass Flensburg seit Jahrhunderten ein Zentrum des Rumhandels ist, erinnern übrigens gleich zwei Rum-Museen in der Altstadt. Es gibt also wahrhaftig keinen Grund, die Stadt an der Förde achtlos zu durchqueren. Und eilig schon gar nicht – denn das Kraftfahrt-Bundesamt, das die berüchtigten »Punkte in Flensburg« vergibt, ist im Zweifelsfall gleich um die Ecke!

INFO: Flensburg liegt ca. 90 km nördlich von Kiel. **INFO FLENSBURG:** Tourist Information, Nikolaistr. 8, 24937 Flensburg, Tel. (04 61) 909 09 20, www.flensburger-foerde.de.

Bummeln in der Innenstadt von Flensburg.

🏛 🎨 Phänomenta ➜ A1

Norderstr. 157–163, Flensburg
✆ (04 61) 14 44 90, www.phaenomenta-flensburg.de
Di–Do 9–16, Fr–So 11–18 Uhr, Eintritt € 12/9 (7–16 J.)/3
(3–6 J.), Familien (2 Erw. und 2 Kinder) € 34
Hier kann man Naturwissenschaft und Technik durch
Begreifen an 170 Stationen erleben und verstehen, mit
»Zwergen-Phänomenta«: 20 altersgerechte Experimente
speziell für Kinder zwischen drei und sechs Jahren.

🏛 🎨 Schifffahrtsmuseum ➜ A1

Schiffbrücke 39, Flensburg
✆ (04 61) 85 29 70
www.schifffahrtsmuseum-flensburg.de
Tägl. außer Mo 10–17 Uhr, Eintritt € 8/3, bis 18 J. frei
Im alten Zollpackhaus werden Bilder, Modelle und
Maschinen zum Thema Schifffahrt ausgestellt. Die
Rum-Abteilung informiert über das geschichtsträch-
tige Getränk. Spannendes Museum der Seefahrt mit
Stationen zum Ausprobieren, Anfassen und Staunen.

*Der Museumsberg gewährt
Einblicke in die regionale
Kulturgeschichte vom 13. bis
20. Jahrhundert*

Mittelalterliche Kogge im Hafen zu Lübeck

Die deutschen Hansestädte – Zentren von Handel und Kultur

Kaum eine andere Region des Kontinents entwickelte sich im Mittelalter derart schwungvoll und energisch wie die Ostseeregion. Allein im 13. Jahrhundert wurden zahlreiche Dörfer und Klöster gegründet sowie über fünfzig Städte. 170 große und kleine Hansestädte von Skandinavien bis zum Rheinland gewährten ihren Kaufleuten gemeinsame Auslandsniederlassungen und Handelslizenzen. Lübeck war das Haupt der Hanse und der »Lübecker Pfennig« die gemeinsame Währung. Roggen aus Mecklenburg, Salz aus Lübeck und Eisenwaren aus dem Rheinland wurden europaweit umgeschlagen. Ostsee-Transportmittel Nummer eins war die gedrungene, breite Kogge – die Schiffsform, die noch heute in vielen Wappen ehemaliger Hansestädte zu sehen ist.

*Am nördlichen Ende
der Halbinsel Angeln liegt
Schloss Glücksburg*

 Salondampfer »Alexandra« ➡ A1
Dampferbrücke am Schiffbrück-Kai, Höhe Schiffbrücke Nr. 12, Flensburg
℡ (04 61) 18 29 18 05
www.dampfer-alexandra.de
Fahrten und Tickets vgl. Website
Wer Flensburg vom Wasser aus sehen möchte, kann
eine Fahrt mit dem liebenswerten Gefährt von 1908
unternehmen.

GLÜCKSBURG ➡ A1

Hoch im Norden – beinahe schon in Dänemark – liegt
Glücksburg. Hier erbauten die Herzöge zu Schleswig-
Holstein 1583–87 ein **Schloss**, das beinahe über dem
umgebenden Wasser zu schweben scheint. Heute be-
finden sich hinter den weißen Mauern ein Museum,
das Standesamt (im Schlossturm) und der Schlosskeller.
Der Wahlspruch des Hauses, »GgGmF«, steht auf der
Wappentafel über dem Eingangsportal: »Gott gebe
Glück mit Frieden«.

Glücksburg gilt als Wiege der europäischen Königshäuser, denn der »Schwiegervater Europas«, König
Christian IX. von Dänemark (1818–1906) aus dem
Hause Glücksburg, brachte viele seiner Kinder in den
verschiedenen Adelshäusern des Kontinents unter. Im
Internetauftritt des Hauses grüßt heute Christoph Prinz
zu Schleswig-Holstein, im Namen seiner Familie – und
der Stiftung. Denn wie in vielen modernen Adelshäusern
hat man auch hier eine solche ins Leben gerufen, um

Blütenpracht in Glücksburg

mithilfe der Einnahmen die Pflege des Schlossensembles und die Erhaltung des Kulturbetriebs zu finanzieren.

Seit den 1870er Jahren gibt es in Glücksburg einen regen Badebetrieb und mithilfe der **Hanseatischen Yachtschule**, der größten und ältesten Segelschule Deutschlands, lernen alljährlich viele Landratten den Umgang mit Reff und Ruderpinne.

Zahlreiche Kur- und Wellness-Einrichtungen profitieren von der guten Luft und der schönen Umgebung. Während die einen sich hier in der Reha erholen, verausgaben sich andere beim »Ostseeman-Triathlon« (im August).

Glücksburg: historischer Brief-
kasten aus großer Zeit

ℹ️ **Tourist Information** ➡️ A1
Schinderdam 5, 24960 Glücksburg
☎ (046 31) 407 70
www.gluecksburg-urlaub.de
April–Okt. Mo–Fr 9–17/18, Sa 10–14, Nov.–März Mo–Fr 9–17 Uhr

👁️ 🏛️ ✿ 🍃 **Schlossmuseum Glücksburg** ➡️ A1
Schloss, Glücksburg
☎ (046 31) 44 23 30, www.schloss-gluecksburg.de
Mai–Okt. tägl. 10–18, Nov.–April Sa/So 11–16 Uhr
Eintritt € 9/6
Das Wasserschloss birgt Gemälde, Tapisserien, kostbare Ledertapeten und erlesenes Porzellan. Besonders schön: das **Rosarium seaside-garden** im Schlosspark mit über 550 Rosensorten (Ende März–Ende Sept. tägl. 10–18 Uhr, Eintritt frei).

Das Strandbad in Glücksburg-
Sandwig existiert bereits seit
der Kaiserzeit

SCHLOSS GLÜCKSBURG

Glücksburg, Schleswig-Holstein

Hoch im Norden Deutschlands liegt Glücksburg mit dem bekannten Schloss, das im Auftrag von Johann dem Jüngeren, Herzog von Schleswig-Holstein-Sonderburg, 1582 bis 1587 errichtet wurde. Ganz in Weiß, mit achteckigen Türmen entstand der Bau auf den Resten eines Zisterzienserklosters. Seinen Namen erhielt das Schloss nach dem Wahlspruch des Hauses: »Gott gebe Glück mit Frieden«. Es war König Christian IX. von Dänemark (1818–1906), der Glücksburgs Ruf als Wiege der europäischen Königshäuser begründete: Er verheiratete seine Nachkommen in allerhöchste Kreise. Heute ist der Besitz noch immer in adliger Familienhand; eine Stiftung ermöglicht die Erhaltung der Gebäude und des Kulturbetriebs.

Die bedeutende Sammlung niederländischer Tapisserien und flandrischer Ledertapeten ist eine der besonderen Attraktionen des Schlosses. Zierlich und elegant spannt sich die Stuckdecke im Roten Saal – sie zählt zu den frühesten in Schleswig-Holstein. Kostbare Möbelstücke aus der Zeit zwischen Rokoko und Biedermeier, Porzellan und Silber ergänzen die Sammlungen.

Porträts dokumentieren die Familienhistorie der Oldenburger und Glücksburger und auch die wechselhafte deutsch-dänische Geschichte, die diese Region schon immer prägte.

Im Schloss kann man auch tagen und heiraten. Für Letzteres gibt es ein stilvolles Trauzimmer und die 1717 erbaute Schlosskapelle, eine der frühesten protestantischen Kirchen Schleswig-Holsteins, die unter Herzog Philip Ernst barock ausgestattet wurde. Im Schlosspark lockt das Rosarium mit mehr als 500 Rosensorten.

INFO: Glücksburg liegt ca. 10 km nordöstlich von Flensburg. **INFO SCHLOSS GLÜCKSBURG:** Schlossallee, 24960 Glücksburg, Tel. (04631) 442 33-0, www.schloss-gluecksburg.de, Öffnungszeiten Mai–Okt. tägl. 10–18, Nov.–April Sa/So 11–16 Uhr, Eintritt € 9, ermäßigt € 6. **REISEZEIT:** April–Okt.

Eines der bedeutendsten Renaissanceschlösser Nordeuropas: Schloss Glücksburg.

Die Flensburger Förde von der Halbinsel Holnis aus gesehen

🏊 💰 🍴 Fördeland Therme Glücksburg ➡ A1
Sandwigstr. 1 A, Glücksburg
☎ (046 31) 44 40 70, www.foerdelandtherme.de
So/Mo, Do 10–21, Di/Mi 12–21, Fr 12–22, Sa 10–24 Uhr
Eintritt ab € 12/9 (3–15 J.), Saunawelt ab € 18/15 (3–15 J.)
Erlebnisbad mit Saunalandschaft, Fitness- und Schwimmkursen und Gastronomie. Im Sommer gibt es auch oft Sonderveranstaltungen auf dem Gelände.

✖ Meierei Dirk Luther ➡ A1
Uferstr. 1, Glücksburg
☎ (046 31) 619 94 11, www.alter-meierhof.de
Mi–Sa ab 18.30 Uhr
Preisgekrönte Sterneküche. Sehr schöner Blick über die Ostsee Richtung Dänemark. €€€

HALBINSEL HOLNIS ➡ A1
Einst war hier eine wichtige Station auf dem Weg der Händler von Angeln nach Dänemark. Und schon vor 5000 Jahren siedelten auf Holnis Bauern und Fischer, wie steinzeitliche Waffen- und Werkzeugfunde beweisen. Im Osten liegt der beliebte Badestrand **Bockholm**, wo auch Surfer sich gern ins Wasser begeben. Empfohlen sei das Wandern im Naturschutzgebiet, vor allem auf dem **Theodor-Fontane-Wanderweg**, der rund neun Kilometer lang um die Nordspitze der Halbinsel, vorbei am Steilufer, dem Holnis Noor und dem Leuchtturm Schausende zum Pugumer See führt.

Heckrindkalb auf Holnis

🏞 Naturschutzgebiet Holnis ➡ A1
Infohütte ☎ (046 31) 44 16 88
schleswig-holstein.nabu.de

Angeln, Schlei und Schleswig

Der längste und schmalste Meeresarm der Ostsee, die Schlei, hat viele grüne Strände, die das Ufer von Kappeln bis Schleswig säumen. Die Region lässt sich hervorragend mit dem Kanu, dem Segelschiff oder per Rad erkunden, auch Schnorchelanfänger und Angelprofis fühlen sich hier wohl. Letztere fischen in der Region ganzjährig u. a. Meerforellen, Zander, Flussbarsche, Dorsche und natürlich Heringe aus dem seichten Gewässer.

SÜDERBRARUP ➡ B2
Ältester Ort der Region ist Süderbrarup. Als Thingplatz mit heiliger Quelle und als Handelsplatz erlangte er schon früh überregionale Bekanntheit. Der Marktplatz war lange archäologischer Grabungsort.

Ausflugsziele:

🏛 ♻ 📧 **Landschaftsmuseum Angeln** ➡ A2
Unewatt (bei Langballig)
✆ (046 36) 10 21
unewatt.kultur-schleswig-flensburg.de

Der 1871 erbaute Leuchtturm auf der Halbinsel Schleimünde markiert die Öffnung der Schlei zur Ostsee

REGION RUND UM DIE SCHLEI

Schlei, Schleswig-Holstein

Die Schlei erstreckt sich über 42 Kilometer von Schleimünde und Maasholm über Kappeln und Arnis bis zur Stadt Schleswig. Keine Förde, sondern eine Art Abflusskanal aus der letzten Eiszeit, trennt sie die Landesteile Angeln und Schwansen. In der Schlei befindet sich Brackwasser – nichts Schlimmes, sondern eine Mischung aus Salz- und Süßwasser. Der Salzgehalt nimmt von Schleswig bis Schleimünde immer weiter zu.

In grauer Vorzeit war die Schlei ein wichtiger Handelsweg, denn der Landweg zum Nordseezubringer, von Schleswig zur Treene, betrug nur 16 Kilometer. Bereits 1075 wird in Schriften erwähnt, dass von Haithabu – der Wikingersiedlung vor Schleswig – aus Schiffe bis Schweden und Griechenland geschickt wurden. Für die größeren Schiffe späterer Zeiten, wie z. B. die Hansekogge, war der Wasserarm der Ostsee mit seiner durchschnittlichen Tiefe von drei Metern allerdings zu flach und verlor bald an Bedeutung.

Das Fischerdorf Maasholm an der Schleimündung lockt mit einem lebhaften Hafen, in dem neben Fischkuttern auch Segelboote liegen.

In der gemütlichen Kleinstadt Kappeln ist die Geschichte als Handelsplatz und Fischereiort noch deutlich spürbar. Die einstigen Lager- und Fischerhäuser an der Promenade beherbergen heute Restaurants und Hotels, der Museumshafen zeigt nach Originalvorlagen nachgebaute und restaurierte Schiffe und der Heringszaun aus dem 15. Jahrhundert wird sogar immer noch benutzt. Ausflugs- und Segelschiffe sorgen für eine maritime Atmosphäre. Den Weg in die hübsche Altstadt weist die St.-Nikolai-Kirche (1789–93). Eine weitere Sehenswürdigkeit ist die 30 Meter hohe Holländermühle Amanda von 1888.

Reetdachkaten auf der Halbinsel Schwansen.

Bad Arnis, mit rund 300 Einwohnern die kleinste Stadt Deutschlands, wurde 1667 gegründet. Das Mini-Städtchen liegt auf einer Halbinsel. Besonders sehenswert ist die Schifferkirche mit den Votivschiffen.

Der längste und schmalste Meeresarm der Ostsee hat viele grüne Strände und lässt sich sowohl mit dem Kanu als auch mit dem eigenen oder einem gecharterten Schiff hervorragend befahren.

Nach Lindaunis sollte man wegen der Klappbrücke fahren. Größere Schiffe, Autos und die Bahn arrangieren sich hier – wenn auch manchmal mit Problemen, besonders wenn die Brücke mal nicht funktioniert.

INFO: Zwischen Kiel und Flensburg gelegen. **INFO SCHLEI:** Tourist Information Kappeln, Schleswiger Str. 1, 24376 Kappeln, Tel. (046 42) 40 27, www.ostseefjordschlei.de, www.sh-tourismus.de.

Die Panoramalandschaft »Geltinger Birk« ist von großer Bedeutung für Zug- und Brutvögel

April, Okt. Fr–So 10–17, Mai–Sept. tägl. außer Mo 10–17 Uhr, Eintritt € 5, bis 18 J. frei
Auf »Museumsinseln«, die sich über den historischen Ortskern verteilen, wird Angeliter Landwirtschaftsgeschichte gezeigt. Im Sommer oft Sonderveranstaltungen, Führungen und Lesungen.

Geltinger Birk ➡ A2/3
Infostation: ✆ (046 43) 186 09 11
www.geltinger-birk.de
Ausstellung Ostern–Mitte Okt.–tägl. außer Mi 11–16 Uhr
Die Halbinsel beschirmt die Flensburger Förde vor der offenen Ostsee. In dem Naturschutzgebiet leben und brüten über 70 Vogelarten mit so hübschen Namen wie Knäkente, Mittelsäger oder Tüpfelralle. Östlich der Halbinsel, bei Falshöft, befindet sich die Infostation.

Gasthaus Möwe Jonathan ➡ A3
Geltinger Str. 8, 24395 Pommerby
✆ (046 43) 29 88, www.moewe-jonathan.com
Juli/Aug. Mo/Di, Do 17–23, Fr–So 12–23, April–Juni, Sept./ Okt. Mo/Di, Do 17–22, Fr–So 12–22, Nov.–März Fr–So 12–22 Uhr
Liebevoll eingerichteter Landgasthof mit schwäbischer Küche und »Kinderzimmer«. €–€€

MAASHOLM ➡ B3
Das Fischerdorf liegt an der Schleimündung. Am Hafen geht es lebhaft zu: Lange hatten die Kutter der Fischer das Sagen. Seit man einen Segelhafen baute, liegen hier auch die großen und kleinen Boote der

Sportsegler. Im Norden der kleinen Halbinsel fand Anfang der 1990er Jahre eine ungewöhnliche Verwandlung statt: Eine ehemalige Nato-Raketenstation wurde von der Gemeinde Maasholm gekauft und in ein **Naturerlebniszentrum** mit meeresbiologischen und geologischen Feldstationen umgewandelt (Führungen ✆ (04 61) 97 89 25 56, www.nez-maasholm.de, Eintritt frei, auch Übernachtungsmöglichkeiten).

Klappbrücke in Kappeln

KAPPELN ➡ B3

Die gemütliche 8700-Einwohner-Kleinstadt wartet mit vielen schönen Häusern auf, vor allem in der Prinzenstraße. Weithin sichtbar prägt das Stadtbild die spätbarocke **St.-Nikolai-Kirche** (1793). Die **Holländermühle »Amanda«** von 1888 mit ihren neun Stockwerken und 30 Metern Höhe ist die größte ihrer Art in Schleswig-Holstein und steht unter Denkmalschutz.

Im **Museumshafen** liegen restaurierte Frachtsegler und Dampfboote. Haupteinnahmequelle der Fischer in Kappeln war der Hering. Um ihn zu fangen, entwickelte man im Mittelalter einen Heringszaun. Ein solches Exemplar aus dem 15. Jahrhundert existiert bis in die heutige Zeit; der **Ellenberger Heringszaun** ist einzigartig in Europa. Einen guten Blick auf die historische Reuse hat man von der **Klappbrücke**. Die Konstruktion verbindet seit 2002 das Stadtzentrum mit dem gegenüberliegenden Ufer. Einmal stündlich – jeweils 15 Minuten vor jeder vollen Stunde – wird »geklappt«.

Die »Amanda« in Kappeln ist mit neun Stockwerken und 30 Metern Höhe die größte Holländerwindmühle Schleswig-Holsteins

Kappelns »Hausstrand« liegt sieben Kilometer südöstlich an der Ostsee (Olpenitz/Weidefeld). Er ist ca. drei Kilometer lang und stellenweise bis zu 40 Meter breit (im Südabschnitt FKK).

ℹ Tourist Information ➡ B3

In der Holländermühle Amanda
Schleswiger Str. 1, 24376 Kappeln
✆ (046 42) 40 27, www.ostseefjordschlei.de
Mo–Fr 10–13 und 14–17, Sa 10–14 Uhr

🏛 Museum Historisches Sägewerk ➡ B3

An der Holländermühle Amanda, Kappeln
✆ (046 42) 92 01 02, www.museen-sh.de
Mai–Okt. Mo–Do 10–12 und 13–17, So/Fei 10–12 und 14–16, Nov.–April Di 9–12 und 13–15 Uhr, Vorführungen auf Anfrage, Eintritt € 1,50/1
Die historischen Maschinen wurden früher durch die Mühle angetrieben und sind heute noch in Betrieb. Sie sägen z. B. Bretter auf die gewünschten Maße.

🚂 🎫 Angelner Dampfeisenbahn ➡ B3

Bahnhofsweg, Kappeln
✆ (0 46 42) 925 16 53
www.angelner-dampfeisenbahn.de
Mi, So im Sommer, Sonderfahrten und Fahrradmitnahme vgl. Website, Tickets ab € 14/6 (einfache Fahrt)

Deutschlands nördlichste Museumseisenbahn fährt in den Sommermonaten durch die schöne Angelner Landschaft

*Die kleine Schifferkirche
von Bad Arnis*

Mit der historischen Bahn kann man während der Sommermonate die rund 20 km zwischen Kappeln und Süderbrarup zurücklegen.

🖼 Raddampferfahrt ➡ C2/B3
Reisedienst Gerda Müller, Bürgermeister-Lass-Weg 16 Rabel
✆ (046 42) 65 32, www.schleiraddampfer.de
April–Okt. tägl. Fahrten, Ticket Rundfahrt ab € 16/8
Schleirundfahrten ab Kappeln nach Schleimünde oder – seltener – Sieseby oder Schleswig. Fahrkartenschalter am Hafen. Auch Erlebnisfahrten, die Dampfer-, Dampfeisenbahnfahrt und Fahrradtour kombinieren.

BAD ARNIS ➡ B3
Die kleinste Stadt Deutschlands (weniger als 300 Einw.), 1667 gegründet, liegt auf einer Halbinsel, weswegen die Einheimischen auch sagen, dass sie nicht »in«, sondern »auf« Arnis wohnen. Die kleine **Schifferkirche** ist das älteste Bauwerk auf Arnis. Der Legende nach wurde die alte Kanzel von einer Sturmflut angespült. Sie ist von 1573 und somit 100 Jahre älter als die Kirche selbst. Sehenswert sind auch die Votivschiffe, gestiftet von Arnisser Seefahrern als Dank für ihre glückliche Heimkehr.

Ausflugziel:

👁🏰📷 Schönhagen ➡ B3
Kleines Ostseebad mit ca. 3 km langem, bewachtem Strand mit Abenteuerspielplatz für Kinder und Strandrestaurant.
Strandkorbreservierung: Fischbiß Schönhagen, ✆ (0173) 153 86 54

Blick über die Schlei nach Schleswig mit St.-Petri-Dom

SCHLESWIG ➡ C1

Über 1200 Jahre ist es her, dass der Ort »Sliaswich« erstmals erwähnt wurde: 804 kommt er in den Fränkischen Reichsannalen vor; das macht die Stadt zu einer der ältesten Nordeuropas. Im 16. Jahrhundert war Schleswig als Residenzstadt der Gottorfer Herzöge politisches Zentrum. Von kultureller Bedeutung ist die malerische Stadt mit ihren 26 000 Einwohnern bis heute.

Zwei Dinge sollte ein Besuch unbedingt beinhalten: einen Blick in den mächtigen **St.-Petri-Dom** (erbaut um 1134) mit dem berühmten Bordesholmer Altar (mit 400 geschnitzten Figuren) von Hans Brüggemann und einen Besuch in ❷ **Schloss Gottorf**. Die mächtige Vierflügelanlage beherbergt das Landesmuseum. Die archäologische Sammlung ist überregional bekannt durch das Nydamschiff und die Moorleichen aus der Zeit um Christi Geburt, gefunden im Thorsbyer Opfermoor bei Süderbrarup.

Seit 2005 steht der berühmte **Gottorfer Globus** wieder im Fürstengarten, eine Rekonstruktion nach historischem Vorbild und Beitrag zur Wiederherstellung des historischen Barockgartens.

Einen Eindruck von den kargen Lebensumständen vergangener Tage kann man sich bei einem Bummel

Von armen Fischern und reicher Holzkunst

DOM ZU SCHLESWIG, DER HOLM UND DIE ALTSTADT

Schleswig, Schleswig-Holstein

Schleswig ist eine der ältesten Städte Nordeuropas, denn der Ort Sliaswich (dänische Form: Sliestorp) wurde in den fränkischen Reichsannalen bereits 804 erwähnt. Nachdem Schleswig im 13. Jahrhundert seine Rolle als überregionale Handelsmetropole des Nordens an Lübeck hatte abtreten müssen, wurde die Stadt im 16. Jahrhundert als Hauptresidenz der Herzöge Schleswig-Holstein-Gottorf politisches und kulturelles Zentrum. Heute ist Schleswig (25 000 Einwohner) mit den Sammlungen der Landesmuseen und den vielen Kulturdenkmälern vor allem von kultureller Bedeutung. Zentrale Sehenswürdigkeiten sind der mächtige St.-Petri-Dom, die ihn umgebende Altstadt und die Fischersiedlung Holm.

Der Schleswiger Dom entstand vom 12. bis 15. Jahrhundert. Sein weithin sichtbarer, 112 Meter hoher Turm wurde dem gotischen Bau 1894 hinzugefügt – ein Geschenk Preußens an seine Provinzhauptstadt. Im Innern lohnt vor allem das Studium des berühmten Bordesholmer Flügelaltars mit seinen fast 400 geschnitzten Figuren von Hans Brüggemann. Jeder einzelnen seiner Figuren verlieh der große Holzschnitzer eine ausdrucksvolle Mimik und Gestik, um den Lebensweg Christi darzustellen. Der Künstler gestaltete auch die über vier Meter hohe Standfigur des heiligen Christophorus.

Der Holm (skandinavisch für Insel, das war er bis 1933) gilt als einer der ältesten Teile der Stadt. Hier erhalten Besucher einen Eindruck von den kargen Lebensumständen vergangener Tage. Die winzigen Fischerhäuschen mit Klöndör, der Plaudertür, die auch zur Hälfte geöffnet werden kann, haben zum Teil auf der Rückseite einen direkten Zugang zur Schlei – die Fischerboote konnten quasi im Hinterhof geparkt werden.

Die Häuschen gruppieren sich um den Friedhof herum – ein würdiges Begräbnis war der einzige Luxus, den sich die Mitglieder des Beerdigungsvereins »Holmer Beliebung« nicht nehmen lassen wollten. Die Beliebung wurde 1650 nach dem Dreißigjährigen Krieg gegründet. Mitglieder erwarben sich das Recht, in Würde begraben zu werden – keine Selbstverständlichkeit in Zeiten von Krieg und Pest. Mittelpunkt der Altstadt ist der Markt, umgeben von schönen Bürgerhäusern, der stattlichen Hofapotheke und dem klassizistischen Rathaus von 1794.

INFO: Schleswig liegt zwischen Flensburg und Kiel. **INFO SCHLESWIG:** Tourist Information, Plessenstr. 7, 24837 Schleswig, Tel. (046 21) 85 00 56, www.schleswig.de, www.ostseefjordschlei.de, www.stadtmuseum-schleswig.de.

Kapelle des Friedhofs der »Holmer Beliebung« in Schleswig.

durch die Fischersiedlung **Holm** (skand. Insel, denn das war dieser Stadtteil bis 1933) verschaffen, einen der ältesten Teile der Stadt.

Die Wurzeln Schleswigs liegen in ❸ **Haithabu** (von skand. *heihtabyr*, Ort auf der Heide) am Haddebyer Noor. Vor den heutigen Stadtgrenzen liefen hier um das Jahr 1000 die wichtigsten Fernhandelswege der Wikinger zusammen. In seiner Blütezeit war Haithabu größer als das damalige Köln. Das Museum stellt die zahlreichen Funde aus, die Zeugnis von Haus- und Schiffbau, Handwerk, Verteidigung und Kleidung der ca. 1000 Einwohner ablegen. Rekonstruierte Hausmodelle lassen die Siedlungsgeschichte lebendig werden.

🛈 **Tourist Information** ➡ C1
Plessenstr. 7, 24837 Schleswig
✆ (046 21) 85 00 56, www.ostseefjordschlei.de
April/Mai, Okt. Mo–Fr 10–17, Sa 10–14, Juni, Sept. Mo–Fr 10–17, Sa/So 10–14, Juli/Aug. Mo–Fr 10–18, Sa/So 10–14, Nov.–März Mo–Fr 10–16, Sa/So 10–14 Uhr

🏛 **Holm-Museum** ➡ C1
Süderholmstr. 2, Schleswig
✆ (046 21) 93 68 20, www.stadtmuseum-schleswig.de
Tägl. außer Mo 10–17 Uhr, Eintritt frei
Museum zur Geschichte des Stadtteils Holm.

🏛🍴 **Stadtmuseum Schleswig im Günderothschen Hof** ➡ C1
Friedrichstr. 9–11, Schleswig
✆ (046 21) 93 68 20, www.stadtmuseum-schleswig.de
Tägl. außer Mo 10–17 Uhr, Eintritt € 5/2,50, bis 6 J. frei
Stadtgeschichte Schleswigs vom Mittelalter bis zur Gegenwart. Im Nebengebäude: das **Teddy Bär Haus** – ein Museum zur Geschichte des Erfolgsspielzeugs.

🏛👁✗ ❷ **Stiftung Schleswig-Holsteinische Landesmuseen Schloss Gottorf** ➡ C1
Schloss Gottorf, Schleswig
✆ (046 21) 81 32 22, schloss-gottorf.de
April–Okt. Di–Fr 10–17, Sa/So 10–18, Nov.–März Di–Fr 10–16, Sa/So 10–17 Uhr, Eintritt € 10/3, Globus ab € 3/2
Das stattliche Landesmuseum bietet einen Einblick in Früh- und Vorgeschichte der Region sowie die

Fischerhäuschen auf dem Schleswiger Holm

Moorleichen, Weltbilder und neue alte Gärten

SCHLOSS GOTTORF

Schleswig, Schleswig-Holstein

Die mächtige Vierflügelanlage von Schloss Gottorf, ehemalige Residenz der Herzöge von Schleswig-Holstein-Gottorf, beherbergt als Schleswig-Holsteinische Landesmuseen das Landesmuseum für Kunst und Kultur-

geschichte und das Archäologische Landesmuseum, das zu den ältesten und größten seiner Art in Deutschland zählt. Internationalen Rang hat die Sammlung durch das Nydam-Schiff und die Moorleichen aus der Zeit um Christi Geburt. Eine weitere Dependance der Landesmuseen ist das Wikinger Museum Haithabu am Haddebyer Noor.

Früher Adelssitz, heute Landesmuseum: Schloss Gottorf.

Der Gottorfer Globus im Fürstengarten der Schlossanlage ist eine Rekonstruktion nach dem berühmten historischen Vorbild. Zwischen 1650 und 1664 entstand am Gottorfer Hof Herzog Friedrichs III. ein Riesenglobus mit einem Durchmesser von über drei Metern. Er stellte äußerlich die Weltkugel dar, das Innere barg ein Planetarium, das den Sternenhimmel und den Sonnenlauf so zeigte, wie sie von der Erde aus zu sehen sind. Ein Reiz bestand – und besteht noch – darin, dass man in den Globus hineinsteigen, dort Platz nehmen und die Sterne um sich herum kreisen lassen kann. Der Globus sollte kein Messinstrument sein, vielmehr ging es um die Veranschaulichung des Weltverständnisses seiner Erbauer und ihrer Zeit.

Die rekonstruierte Globuskugel schwebt im ersten Stock des Globushauses fast wie im freien Raum. Die Aufhängungsachse verläuft parallel zur wirklichen Erdachse, das Getriebe für die Globusmotoren verbirgt sich in der Zwischendecke. Die neuzeitliche Rekonstruktion ist in einem kubusartigen Bau untergebracht.

Zur Landesgartenschau 2008 konnte die aufwendige Rekonstruktion des Barockgartens abgeschlossen werden, der mit prachtvollen Wasserkaskaden und Fontänenbassins lockt.

INFO: Schleswig liegt zwischen Flensburg und Kiel. **INFO STIFTUNG SCHLESWIG-HOLSTEINISCHE LANDESMUSEEN:** Schloss Gottorf, 24837 Schleswig, Tel. (046 21) 81 32 22, schloss-gottorf. de, Öffnungszeiten April–Okt. Di–Fr 10–17, Sa/So 10–18, Nov.–März Di–Fr 10–16, Sa/So 10–17 Uhr, Eintritt € 10, Kinder € 3. **INFO GLOBUSHAUS:** gottorfer-globus.de, Öffnungszeiten April–Okt. Di–Fr 10–17, Sa/So 10–18 Uhr, Eintritt € 3, Kinder € 2, Zutritt ab 6 J.

Ein Wunderwerk der Technik macht das Wunderwerk Sternenhimmel begreiflich: der Gottorfer Globus

Schloss- und Kulturgeschichte vom Mittelalter bis heute. Der begehbare **Globus** vermittelt Wissenschaftsgeschichte.

🏛️ 🎫 ❸ Wikinger Museum Haithabu ➡ C1
Am Haddebyer Noor 3, Busdorf
📞 (046 21) 81 31 22, haithabu.de
April–Okt. tägl. 9–17 Uhr, sonst kürzer und Wikinger Häuser geschl., Eintritt € 9/3
Zeigt Alltag, Handwerk und Handel der Wikinger.

🎫 🌳 Tolk-Schau ➡ C2
Tolk/Schleswig
📞 (046 22) 922, tolk-schau.de
April–Okt. tägl. 10–18 (letzter Einlass 16 Uhr), Nebensaison Mi, Sa/So 10–18 Uhr
Eintritt € 25, Kinder bis 90 cm Körpergröße frei, Grillhütte € 15
Hirschpark und Ziegengehege, Märchenwald und Max-und-Moritz-Haus sowie Riesenrutschen und Achterbahn. Neueren Datums ist das Tal der Dinosaurier. Wichtig für Rollstuhlfahrer: Beinahe alle Wege sind gepflastert.

🚢 Schleischifffahrt ➡ C1
📞 (046 21) 233 19, www.schleischifffahrt.de
Abfahrt ab Schleihallenbrücke
Strecke 1: Schleswig–Missunde–Ulsnis–Schleswig, Ticket € 16/8
Strecke 2: Schleswig–Kappeln–Maasholm–Schleimünde–Schleswig, Tickets € 20/10
Lohnt sich: Die Region vom Wasser aus erkunden.

WIKINGER MUSEUM HAITHABU

Busdorf, Schleswig-Holstein

Ein frühmittelalterlicher Immobilienmakler hätte über den Standort Haithabu gesagt: Entscheidend ist die Lage. Diese war nämlich außerordentlich günstig. Die Schlei, ein Arm der Ostsee, war schiffbar und zugleich verlief

An historischer Stelle rekonstruiert: Häuser des wikingerzeitlichen Handelsplatzes Haithabu.

hier die Nord-Süd-Handelsroute, der Ochsenweg. In Haithabu wurden Handelsgüter verladen, die über Land bis zur Eider und von dort zur Nordsee gebracht wurden – und umgekehrt. Die Siedlung dänischer Wikinger nahm damit eine bedeutende Stellung für den Handel zwischen dem Nordseeraum und dem Baltikum ein. Vom 9. bis ins 10. Jahrhundert war Haithabu eine frühmittelalterliche Großstadt: Mindestens tausend Einwohner lebten hinter einem hohen Wall mit Palisade. Heute befindet sich in der Nähe dieses Walls das Museum, das Leben und Handeln der Wikinger dokumentiert: Knut, Gorm, Harald Blauzahn und wie sie alle hießen. Auf dem ehemaligen Ausgrabungsgelände gibt es rekonstruierte Häuser und auch einen Bootsnachbau.

Wer noch tiefer in das Thema eintauchen will, kann sich auf der Museumswebsite über

zahlreiche Veranstaltungen informieren, von archäologischen Führungen bis zu Kursen in Bogenbau und Pfeilherstellung.

In nur 800 Metern Entfernung befindet sich eine naheliegende Restaurantoption: Odins Haithabu. Der Wikingerbezug ist zwar nur im Namen des Hauses und den Bezeichnungen der Gerichte zu finden, aber der spektakuläre Blick über die Schlei hat sich seit Odins Zeiten nicht sehr verändert, und regionale Bioprodukte haben die Wikinger schließlich auch genossen.

INFO: Haithabu liegt ca. 4 km von Schloss Gottorf entfernt und ca. 50 km südlich von Flensburg. **INFO WIKINGER MUSEUM HAITHABU:** Am Haddebyer Noor 3, 24866 Busdorf, Tel. (046 21) 81 31 22, haithabu.de, Öffnungszeiten April–Okt. tägl. 9–17 Uhr, Nov.–März kürzer und Wikinger Häuser geschl., Eintritt € 9, ermäßigt € 7, Kinder € 3.

Eckernförder Bucht

Die Eckernförder Bucht liegt zwischen Schwansen im Norden und dem Dänischen Wohld im Süden. Die Südküste ist geprägt sowohl durch flache Strände wie durch markante Steilküsten. Diese können stellenweise eine Höhe von 30 Metern erreichen. Im Hinterland von Eckernförde wechseln sich Moore mit waldreichen Landstrichen ab. Der Dänische Wohld ist eines der waldreichsten Gebiete Schleswig-Holsteins. Historisch macht sich die lange Zugehörigkeit zum dänischen Königshaus bemerkbar, Eckernförde wurde erst im 19. Jahrhundert deutsch.

DAMP ➡ C3

In den 1970er Jahren als »Damp 2000« angelegt, hat die Ferienanlage Ostsee Resort Damp außer schöner Begrünung optisch eher wenig zu bieten. Den Strand säumen mächtige Plattenbauten, den ersten Eindruck prägen großflächige Parkplatzzonen. Für viele liegt das Augenmerk daher auf der erholungstechnischen Infrastruktur und der schönen Lage.

Als »Dampland« bezeichnet wandelte sich das Resort in jüngerer Zeit erneut und spricht mit dem Hotel Midgard jetzt vor allem kleine und große Wikinger-Fans an. Damp ist behindertengerecht gestaltet und bietet etliche Wellness-, Fitness- und Beautyangebote mit ostseebezogenen Anwendungen wie Bernsteinmassagen,

Aussicht auf die Hafenstadt Eckernförde, den See Windebyer Noor und seine Umgebung

Thalasso- und Ostseealgenextrakt-Behandlungen. Am ca. drei Kilometer langen Strand gibt es einen FKK- und einen Aktivbereich (am Südstrand sind Hunde erlaubt). Eine Mole schützt einen Teil des Strands und sorgt für kinderfreundlich ruhiges Wasser. An der Promenade befinden sich Lokale und kleine Geschäfte.

ⓘ Tourist Information ➡ C3
Seeuferweg 10, 24351 Damp
☏ (043 52) 806 66
www.ostsee-resort-dampland.de
Mo–Fr 9.30–17 Uhr

ⓧ ⊘ Spitzbergen ➡ C3
Seeuferweg 10, Damp
☏ (043 52) 80 85 31
Tägl. 7–22 Uhr
Familienrestaurant mit großem überdachten Außen-
bereich. Günstiges Büfett mit Front Cooking Station und durchgehend warmer Küche. Schön ist der Hafen-
blick. €

🗺 ⓢ 🏃 Mare Mara ➡ C3
Seeuferweg 10, Damp
☏ (043 52) 80 87 66
Tägl. 12–20 Uhr
Eintritt Tageskarte € 25, Sa/So € 29
Große Saunalandschaft, zudem Pool und Vital-Bar. Panorama-Glasfront mit Blick auf Strand und Ostsee.

Versammelt für den Transport ins Winterquartier: Strandkörbe in Eckernförde

ECKERNFÖRDE ➡ C2

Das Ostseebad ist seit 1830 Ziel erholungssuchender Ostseetouristen. Es gibt zwei Strandabschnitte: den Hauptstrand mit zwei kleinen Seebrücken und einer Promenade, der meist belebter ist, und den ruhigeren Südstrand (auch FKK). In die Innenstadt führt ein kurzer Fußweg.

In der gemütlichen **Altstadt** ist zwischen Kieler Straße und Jungfernstieg gut bummeln. Die kleinen Gassen vermitteln einen typisch norddeutschen Eindruck.

Die spätgotische **Nikolaikirche** ist mit Werken der Eckernförder Schnitzer aus dem 16. und 17. Jahrhundert ausgestattet. Das **Museum Eckernförde** zeigt die stadt- und naturgeschichtliche Sammlung dieser durch den Fischfang geprägten Stadt.

Borby am nördlichen Ufer der Förde wurde 1934 eingemeindet. Im 19. Jahrhundert diente das Dorf Adligen und Reichen als Reiseziel für die Sommerfrische. Für den standesgemäßen Aufenthalt der noblen Gäste entstanden schmucke Villen (in den Straßen Vogelsang und Jungmannufer).

Übrigens kommen aus Eckernförde die »echten« Kieler Sprotten, denn die schmackhaften Dinger gelangten zwar aus Kiel in alle Welt, gefangen und geräuchert wurden und werden sie aber hier.

ℹ️ Tourist Information ➡ C2

Am Exer 1 (Stadthalle), 24340 Eckernförde
℡ (043 51) 717 90, www.ostseebad-eckernfoerde.de
Mo–Fr 9–17, Sa/So 10–15 Uhr, Mitte Sept.–Mitte April
So geschl.

🏛 Museum Eckernförde ➡ C2

Rathausmarkt 8, Eckernförde
℡ (043 51) 71 25 47, www.museum-eckernfoerde.de
April–Okt. Di–So 11–17, Nov.–März Di–Fr 14.30–17, Sa/
So 11–17 Uhr
Eintritt € 3/1, unter 6 J. frei
Stadtgeschichte in Bildern und Objekten, Schwerpunkt
Fischfang, Fischhandel und Badeleben.

🌀➡❌🛈 Ostsee Info-Center Eckernförde ➡ C2

Jungfernstieg 110 (Am Seesteg), Eckernförde
℡ (043 51) 72 62 66, www.ostseeinfocenter.de
April–Okt. tägl. 10–18, Nov.–März Di–So 11–17 Uhr
Eintritt € 5/3
Erlebniscenter rund um das Thema Meer, u. a. mit Aquarien, Fühlbecken, Erlebnistunnel und Freizeitveranstal-
tungen für Kinder.

🏊🌀🌀🍴 Meerwasserwellenbad ➡ C2

Preußerstr. 1, Eckernförde
℡ (043 51) 90 54 00, www.meerwasser-wellenbad.de
Mo–Fr 6–20.40, Sa/So 9–17.40 Uhr, Eintritt ab € 5/2,50
Meerwasserwellenbad mit 75-m-Rutsche, Saunalandschaft und Whirlpool – das Ganze mit Ostseeblick.

In den Wanten

*Öffnet sich für Segler:
die Fußgängerbrücke
im Eckernförder Hafen*

Zähne zeigen im Tierpark

Ausflugsziele:

⊙ ✗ **Schiffsbegrüßungsanlage Rendsburg** ➡ D2
Am Kreishafen, Rendsburg
Tägl. ab 10 Uhr bis Sonnenuntergang
Hier werden alle vorbeifahrenden Frachter und Kreuz-
fahrtschiffe mit Nationalflagge und -Hymne begrüßt.
Die Kapitäne antworten mit einem akkustischem Sig-
nal. Gut zu verfolgen vom Restaurant Brückenterrassen.

🏄 ⚙ 🖥 **Tierpark Gettorf** ➡ D3
Süderstr. 33, Gettorf
✆ (043 46) 416 00, www.tierparkgettorf.de
Tägl. März–Okt. 9–18, Nov.–Feb. 10–16 Uhr
Eintritt Tierpark € 13/10
Freigehege, Streichelzoo, Waldlehrpfad, Spielplatz und
»Das verrückte Haus« (Eintritt € 4) sowie Café und Res-
taurant.

*Im verrückten Haus ist
alles verkehrt herum*

Vom Marine-Ehrenmal aus gut zu überblicken: Laboe und die Kieler Förde

Kieler Bucht

Kiel, die Hauptstadt des Bundeslands Schleswig-Holstein, liegt am Südende der 17 Kilometer langen Kieler Förde. Von einem der größten Passagierhäfen ganz Deutschlands starten die Fähren nach Skandinavien. Da die Anlegestellen sich unmittelbar in der Innenstadt befinden, bilden die beeindruckenden Fährriesen zu jeder Zeit einen Teil des Stadtbilds. Mit ihren hohen Aufbauten wirken sie beinahe wie schmucke weiße Gebäude, bis dann eins ablegt und Richtung Laboe entschwindet.

Die Kieler Förde mündet in die Kieler Bucht, die sich bis zur Insel Fehmarn im Südosten erstreckt. Hier gibt es vom weißen Traumstrand über sanfte Dünen bis zur wilden Steilküste eine Vielzahl verschiedener Strandlandschaften zu entdecken. Neben Badespaß hat die Region östlich von Kiel aber auch kulturell einiges zu bieten.

Die dreigliedrige Hörnbrücke ist Fußgängern und Fahrradfahrern vorbehalten

KIEL ➡ D3

Die Geschichte Kiels wurde immer durch die See geprägt. Im Mittelalter war man Mitglied der Hanse (seit 1283), seit Kaisers Zeiten Marinestützpunkt, und wirtschaftlich prägte auch die **Howaldtswerke-Deutsche Werft-AG** (heute ThyssenKrupp Marine Systems) ➡ aD6 das Schicksal der Stadt. 1972 war Kiel Gastgeber der Segelwettbewerbe der Olympischen Sommerspiele (Olympiahafen Schilksee).

Über die »Hörn«, das letzte Ende der Förde, führt eine **Fußgänger-Klappbrücke** ➡ aF3. In der Innenstadt ist das neue Freizeitareal »Kleiner Kiel-Kanal« mit Cafés

*Kiel zum Auftakt
der Kieler Woche*

und Sitzmöglichkeiten am Wasser entstanden – aus einer Durchgangsstraße wurde ein maritimer Stadtplatz.

Spaziert man auf der Altstadtseite weiter Richtung Norden am Wasser entlang geben **Schweden- und Ostseekai** ➡ aC/D5 aus nächster Nähe den Blick auf die Ozeanriesen frei.

In der Kieler Innenstadt lohnt ein Blick in die **Nikolaikirche** ➡ aC/D4 am alten Markt. Neben dem Eingang steht der »Geistkämpfer«, eine Plastik von Ernst Barlach aus dem Jahr 1928.

Zum Einkaufen und Bummeln begeben sich die Kieler in die Fußgängerzone von der **Dänischen Straße** ➡ aC4 bis zum **Holstentörn** ➡ aE3, hier geht es weiter mit der überdachten Einkaufspassage **Sophienhof** ➡ aE2–3 und dem Center Kleiner Herzog (Sophienblatt).

Das **Freilichtmuseum Molfsee** ➡ D3, vor den Toren der Stadt, gibt in schöner Umgebung einen detaillierten Einblick in das Leben vergangener Tage.

Zum Baden fahren die Kieler auf der nördlichen Fördeseite nach Strande und Schilksee. In **Schilksee** ➡ C3 kann man das Olympiagelände mit dem großen Yachthafen von 1972 besichtigen, inklusive der Anlage für das olympische Feuer. In den sehr betonlastigen Gebäuden des ehemaligen Organisationssitzes befinden sich Ferienwohnungen, Geschäfte, Restaurants und die

Schwimmhalle. Am ca. zwei Kilometer langen Strand gibt es eine ausgewiesene Nichtschwimmerzone im Badebereich, öffentliche Grillplätze, eine Schiffsbrücke mit Anleger sowie Segel- und Tretbootverleih. Hier wird auch Beach-Volleyball gespielt. Rund um den Kurpark befindet sich der alte Ortskern Schilksees.

Der etwa drei Kilometer lange Strand von **Strande** ➡ C4 bietet zusätzlich zum Badevergnügen noch den Anblick der großen und kleinen Schiffe bei der Ein- und Ausfahrt in die Förde. Darüber hinaus gibt es mehrere kleine Spielplätze, z. B. am Nordrand des Kurstrandabschnitts, sowie kleine Restaurants. In einem 20-minütigen Spaziergang ist der Leuchtturm »Hein Bülk« (erbaut 1865) erreicht.

Das jüngere Publikum findet sich meist am **Falckensteiner Strand** ➡ C–D4 ein. Von hier kann man den Panoramablick über die Kieler Förde bis nach Laboe genießen. Der schöne Strand ist naturbelassen, mit Wiesenbereichen und Dünengras.

ℹ️ **Welcome Center Kieler Förde** ➡ aE3
Stresemannplatz 1–3, 24103 Kiel
✆ (04 31) 67 91 00
www.kiel-sailing-city.de, www.kiel-tourist.de
Mo–Fr 10–17, Sa 10–15 Uhr, im Sommer länger
Hier auch Infos über Stadt- und Hafenrundgänge.

🏛️☕ **Kieler Schifffahrtsmuseum** ➡ aD4
Wall 65, Kiel

*Historisches Gebäude
des Kieler Schifffahrtsmuseums
mit Spitztonnendach*

✆ (04 31) 90 13 42 8, www.kiel.de
Tägl. außer Mo 10–18 Uhr
Eintritt frei
Dokumentiert Kieler Schiffbau- und Schifffahrtsge-
schichte sowie die Themen Segelsport, Kreuzfahrt und
Kolonialzeit. An der Museumsbrücke liegen verschie-
dene Typen historischer Schiffe. Vom Museumscafé aus
hat man den Hafen im Blick.

🏛❌🎫 **Freilichtmuseum Molfsee** ➡ D3
Hamburger Landstr. 97, Molfsee
✆ (04 31) 659 66 22, freilichtmuseum-sh.de
April–Okt. tägl. außer Mo 9–18 (Einlass bis 17 Uhr),
Nov.–März tägl. außer Mo 10–16, Sa/So Ausstellungshaus bis 17 Uhr, Eintritt € 10/3, bis 6 J. frei
Über 70 Haus- und Hoftypen der schleswig-holsteinischen Landschaften mit Einrichtungen und regelmäßigen Handwerksvorführungen bietet dieses Freilichtmuseum für Alltagskultur auf 40 ha Fläche. Besonders
schön ist der historische Jahrmarkt. Der Eintrittspreis
beinhaltet freie Fahrt in der Museumsbahn und im Ka-
russel. Am Eingang sind Bollerwagen zu mieten – falls
kleine Besucher müde werden. Mit Museumsrestaurant
»Drathenhof« und Käseverkauf in der Meierei.

📤🎨 **Aquarium Kiel** ➡ aB5
Düsternbrooker Weg 20, Kiel
✆ (04 31) 600 16 37, www.aquarium-geomar.de

Im Freilichtmuseum Molfsee

Ein Spaziergang durch Natur und Geschichte

FREILICHTMUSEUM MOLFSEE

Molfsee, Schleswig-Holstein

Das Freilichtmuseum vor den Toren Kiels gibt einen genauen Einblick in das norddeutsche Leben vergangener Tage. Verschiedene Haus- und Hoftypen, Windmühle, Schmiede und Meierei vermitteln besser als jedes Geschichtsbuch das Lebensgefühl längst vergangener Tage. Bäuerlicher, aber auch bürgerlicher Alltag lässt sich hier authentisch nach(er)leben.

Der Museumsvereinsgründung von 1958 mit dem Ziel, die historisch wertvolle ländliche Bausubstanz Schleswig-Holsteins zu bewahren, folgte 1960 die Eröffnung des Museums mit den ersten 13 Objekten. Seit 2013 ist in Molfsee das Landesmuseum für Volkskunde angesiedelt. Mit über 70 historischen Gebäuden ist das Freilichtmuseum in Molfsee das größte seiner Art in Norddeutschland. Auf 40 Hektar schließt die Ausstellung Wiesen, Gärten, Felder und Teiche mit ein.

Für den Besuch sollte man auf jeden Fall einen ganzen Tag einplanen – kein Problem, da auch für stilechte Verpflegung durch den Verkauf der Produkte aus Meierei, Backhaus und Räucherkate bestens gesorgt ist. Auch Korbmacher, Schmied, Drechsler, Töpfer, Weber und Holzbildhauer demonstrieren ihre Tätigkeiten.

Eine alte Apotheke mit Kräutergarten gewährt Einblicke in die Geschichte der Pharmazie. Für Kinder vielleicht das Schönste: der historische Jahrmarkt mit Karussells und Schiffschaukel. Überhaupt ist die beste Idee der Besuch mit der ganzen Familie, vorzugsweise einschließlich der ältesten Generation – vielleicht erweckt der Aufenthalt spannende Jugenderinnerungen.

Die Ausstellung überzeugt durch ihre angenehm ruhige Gestaltung, statt Bilderflut und Informationsüberfluss wirken die Exponate

Die gute Stube: Leben, wie es früher einmal war – im Freilichtmuseum Molfsee.

eher für sich, immer im Spannungsfeld zwischen ärmlicher Kargheit und wohltuender Schlichtheit – je nach Augenmaß des Betrachters.

INFO: Molfsee liegt 6 km südwestlich von Kiel. **INFO FREILICHTMUSEUM MOLFSEE:** Hamburger Landstr. 97, 24113 Molfsee, Tel. (04 31) 659 66 22, freilichtmuseum-sh.de, Öffnungszeiten April–Okt. tägl. außer Mo 9–18, Einlass bis 17 Uhr, Nov.–März tägl. außer Mo 10–16, Sa/So Ausstellungshaus bis 17 Uhr, Eintritt € 10, ermäßigt € 8, Schüler € 3, bis 6 J. frei.

*Der Gemeine Silberbeilbauch-
fisch ist einer von vielen
Fischen, die im Kieler Aquarium
ihr Zuhause haben*

Tägl. 9–18 Uhr
Eintritt € 3/2 (6–18 J.), bis 5 J. frei
Drinnen leben heimische und tropische Meeresbewoh-
ner, im Außenbecken entzücken Seehunde ihr Publikum – kostenlos, vom Kiellinienufer aus zugänglich.

🍽 Konditorei und Café Fiedler ➡ aC4

Am Alten Markt, Kiel
☎ (04 31) 26 09 44 55, cafe-fiedler.de
Mo–Fr 8–18.30, Sa 9–18.30, So 10–18 Uhr
Traditionshaus mit über 100-jähriger Firmengeschichte
und einer großen Auswahl an erlesenen handgefertig-
ten Produkten.

🚢 Förde-Fährlinie ➡ aF3

☎ (04 31) 594 12 60/-66, www.sfk-kiel.de
Tickets ab € 3,70/2,10
Die Linie verkehrt ganzjährig von der Bahnhofsbrücke
Kiel bis zur Laboer Brücke. In den Sommermonaten
fahren die Fördeschiffe darüber hinaus auch zu den
Badestränden Falckenstein, Schilksee und Strande. Ab-
legestellen in Kiel sind Bahnhof, Seegarten, Reventlou,
Bellevue und Friedrichsort auf dem Westufer, Mönke-
berg, Möltenort auf dem Ostufer der Förde.

HEIKENDORF/MÖLTENORT ➡ D4

Das beschauliche Heikendorf liegt auf dem Ostufer der
Kieler Förde, ca. zwölf Kilometer von Kiels Zentrum entfernt. Der Ortskern im oberen Teil ist schnell erkundet,
ein paar Cafés und Restaurants, einige Geschäfte. Im

Kieler Woche

Das »Anglasen« einer Schiffsglocke startet die Kieler Woche. Jeweils in der letzten Juniwoche sorgen 5000 Segler zehn Tage lang für Spannung und schöne Ostsee-Impressionen. So wichtig die Kieler Woche als internationales Großereignis des Segelsports ist, so sehr kann man eine Teilnahme auch allen Nicht-Seglern und Landratten empfehlen. Die Internationalität spielt hierbei in jeder Hinsicht eine zentrale Rolle: etwa auf dem Internationalen Markt mit Köchen und kulinarischen Spezialitäten aus aller Herren Länder oder beim kulturellen Rahmenprogramm rund um die »Hörn«, das letzte Ende der Kieler Förde in der Innenstadt.

Am Strand von Heikendorf-Möltenort ziehen die Kreuzfahrtschiffe Richtung Norden vorbei

ältesten Haus des Orts (1865) befindet sich ein kleines **Künstlermuseum**. Hier lebte und arbeitete von 1923 bis 1963 der Maler Heinrich Blunck.

Unten am Wasser laden die Uferpromenade und der kleine Fischerei- und Segelhafen im Ortsteil **Möltenort** zum Bummeln ein. Vormittags verkaufen die Fischer ihren Fang direkt vom Kutter. Von hier lassen sich die großen Schiffe, die in den Kieler Hafen oder den Nord-Ostsee-Kanal einfahren, besonders gut beobachten. Am bewachten Kurstrand kann man Strandkörbe mieten und entlang der Promenade gibt es mehrere kleinere Freistrände.

🏛 **Künstlermuseum Heikendorf** ➡ D4
Teichtor 9, Heikendorf
✆ (04 31) 24 80 93
www.kuenstlermuseumheikendorf.de
Di–Sa 14–17, So 11–17 Uhr
Führungen nach Vereinbarung, Eintritt € 4/3
Historisches Atelierhaus des Malers Heinrich Blunck mit Werken der Heikendorfer Künstlerkolonie.

LABOE ➡ D4

Der Ort Laboe – ausgesprochen »Labö« – besteht aus Ober- und Unterdorf, wobei zu letzterem der Hafen gehört. Wie in vielen mittleren und kleinen Badeorten an der Ostseeküste liegen im Laboer Hafen sowohl Yachten als auch Fischkutter. Fährschiffe nach Kiel (ca. 1 Std. Fahrt) und Dänemark legen von hier ab. Der Tourismus ist zum wichtigsten Wirtschaftsfaktor Laboes geworden. Über 50 000 Feriengäste und zahlreiche Tagesgäste kommen alljährlich.

Aushängeschild des Orts ist der ca. 50 Meter breite und zwei Kilometer lange feine Sandstrand mit mehreren Spielplätzen und Beach-Volleyball-Feldern. Spielt das Wetter nicht mit, steht eine **Meerwasserschwimmhalle** als Alternative zur Verfügung. Entlang der Promenade lässt es sich gut bummeln.

Das beeindruckende, 85 Meter hohe **Marine-Ehrenmal** ➡D4 wurde von 1927 bis 1936 zur Erinnerung an die im Ersten Weltkrieg gefallenen Marinesoldaten erbaut. Seit 1954 dient es als Gedenkstätte für auf den Meeren gebliebene Seeleute aller Nationen und Mahnmal einer friedlichen Seefahrt. Zwei Fahrstühle oder 341 Stufen führen zur Aussichtsplattform. Zu Füßen befindet sich das **U-995**, ein Unterseeboot, das besichtigt werden kann. Der gleiche Typ wurde in Wolfgang Petersens Film »Das Boot« verwendet.

Blick vom Falckensteiner Strand in Richtung Laboe: Das Marine-Ehrenmal ragt mit seinen 85 Metern hoch über der Förde auf

Nord-Ostsee-Kanal

Der Kanal, weltweit bekannt unter dem Namen »Kiel-Kanal«, zählt zu den meistbefahrenen künstlichen Wasserstraßen der Welt. Seit seiner feierlichen Eröffnung 1895 durch Kaiser Wilhelm II. verbindet der Kanal die Nord- mit der Ostsee. Anfang und Ende sind Kiel und Brunsbüttel, vorbei an Rendsburg, wo man es sich nicht nehmen lässt, alle vorbeikommenden Schiffe mit der Nationalhymne ihres Heimatlands zu begrüßen. Ein Besuch der Schleusen im Kieler Stadtteil Holtenau bietet Gelegenheit, das rege Treiben auf dem Kanal von Nahem zu sehen.

Nord-Ostsee-Kanal

Schleswig-Holstein

Riesige Luxusliner und Containerschiffe im Schneckentempo locken jedes Jahr Tausende Menschen an die Ufer des Nord-Ostsee-Kanals zwischen Nordsee und Kieler Förde. Zeit ist bekanntlich Geld und Feldherren, Herzöge und Könige zerbrachen sich deshalb jahrhundertelang immer wieder den Kopf darüber, wie sich der lange Weg zwischen Nord- und Ostsee an der stürmischen Nordspitze Dänemarks vorbei am besten abkürzen ließe. Kaiser Wilhelm II. gelang schließlich das Kunststück: 1895 wurde die beinahe 100 Kilometer lange Verbindung zwischen Brunsbüttel und Kiel feierlich eröffnet. Bei der Planung hatte der Kaiser sicherlich weniger Luxusurlauber als vielmehr handfeste wirtschaftliche und militärische Vorteile im Auge. Dass das Jahrhundertprojekt durchaus seinen Sinn hatte, war schnell klar. Bis heute ist der Kanal eine der meistbefahrenen künstlichen Wasserstraßen der Welt und damit eine logistische Herausforderung. 2016 passierten ca. 29 000 Schiffe den Kanal mit einer Ladung von über 80 Millionen Tonnen.

Die Schleuse Kiel-Holtenau ist gewissermaßen die Eingangspforte zur Ostsee, die Schleuse Brunsbüttel das Tor zur Nordsee. Acht Straßen und vier Eisenbahnlinien überqueren den Nord-Ostsee-Kanal auf insgesamt zehn Brücken, zahlreiche Fahrzeug- und eine Personenenfähre ermöglichen den Transport auf die andere Seite. Alle Brücken haben die gleiche Durchfahrtshöhe von 42 Metern, weil der Kanal auf die Linienschiffe der kaiserlichen Marine ausgelegt wurde.

Wahrlich kaiserlich sind auch heute noch die Luxusschiffe, die neben den Frachtern den Kanal durchqueren. Majestätisch schieben sich an die 100 Passagierschiffe pro Jahr durch die grüne, flache Wiesenlandschaft, glänzend weiß bei Tag und strahlend erleuchtet bei Nacht. Wer sie möglichst nah vor die Linse bekommen möchte, der sollte sich zum Aussichtspunkt an der Grünentaler Hochbrücke, Kanalkilometer 31,11, begeben. Auch die Aussichtsplattform an den Kieler Kanalschleusen bietet spannende Technik im Einsatz, zusammen mit Schautafeln und manchmal auch Erläuterungen von kundigen Kanalfans vor Ort.

Rendsburg, die wichtigste Hafenstadt im Verlauf des Kanals, besitzt einen Straßen- und Fußgängertunnel unter dem Nord-Ostsee-Kanal. Bekannt ist die Stadt aber vor allem wegen ihrer Eisenbahnhochbrücke mit der darunter hängenden Schwebefähre. Die Stahlkonstruktion aus dem Jahr 1911 ist das Wahrzeichen Rendsburgs. Die sogenannte Schwebefähre ist an Seilen befestigt und transportiert Fußgänger und Fahrzeuge über den Kanal. Nach dem Unfall 2016 ist sie inzwischen erneuert.

Info: Rendsburg liegt 37 km westlich von Kiel. **Info Rendsburg und Kanal:** Touristische Arbeitsgemeinschaft Nord-Ostsee-Kanal, Jungfernstieg 2, 24768 Rendsburg, Tel. (04331) 696 38 44, www.nok-sh.de.

Heute nicht mehr wegzudenken: der Nord-Ostsee-Kanal.

Das U-Boot 995 absolvierte im Zweiten Weltkrieg neun Feindfahrten

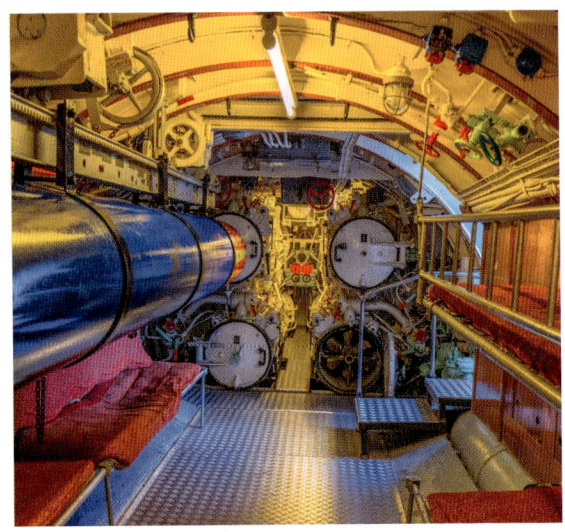

ℹ️ Tourist Information ➡️ D4
Björn 2, 24235 Laboe
☎ (043 43) 42 75 50
www.laboe.de
Mai–Aug. Mo–Fr 10–16, Sa/So 10–14, Sept. tägl. 10–14, sonst Mo–Fr 10–14 Uhr

◉ 🏛 Marine-Ehrenmal und U-995 ➡️ D4
Strandstr. 92, Laboe
☎ (043 43) 49 48 49 62
deutscher-marinebund.de
Tägl. April–Okt. 9–18, Nov.–März 10–16 Uhr
Eintritt Ehrenmal € 7/5, bis 6 J. frei, U-Boot € 6/4,50, Kombiticket € 11/7,50
Das **Ehrenmal** ist Gedenkstätte, Museum und Aussichtsturm zugleich. 1943 gebaut liegt das **U-Boot** seit 1972 hier am Ufer.

Ausflugsziel:

◉ 🏔 Probstei ➡️ D4
Der Landstrich beginnt bei Laboe und dehnt sich entlang des über 20 km langen Sandstrands bis über Schönberg hinaus aus. Der Strand von **Heidkate** ➡️ C4 ist von hügeliger Dünenlandschaft zum Land hin begrenzt,

hier herrscht meist weniger Trubel als an den Nachbarstränden, allerdings fehlt auch die strandübliche Infrastruktur. Noch etwas lauschiger geht es am Strand von **Wendtorf** und **Stein** ➜ C/D4 zu. Hier sollte es kein Problem sein, erholsame Ruhe und Abgeschiedenheit zu finden.

SCHÖNBERG/SCHÖNBERGER STRAND ➜ D4

Der Ort gilt als Zentrum der Probstei, des ehemaligen Herrschaftsbereichs des Propstes zu Preetz. Die aufwendigen Fassaden vieler Häuser weisen auf den Wohlstand vergangener Zeiten hin. Das **Kindheitsmuseum** weckt Erinnerungen und regt zu Vergleichen zu heute an.

Der Schönberger Strand ist durch Molen in einzelne Buchten unterteilt, auch viele Surfer finden sich hier ein. Die hölzerne Seebrücke verlängert die Promenade: Sie reicht von Stein bei Laboe bis hierher. Gelegenheit, den Daheimgebliebenen eine irreführende Postkarte zu senden: aus **»Kalifornien«** und **»Brasilien«** ➜ C4 nämlich. So heißen seit vielen Jahren zwei Strände westlich des Schönberger Strands. Von Brasilien aus sendete während der Fußball-WM 2014 das Team von ARD und ZDF.

Zu empfehlen ist ein Ausflug nach **Preetz** ➜ E4, mit Möglichkeit zum Spaziergang um den Preetzer See und Besuch von Heimatmuseum und Preetzer Nonnenkloster.

So schmeckt der Ostseeurlaub am Strand von Stein

Sonnenuntergang am Postsee bei Preetz

ℹ Tourist Information ➡ D4
Käptn's Gang 1, 24217 Schönberger Strand
℡ (043 44) 414 10, www.schoenberg.de
Mai/Juni tägl. 9–16, Juli/Aug. tägl. 9–17 Uhr, sonst kürzer

🏛 📷 Kindheitsmuseum Schönberg ➡ D4
Knüllgasse 16, Schönberg
℡ (043 44) 68 65, www.kindheitsmuseum.de
Juni–Okt. tägl. außer Mo 14–17, Do auch 10–12, Mai
So 14–17 Uhr, Eintritt € 3/1,50
Zeigt Kindheit im Wandel der Zeit seit 1890, Spielzeug,
Kinderliteratur, Kleidung und Möbel.

🚂 📷 Museumsbahn Schönberger Strand ➡ D4
Museumsbahnhof Schönberger Strand
Schierbek 1, Schönberg
℡ (04 31) 545 82 41, www.vvm-museumsbahn.de
Von Ende Mai bis Anfang Sept. Sa/So sowie Oster- und
Pfingstmontag Fahrten zwischen Schönberger Strand
und Schönberg, teils weiter zum Kieler Hauptbahnhof.

LÜTJENBURG ➡ D5
Eingebettet in liebliche Knicklandschaft, umgeben
von Hügeln, Wäldern und Seen, liegt der Luftkurort
Lütjenburg (5300 Einw.), schon im frühen Mittelalter
ein Handelsort und Mittelpunkt des Umlands. Im Jahr

1156 wurde in Lütjenburg der Grundstein für die **St.-Michaelis-Kirche** gelegt. Die meisten der anderen Gebäude wurden nach dem verheerenden Stadtbrand von 1826 erbaut, nur das **Färberhaus** am Marktbrunnen ist aus dem 16. Jahrhundert. Der Markt, die gute Stube der Stadt, ist umrahmt von historischen Fassaden, Klinkerhäusern und Fachwerk.

ⓘ Tourist Information ➡ D5
Markt 4, 24321 Lütjenburg
✆ (043 81) 41 99 41, www.hohwachterbucht.de
Juni–Sept. Mo–Fr 9–18, Sa 10–13, Okt.–Mai Mo–Fr 9–16, Sa 10–13 Uhr

HOHWACHT ➡ D5
In Hohwacht entstand 2003 die **Flunder**, eine Seeplattform, auf der sowohl Freiluftkonzerte als auch Yogakurse, Trauungen und Gottesdienste stattfinden. Die Konstruktion aus Eichenbohlen, die an einem 24 Meter hohen Stahlpylon aufgehängt sind, hat einen behindertengerechtem Zugangssteg. Die malerisch waldige Umgebung Hohwachts – der Wald reicht hier bis an den Strand – lockte auch viele Künstler an diese Küste, z. B. die Maler Philipp Otto Runge und Erich Heckel.

ⓘ Tourist Information ➡ D5
Berliner Platz 1, 24321 Hohwacht
✆ (043 81) 905 50, www.hohwachterbucht.de
Juni–Aug. Mo–Fr 9–18, Sa/So 10–14, sonst Mo–Fr 9–16 Uhr

Über der Ostsee schwebend: die »Hohwachter Flunder«

Ausflugsziel:

🎿 🏛 **Straußenfarm Ostseeblick** ➡ D5
Ostseering 11, Hohenfelde
✆ (043 85) 907, www.straussenfarm-ostseeblick.de
März–Okt. tägl. 10–18, Nov.–Dez. Fr–So 10–16 Uhr
Eintritt € 3, Kinder bis 9 J. frei, Führung € 1
Auf der Farm kann man sich die Riesenvögel anschauen – und essen. Ein Shop bietet Produkte rund um das drolllige Federvieh.

BEHRENSDORF ➡ D5

Unter dem Leuchtturm »Neuland«, Wahrzeichen dieses Feriengebiets, erstreckt sich der sechs Kilometer lange Strand. Steinmolen schaffen hier kleine Badebuchten am gemütlichen Familienstrand, der ohne viel Infrastruktur auskommt. Gesonderte Strandabschnitte für Hundebesitzer und FKK sowie Strandkorbvermietung sind vorhanden. Es gibt keine Promenade, aber viel Ruhe. In der Nähe liegt das Naturschutzgebiet »Kleiner Binnensee«.

Zu Füßen des Leuchtturms
»Neuland« grasen Kühe

Blick von der steilen Küste hinunter zum Weissenhäuser Naturstrand

WEISSENHÄUSER STRAND ➡ D6

Inmitten des Naturschutzgebiets Weissenhäuser Brök liegt der Weissenhäuser Strand. Hier gibt es die höchsten Dünen der schleswig-holsteinischen Ostseeküste. Der Sandstrand geht kinderfreundlich flach ins Wasser über. Das Hinterland bietet dem Urlauberherz ein Badeparadies mit Tropenflair, einen Streichelzoo, eine Shoppingmeile sowie Cafés und Restaurants.

Die 4000 Betten starke **Ferienanlage Weissenhäuser Strand** steht im Kontrast zu den idyllischen Dörfern entlang der Ostsee, ist aber überschaubar, angenehm und mit einer guten Infrastruktur ausgestattet. Sie bietet außerdem Alternativen zum Strand: das **Subtropische Badeparadies** mit vielen Rutschen, das **Abenteuer Dschungelland** mit Indoor-Dschungelpfad und Hochseilgarten sowie die Wakeboard- und Wasserskianlage **WaWaCo**. **Schloss Weissenhaus** liegt von einem schönen Park umgeben direkt an der Ostsee. Auf dem Gelände gibt es ein nobles Spa Resort.

➡ 🌴 🕴 🏄 Subtropisches Badeparadies ➡ D6

Seestr. 1, Weissenhäuser Strand
✆ (043 61) 55 40, www.weissenhaeuserstrand.de
Tägl. 9–20.30 Uhr, Eintritt ab € 22/14,50 bis 3 J. frei
Badeanlage mit einer 214 m langen Reifenrutsche, Urwaldstadt, Wildwasserkanal. Dachsauna mit Meerblick, Wellnessbereich.

🚠 🏄 🌴 WaWaCo ➡ D6

Seestr. 1, Weissenhäuser Strand

*»Aldenburgum Holsatiae«,
Oldenburg in Holstein,
Kupferstich von 1572*

☎ (043 61) 55 27 55, www.weissenhaeuserstrand.de
In der Hauptsaison tägl. 12–19, Mi bis 20 Uhr, sonst
kürzer, Tickets ab € 19/14
Wakeboard- und Wasserskianlage.

GUT UND HERRENHAUS PANKER ➡ D5

Die schöne alte Gutshofanlage mit Herrenhaus, Ge-
stüt, Stallungen und Torhaus ist umgeben von einem
Garten nach englischem Vorbild. In den Anlagen sind
Spaziergänger gern gesehene Gäste. Verschiedene
kleine Geschäfte und Galerien bieten Kunst und Kunsthandwerk an.

⊠ ▣ Wirtschaft Ole Liese und Restaurant »1797« ➡ D5

Auf Gut Panker
☎ (043 81) 906 90, www.ole-liese.de
Wirtschaft Nov.–März Mi–Fr ab 15, Sa/So ab 12 Uhr,
sonst länger
Restaurant April–Anfang Okt. Mi–Sa ab 18.30 Uhr
Das historische Gasthaus und das renommierte Restaurant, seit 2019 mit Michelinstern, sorgen für hervorragende Verpflegung. Reservierung nötig. €€–€€€

OLDENBURG IN HOLSTEIN ➡ D6

»Starigard« hieß die Stadt vor 1000 Jahren, sie war
Hauptsitz der slawischen Fürsten, bedeutender Han-
delsplatz und ist somit einer der ältesten Siedlungsorte
Schleswig-Holsteins. Heute ist Oldenburg (9800 Einw.)

GUT UND HERRENHAUS PANKER

Bei Lütjenburg, Schleswig-Holstein

Das über 500 Jahre alte Gut liegt zwischen Lütjenburg und Schönberg in der Holsteinischen Schweiz, unweit der Ostseeküste. Seit 1400 unter der Herrschaft der Grafschaft Rantzau, kaufte Friedrich I. von Hessen 1739 den Besitz für seine unehelichen Söhne, die zu Grafen von Hessenstein erhoben wurden. Das heutige Herrenhaus wurde um 1800 errichtet, seit 1947 ist es der stilvolle Sitz eines durch die Kurhessische Hausstiftung gegründeten Trakehnergestüts. Da das Herrenhaus noch bewohnt wird, kann es leider nicht besichtigt werden.

Aber in dem Barockgarten davor und auf dem gesamten Gelände sind Spaziergänger gern gesehen. Stallungen und eine Schlosskapelle sind vorhanden und in den ehemaligen Wirtschaftsgebäuden sind verschiedene kleine Läden untergebracht. Die Gutsgemeinschaft der Gewerbetreibenden sorgt für Leben auf dem Gut.

Wer sich dann vor dem Essen noch etwas die Beine vertreten möchte, kann zu Fuß nach eineinhalb Kilometern den Hessenstein auf dem Pilsberg erreichen, dessen 128 Meter Höhe zwar nicht nach viel klingt, aber in Schleswig-Holstein ist das schon ein absoluter Spitzenplatz. Der Aussichtsturm von 1841 ermöglicht mit seinen zusätzlichen 17 Metern Höhe bei klarem Wetter einen Panoramablick vom Bungsberg bis nach Fehmarn und zu den Kränen der Kieler Werften.

Ein Essen oder Kaffeetrinken in der »Olen Liese« rundet den Besuch kulinarisch ab. Eine hervorragende Bedienung und leckeres Essen sind garantiert und dazu – durchs Fenster oder von der Terrasse – der Blick auf edle Pferde. Der schöne Landgasthof ist übrigens nach einem Lieblingspferd des Fürsten Wilhelm von Hessenstein benannt. Das erhielt sein Gnadenbrot von einem Knecht des gutherzigen Gutsbesitzers, der dafür mit einer wertvollen Schanklizenz belohnt wurde. Inzwischen beherbergt das ehemalige Jagdzimmer das Gourmetrestaurant »1797«, das mit einem Michelin-Stern ausgezeichnet wurde.

Die Zimmer des angeschlossenen Hotels im rekonstruierten Schulgebäude sind auf stilvolle Art und Weise gemütlich und individuell gestaltet.

Es gibt übrigens noch eine kulinarische Alternative auf dem Gut: Das Forsthaus Hessenstein lockt mit regionalen Gerichten.

INFO: Gut Panker liegt ca. 40 km östlich von Kiel. **INFO GUT PANKER:** 24321 Panker, Tel. (043 81) 70 71, www.gutpanker.de, www.ole-liese.de, Öffnungszeiten Restaurant 1797 April–Anfang Okt. Mi–Sa ab 18.30 Uhr, Ole Liese Wirtschaft Nov.–März Mi–Fr ab 15, Sa/So ab 12 Uhr, sonst länger, Forsthaus Hessenstein Mi–Sa 17.30–22, So 12–14 und 17.30–21 Uhr, Preise auf Anfrage.

Gut Panker bei Lütjenburg ist in Privatbesitz und wird heute noch bewohnt.

Versorgungszentrum für die umliegende Region. Dem Besucher bietet sich ein geschlossenes Stadtbild mit dem Marktplatz als Zentrum.

Das alte **Rathaus** mit der hölzernen Laterne wurde 1834 neu erbaut (mit Glockenspiel). Die **St.-Johannis-Kirche** gilt als erster reiner Backsteinbau Ostholsteins.

Die ❹ **Ringwallanlage** gehört neben Haithabu zu den wichtigsten frühgeschichtlichen Anlagen Schleswig-Holsteins. Ein Spaziergang auf der rekonstruierten Wallkrone vermittelt einen Eindruck von der einstigen Größe der Anlage. Das **Wallmuseum** im Museumshof unterrichtet über Alltag und Geschichte der slawischen Frühsiedler.

🛈 **Tourist Information** ➡ D6
Schauenburger Platz 2, 23758 Oldenburg in Holstein
✆ (043 61) 508 39 13
www.oldenburg-holstein.de
Mo–Do 9–16, Fr 9–12 Uhr

🏛 ✉ ✗ ❹ **Oldenburger Wallmuseum** ➡ D6
Prof.-Struve-Weg 1, Oldenburg in Holstein
✆ (043 61) 62 31 42, www.oldenburger-wallmuseum.de
April–Okt. tägl. außer Mo 10–17 Uhr
Eintritt € 6,50/3,50, bis 6 J. frei
Scheunen, Gildemuseum, historisches Backhaus, Hafenanlage mit Handelsschiffnachbau und ein Rosengarten. Museumsshop und Restaurant/Café.

Bei den alljährlichen Slawentagen kommen Besucher des Wallmuseums voll auf ihre Kosten

HEILIGENHAFEN ➡ D6

Das Ostseeheilbad (9200 Einw.) am Eingang zum Fehmarnsund, mit den vorgelagerten Landzungen Steinwarder und Graswarder, wandelte sich – wie viele Orte der Region – vom beschaulichen Städtchen mit kleinen adretten Bürgerhäuschen mit dem Beginn des Bädertourismus zu einem trubeligen Badeort. Mit dem Bau der Fehmarnsundbrücke wurde es allerdings wieder ruhiger. Inzwischen hat sich Heiligenhafen einer Verjüngungskur unterzogen, wozu der umgestaltete Ostsee Ferienpark beiträgt.

Bei schlechtem Wetter bietet sich für Kinder das **Aktiv-Hus** mit der Kinderspielwelt Schatzinsel an. Darüber hinaus gibt es hier eine Sportarena und Hüpfburgen, eine Ladenzeile, einen Pool mit Meerwasser und eine Saunalandschaft.

🛈 Tourist Information ➡ D6

Bergstr. 43, 23774 Heiligenhafen
✆ (043 62) 907 20
www.heiligenhafen-touristik.de
Mo–Fr 9–16/17, in der Saison auch Sa bzw. Sa und So
11–16 Uhr

Sonnenuntergang am Anleger bei Heiligenhafen

🏛 👓 🖥 Heimatmuseum Heiligenhafen ➡ D6

Thulboden 11 A
Heiligenhafen
✆ (043 62) 38 76
www.heimatmuseumheiligenhafen.de
April–Okt. Di–Fr, So 15–17 Uhr
Eintritt frei
Vor- und frühgeschichtliche Funde sowie Schiffsmodelle und Dokumente zur Stadtgeschichte.

🎫 🚶 🕐 Aktiv-Hus ➡ D6

Heiligenhafen
✆ (043 62) 502 90 50/-11
aktiv-hus.de
Kinderspielwelt tägl. 10–18 Uhr, in der Hauptsaison länger
Eintritt Kinderspielwelt Kinder € 5, Sportarena, Sauna- und Wellnessbereich ab € 12/7,50
Schlechtwetteralternative für aktive Kinder, Sport und Wellness.

🔭 🌾 🍴 Graswarder ➡ D6

www.graswarder.de
Führungen in die Seevogelkolonie unter ✆ (043 62) 69 47 (Ostern bis Okt. tägl. 10.30 und 15 Uhr, Treffpunkt: Infozentrum Graswarder)
Das Naturschutzgebiet ist 230 ha groß. Auf der Halbinsel gibt es Natur zum Anfassen: Informationstafeln, Ausstellungen, Vorträge und naturkundliche Exkursionen, von der Steilküste bis zu den Salzwiesen rund um die Stadt.

⛱ ❌ Steinwarder Strand ➡ D6

Er liegt vor Heiligenhafen. Die große Windwahrscheinlichkeit ruft viele Windsurfer auf den Plan. Aber hier ist genug Platz für alle – kein Wunder bei 4,8 km Strand.

GROSSENBRODE ➡ D7

Kurz vor der Fehmarnsundbrücke liegt dieses Heilbad, gleich an drei Seiten von der Ostsee umgeben.

Den historischen Ortskern prägt die **St.-Katharinen-Kirche**. An der Promenade gibt es Geschäfte, Restaurants und Bars. Am Yachthafen und auf der Seebrücke lässt es sich gut flanieren.

HEILIGENHAFEN

Heiligenhafen, Schleswig-Holstein

Heiligenhafen, der Urlaubsort am Fehmarnsund, vereint alles, was das Urlauberherz höherschlagen lässt. Einzigartig ist der Blick über die Ostsee bis hin nach Fehmarn von der 435 Meter langen Erlebnis-Seebrücke.

Der Graswarder ist ein einmaliges Naturschutzgebiet mit einer vielfältigen Tier- und Pflanzenwelt.

Ein ausgedehnter, feinkörniger Sandstrand auf dem Steinwarder und ein familienfreundlicher Binnensee laden zu endlosen Spaziergängen ein, von der Steilküste im Westen bis zum Vogelschutzgebiet Graswarder im Osten. Das hippe Beach Motel vermittelt skandinavisches Flair. Rund um den Jachthafen reihen sich Café- und Restaurantterrassen aneinander, dazwischen locken Boutiquen. Der Ferienpark am Binnensee entstand bereits in den 1970er Jahren. Gleich zwei Segel- und Surfschulen am Ort bieten Kurse an. Im Jahr 1920 wurde das Bad Steinwarder eröffnet, damals mussten die Gäste die Fähre über den Binnensee nehmen, denn die heutige Brücke gab es noch nicht.

Auf der Südseite des Binnensees erstreckt sich der urige historische Stadtkern – ideal zum entspannten Bummeln. Der Marktplatz wird vom Turm der Stadtkirche überragt, die 1250 in romanisch-gotischem Stil erbaut wurde. Das Rathaus entstand 1882 im wilhelminischen Stil als Stadtvilla des Kaufmanns und Reeders Johann Peter Maßmann. Darüber hängt die »Kökschenglocke«, die nach alter Tradition jeden Abend wenige Minuten vor 22 Uhr läutet.

Im Heimatmuseum Heiligenhafen, das in einem Jugendstilbau neben der Stadtkirche untergebracht ist, kann man alles über die Aalfischer des 19. Jahrhunderts erfahren. Erst nach dem Zweiten Weltkrieg begann die Hochseefischerei. Das hier erworbene Wissen lässt sich in dem bis heute lebendigen Fischerhafen vertiefen. Dort laden die Fischerboote ihren frischen Fang ab, den man in den Fischbuden am Kai probieren kann. Mit dem Museumshafen Graswarder wird ein Stück der historischen Schifffahrt bewahrt.

Auf dem Graswarder nisten im Sommer Zugvögel, die man von einem Aussichtsturm des NABU (Naturschutzbund Deutschlands) beobachten kann.

INFO: Heiligenhafen liegt gegenüber von Fehmarn. **INFO HEILIGENHAFEN:** Tourist Information, Bergstr. 43, 23774 Heiligenhafen, Tel. (043 62) 907 20, www.heiligenhafen-touristik.de.

Das Eutiner Schloss war der Sommersitz der Herzöge von Oldenburg

Ausflugziele:

👁 🏰 **Holsteinische Schweiz** ➡ E5

Mit ihren beinahe 200 Seen diente die Bilderbuchlandschaft schon oft als Kulisse für Filme. So wurde z.B. die berühmte »Immenhof«-Reihe hier gedreht. Die malerische Landschaft hat auch viele Künstler in ihren Bann gezogen.

Immerhin zwei Berge gibt es in dieser »Schweiz«: den **Bungsberg** mit 168 m und den markanten **Kalkberg** mit 91 m Höhe. Am Fuß des Letzteren finden in **Bad Segeberg** alljährlich im Sommer die weit über die Region hinaus bekannten **Karl-May-Festspiele** statt. Auf jeden Fall einen Besuch wert sind die **Kalkberghöhlen**, Heimat zahlreicher Fledermäuse.

Durch den historischen Ortskern **Eutins** ➡ E6 lässt es sich gut bummeln. Der Rundweg um den Eutiner See oder eine Fünf-Seen-Fahrt verschaffen einen guten Eindruck von der reizvollen Landschaft. Das **Schloss** der ehemaligen Residenzstadt ist ein Museum.

HOLSTEINISCHE SCHWEIZ

Schleswig-Holstein

Die Holsteinische Schweiz, größter Naturpark Schleswig-Holsteins, liegt zwischen Kiel und Lübeck. Idyllisch ist es hier auf eine manchmal fast altmodische Art und Weise. Ein Klassiker der nachkriegsdeutschen Heimatfilmlandschaft, die »Immenhof«-Reihe, wurde hier gedreht. An der Straße von Malente in Richtung Eutin liegt das Gut Rothensande, das der Filmfamilie samt Vierbeinersammlung als Heim diente. Die malerische Landschaft mit ihren beinahe 200 Seen hat immer auch viele Künstler in ihren Bann gezogen. Früher lebten und wirkten sie an den Höfen adliger Kunstfreunde; die Kunstschaffenden von heute bevorzugen eher kleine, versteckte Dörfer. Oft dienen historische Gebäude als reizvolle Ausstellungsräume.

Immerhin zwei Berge gibt es dann doch in dieser »Schweiz«: den Bungsberg mit 168 Metern und den markanten Kalkberg mit 91 Metern Höhe. Fünf der vielen Seen kann man auf einen Streich kennenlernen – dabei hilft die bekannteste Bootstour in der Holsteinischen Schweiz, die Fünf-Seen-Fahrt. In Bad Malente startet sie, zwölf Kilometer lang geht die Minikreuzfahrt vorbei an stillen Buchten, waldigen Landzungen, Brutstätten für Seevögel und stattlichen Buchenwäldern. Zum Erkunden der heimischen Pflanzen und Tiere empfiehlt sich der gut beschilderte Naturlehrpfad Malenter Au.

Vom 17. bis ins 19. Jahrhundert prägte das Gutswesen die Region. Der Landadel baute meist stattliche Herrenhäuser, die an manchen Orten wegen ihres prunkvollen Baustils auch als Schlösser bezeichnet wurden. Besonders schön: die zahlreichen Alleen aus dieser Zeit.

Im Zentrum des Naturparks liegt die ehemalige Residenzstadt Eutin. Das Schloss wird seit 1997 wieder als Museum genutzt. Über Kultur und Geschichte Eutins informiert das Ostholstein-Museum im Marstall der Schlossanlage.

Majestätisch thront über der Stadt Plön das Schloss – der mächtige Renaissancebau ist weithin zu sehen. Er wurde von 1633 bis 1636 ganz aus Backstein errichtet, der strahlend weiße Verputz erfolgte erst im 19. Jahrhundert. Viele Jahre wurde die Anlage als Internat genutzt, 2004 hat die Firma Fielmann die Räume als Optiker-Akademie eingerichtet, zudem dient das Schloss als Veranstaltungsort.

INFO: Der Naturpark liegt zwischen Kiel und Lübeck. **INFO HOLSTEINISCHE SCHWEIZ:** www.holsteinischeschweiz.de, www.ostsee-schleswig-holstein.de.

Das Plöner Schloss in der Holsteinischen Schweiz.

PLÖN

Plön, Schleswig-Holstein

Plön ist eine außergewöhnliche Stadt mit Inselcharakter, die rund ums Wasser gebaut ist. Wohin man auch auf dem teils schmalen Landstreifen durch die hügelige Innenstadt wandert, nie ist man weit von den umliegenden Seen entfernt. Immer wieder eröffnen sich neue Ausblicke, allen voran auf den Großen Plöner See, der mit 28 Quadratkilometern gleichzeitig der größte See in Schleswig-Holstein ist. Den besten Blick auf die bewaldeten Ufer bekommt man bei einer Schifffahrt über die Plöner Seen. Wer versteckte Wasserläufe und lauschige Ecken an den grünen Ufern der Seen

Kanufahrt auf dem großen Plöner See, links die Prinzeninsel, im Hintergrund die Stadt Plön.

entdecken möchte, wird die Stadtführung im Kanu mögen.

»Plune« hieß die von slawischen Stämmen gegründete Festung, die 1139 vom Holsteiner Grafen Adolph II. eingenommen wurde und sich zum Zentrum der Holsteinischen Grafschaft entwickelte. Im 15. Jahrhundert gelangte das Gebiet an die dänische Krone.

Von der Altstadt mit ihren steilen Gässchen, genannt »Twieten«, gelangt man vorbei an der neoromanischen Nikolaikirche hinauf auf den Schlossberg. Das weiße Renaissanceschloss, heute von der Fielmann Akademie genutzt, entstand 1622 unter der Herrschaft der Herzöge von Sonderburg-Plön.

Zur Schlossanlage gehören zahlreiche Gebäude, besonders hervorzuheben ist die Jugenstil-Schwimmhalle, entstanden 1909 als Teil der preußischen Kadettenanstalt, in der auch die Söhne von Kaiser Wilhelm II. Schwimmunterricht erhielten. Heute ist dort ein Kulturzentrum untergebracht. In der Alten Schlossgärtnerei kann man außergewöhnliche Kräuter und alte Obstsorten entdecken.

Durch den Schlosspark gelangt man zu Fuß oder mit dem Fahrrad auf die lang gezogene Prinzeninsel. Dort locken ein kleiner Badestrand mit klarem Wasser und die Liegestühle einer Lounge Bar zum Chillen.

INFO: Plön liegt ca. 40 km nordwestlich von Lübeck. **INFO PLÖN:** Tourist Information, Bahnhofstr. 5, 24306 Plön, Tel. (045 22) 509 50, www.ploen.de, www.holsteinscheschweiz.de/ploen, hier sind auch Kanuführungen und Schiffstouren zu buchen.

Die Karl-May-Festspiele in Bad Segeberg

Karl-May-Festspiele → F4

Karl-May-Platz, Bad Segeberg
℡ 01805-95 21 11
www.karl-may-spiele.de
Juni–Sept., Tickets ab € 21,50/18
Inszenierungen nach Karl May; außerhalb der Festspielsaison auch Konzerte.

Kalkberghöhle/Noctalis → F4

Oberbergstr. 27, Bad Segeberg
℡ (04551) 89 08 81
noctalis.de
Höhlenbesichtigung Mai–Sept. tägl. außer Mo 10–18 Uhr, Eintritt € 9/7, bis 4 J. frei
Fledermausausstellung tägl. außer Mo 9/10–17/18 Uhr, im Winter kürzer, Eintritt € 9/7, bis 4 J. frei
Die Kalkberghöhle dient mehr als 20 000 Fledermäusen als Winterquartier. In der Erlebnisausstellung gibt es zahlreiche Informationen zur Schauhöhle und über die Fledermäuse.

Cowboys, Indianer und Fledermäuse

KARL-MAY-SPIELE

Bad Segeberg, Schleswig-Holstein

Seit fast 70 Jahren reiten Rothäute, Kavalleristen und Trapper durch die Bad Segeberger Bühnenschluchten und schließen Blutsbrüderschaften, die Bleichgesichtern die Tränen in die Augen treiben. Das Stadion mit der schönen Freiluftbühne vor dem Kalkberg war der Kleinstadt aus der Zeit des Nationalsozialismus als Erbe geblieben, und 1952 begann man diesen Ort marketingtechnisch geschickt in Szene zu setzen. Die Wahl fiel auf die Werke des Bestseller-Autors Karl May – dabei hat Bad Segeberg so gar keinen Bezug zu dessen Leben.

Die alljährlich neuen Inszenierungen in den Sommermonaten finden »frei nach Karl May« statt, das lässt Spielraum für showträchtige Einlagen und Nebenhandlungen, denn die Dramaturgie sorgt immer für reichlich Feuerzauber sowie Stunt- und Trickreitkunst.

Ganze Generationen von Bad Segebergern fuhren schon als Komparsen auf dem Thespiskarren durch die schleswig-holsteinische Pseudo-Prärie und viele lokale Vierbeiner haben sich der Kavallerie verpflichtet oder sich zu gezähmten Palominos gewandelt, um actionreich inszenierter Männerfreundschaft einen stilvollen Rahmen zu geben. Mit Pierre Brice konnte die Kalkberg GmbH in den 1980er Jahren den weit über die deutsche Prärie hinaus bekannten Traum-Winnetou gewinnen, in dessen markante Fußstapfen derzeit Alexander Klaws treten darf. Nach eher bescheidenen Anfängen mit einem 25 000-Mark-Budget ist das Unternehmen heute zu einem Schatz im Silbersee geworden.

Das Rundum-Programm hat auch einiges zu bieten: Das Indian Village neben dem Freilichttheater zeigt eine Westernstadt, gleich daneben findet sich die Ausstellung »Welt der Indianer«. Das benachbarte Blockhaus bietet Einblicke in die Geschichte der Karl-May-Spiele.

Eher natürliche Dramatik bietet sich den Besuchern der Kalkberghöhlen. In Deutschlands nördlichsten Höhlen existiert ein einzigartiges Ökosystem, das u. a. seltene Fledermäuse und Schnecken beherbergt. In der Bad Segeberger Unterwelt finden etwa 18 000 Fledermäuse das größte Winterschlafquartier Deutschlands. Im Noctalis kann man die lichtscheuen Flatterer näher kennenlernen.

INFO: Bad Segeberg liegt ca. 65 km nördlich von Hamburg. **INFO KARL-MAY-SPIELE:** Kalkberg GmbH, Karl-May-Platz, 23795 Bad Segeberg, Tel. 01805-95 21 11, www.karl-may-spiele.de. **INFO NOCTALIS – WELT DER FLEDERMÄUSE:** Oberbergstr. 27, Bad Segeberg, Tel. (045 51) 89 08 81, noctalis.de, Öffnungszeiten Ausstellung Di–So 9/10–17/18 Uhr, im Winter kürzer, Schauhöhle Mai–Sept. Di–So 10–18 Uhr, Eintritt Ausstellungshaus und Schauhöhle jeweils € 9, ermäßigt € 8, Kinder (4–14 J.) € 7.

Abends besonders imposant: die Karl-May-Spiele.

Fehmarn

Eleganz in Stahl: die Fehmarnsundbrücke verbindet die Insel seit 1963 mit dem Festland

Etwas vermessen ist er vielleicht, der Titel »Hawaii Deutschlands«, aber mit 2200 Sonnenstunden im Jahr liegt **Fehmarn** ➡ C7 in der deutschen Sonnenstatistik eindeutig weit vorn. Zur Insel geht es seit 1963 über die **Fehmarnsundbrücke** ➡ D7. Einmal angekommen steigt man am besten aufs Fahrrad um, denn diese Art der Fortbewegung ist auf der flachen Insel mit wenig Kraftaufwand verbunden und daher auch für weniger trainierte Stadtmenschen ideal.

Auf diese Weise gelangt man auch am besten zu den nicht weniger als sechs Naturschutzgebieten der Insel, etwa zum **Wasservogelreservat Wallnau** ➡ C6 an der Westküste. Hier leben mindestens 80 Arten von Brutvögeln, darunter Graugänse, die die Insel auf ihrer alljährlichen Wanderung zwischen Skandinavien und Mitteleuropa als Pausenstation benutzen. Wer sich zu diesem Thema weiter informieren möchte, den führt ein Naturlehrpfad durch das Reservat.

Der Mai eignet sich ganz besonders gut als Urlaubszeit, denn dann verwandelt sich ein großer Teil Fehmarns in ein Rapsfeld – zusammen mit der blauen Ostsee ein unvergessliches Landschaftbild.

Mit 185 Quadratkilometern ist Fehmarn die größte Insel Schleswig-Holsteins und nach Rügen und Usedom

Flügger Leuchtturm auf Fehmarn

die drittgrößte Insel Deutschlands. Sage und schreibe 78 Kilometer Küstenlinie mit schönen Sand- und Naturstränden gibt es. Hier ist es tatsächlich möglich, versteckte Winkel zu finden, wo man mit Meer und Strand fast allein sein kann. 171 Kilometer ausgeschilderte Wanderwege führen rund um die Insel. Nur 13 000 Einwohner leben ständig auf Fehmarn – da ist noch Platz für Besucher.

ℹ️ **Tourist Informationen** ➡ C7
– Bahnhofstr. 30, Burg
☎ (043 71) 50 63 58, www.fehmarn.de
April–Okt. Mo–Fr 9–18, Sa/So 10–15 Uhr, sonst kürzer
– Zur Strandpromenade 4, Burgtiefe
☎ (043 71) 50 63 30
April–Okt. Mo–Fr 9–18, Sa/So 10–15 Uhr, sonst kürzer

🏖 **Strände auf Fehmarn**
– **Flügge** ➡ C6
6 km lang, 100 m breit, ruhig und abgelegen an der Westküste, umgeben von schönen Dünen
– **Am Niobe** und **Grüner Brink** ➡ C7
7 km lang, bis zu 150 m breit, im Nordwesten, umgeben von Landschaftsschutzgebieten, mit Blick auf die Fährschiffe
– **Presen** ➡ C7 im Nordosten, hat einen kleinen Naturstrand, sehr ruhig, keine Infrastruktur

Der Vogelfänger von Fehmarn

Fehmarn

Fehmarn, Schleswig-Holstein

Fehmarn in der Ostsee lockt mit seinem regenarmen und sonnenreichen Klima und der herrlichen Natur jedes Jahr Tausende Touristen an. Trotz der vielen Besucher ist die drittgrößte Insel Deutschlands allerdings immer noch eher ländlich geprägt. Die Landschaft beeindruckt vor allem im Frühsommer durch die leuchtend gelben Rapsfelder. Daneben erstrecken sich zwischen den 22 kleinen, stillen Dörfern weite Weizenfelder. Fehmarn erfreut Radfahrer durch seine sehr sanften Hügel – der Hinrichsberg ist mit gerade einmal 26 Metern die höchste Erhebung. Daneben gibt es herrliche Sandstrände mit Dünen, natürliche Schilfstreifen und Salzwiesen, im Westen Nehrungen und im Osten Steilküste. Leuchttürme dürfen in diesem Ambiente natürlich auch nicht fehlen.

Die Fehmarnsundbrücke verbindet die Insel Fehmarn in der Ostsee mit dem Festland.

An der Westküste befindet sich das Wasservogelreservat Wallnau, in dem rund 100 Vogelarten brüten, darunter Austernfischer, Graugans und Säbelschnäbler. Hinzu kommen noch rund 170 Zugvogelarten, die aufgrund der strategischen Lage Fehmarns zwischen Mitteleuropa und Skandinavien hier gern rasten. Rund zehn Hektar des insgesamt 300 Hektar großen Areals sind für Besucher geöffnet. Am besten fängt man mit der ansprechenden Ausstellung im Informationszentrum im alten Gutshaus an, um anschließend mit einem Führer auf die Pirsch zu gehen: Zum Naturlehrpfad gehören vier Beobachtungsverstecke, die den Blick auf Inseln, Wiesen, Teiche und Röhricht freigeben. Zwischendrin gibt es vor allem für Kinder tolle Aktivitäten: eine Balancierscheibe, Summsteine und am Ende des Rundgangs einen Seilzirkus.

Auf Fehmarn sollte man die Hauptstadt Burg mit den hübschen Backsteinhäusern nicht versäumen. **Info:** Fehmarn liegt in der Ostsee zwischen Kieler und Mecklenburger Bucht. **Info Fehmarn:** Tourist Information, Zur Strandpromenade 4, 23769 Fehmarn, Tel. (043 71) 50 63 30, www.fehmarn.de. **Info NABU Wasservogelreservat Wallnau:** Wallnau 4, 23769 Fehmarn, Tel. (043 72) 10 02, www.nabu-wallnau.de, Öffnungszeiten März–Okt. tägl. 10–17 Uhr, Eintritt € 10, ermäßigt (6–18 J.) € 4, Führungen März–Okt. tägl. 11, 13 und 15 Uhr.

Die Ferienanlage liegt zwischen dem Burger Binnensee und der Ostsee

CAMPING- UND FERIENPARK WULFENER HALS

Fehmarn, Schleswig-Holstein

D
a Fehmarn mit jährlich etwa 2150 Sonnenstunden eine der sonnenreichsten Regionen Deutschlands ist und wunderschöne natürliche Sandstrände an der Ostsee direkt vor der Tür liegen, gilt die Insel als uneingeschränkter

Herrliche Sand- und Naturstrände direkt vor der Hautür.

Hotspot des Wassersports. Davon profitiert der weitläufig angelegte, mehrfach ausgezeichnete Camping- und Ferienpark Wulfener Hals, der in erstklassiger Lage zwischen Burger Binnensee und dem Steilufer an der Ostsee angesiedelt ist.

Neben hunderten von Stellplätzen und Wohnmobilplatz mit eigener Zufahrt werden Wohnwagen und Mobilheime, Ferienhäuser und -wohnungen mit oder ohne Meerblick vermietet. Zugang zum Meer bietet die „Atlantis-Ostseebasis" als Tauchschule vor Ort. Zu Schnuppertauchen, Kursen und Tauchgängen zu den Ostsee-Wracks kann die Ausrüstung geliehen werden. Anfänger und Fortgeschrittene sind willkommen, ebenso in der Surf- und Kite-Schule, die auch die trendigen SUPs in unmittelbarer Nähe zum Wulfener Hals verleiht. 2021 eröffnete ein neuer Wakepark am Wulfener Hals.

In der Sommersaison gibt es ein tägliches Animationsangebot für Kinder bis ca. 12 Jahren.

Weitere Freizeitangebote umfassen Sportkurse am Strand, einen beheizten Pool, Whirlpool und Sauna sowie Massagen und Kosmetik, es gibt Strandausritte, Ponyreiten und einen Golfplatz. Für Entertainment sorgen wechselnde Live-Musik und Comedy-Veranstaltungen im parkeigenen Showzelt. Highlight der Gastronomie ist das am Meer gelegene Restaurant „Seeblick" mit überdachter Terrasse, fantastischer Aussicht und erstklassigen Gerichten.

INFO: Im Süden Fehmarns gelegen. **INFO CAMPING- UND FERIENPARK WULFENER HALS:** Riechey Freizeitanlagen, Wulfener-Hals-Weg 100, 23759 Fehmarn-Wulfen, Tel. (4371) 862 80, www.wulfenerhals.de. Öffnungszeiten: ganzjährig. **INFO TAUCHSCHULE:** www.ostseebasis-fehmarn.de. **INFO KITE- UND SURFSCHULE:** Tel. (04371) 5988, www.windsurfing-wulfen.de, 1 Std. SUP 15 € mit Paddel. **INFO WAKEPARK:** Tel. (04371) 889 08 53, www.wakeparkfehmarn.de.

*Auf Fehmarn gehören
Schafe zum Landschaftsbild*

– **Südstrand** ➜ C7, 25 km lang, bis zu 60 m breit, zu Füßen der Fehmarnsundbrücke, im Südosten der Insel, feinsandigster Strand, mit Seebrücke, Promenade, Bootsverleihern und großem Angebot an Restaurants und Cafés.

BURG AUF FEHMARN ➜ C7

Der Hauptort auf Fehmarn (6000 Einw.) liegt auf der östlichen Seite und bietet ein typisch norddeutsches Bild mit Backstein, Fachwerk und Kopfsteinpflaster. Ein kleines **Heimatmuseum**, benannt nach dem Heimatforscher Peter Wiepert, befindet sich im sogenannten Predigerwitwenhaus. Die Kirche **St. Nikolai** ist die größte der Insel. Sie wurde im 13. Jahrhundert erbaut. Das eher beschauliche Nachtleben der Insel spielt sich nur in Burg ab, aber dafür kommen wohl auch nur die wenigsten der Urlauber. Am Südstrand befinden sich das Kurzentrum, einige Cafés und Restaurants sowie Sportanlagen.

🏛 🎫 **Galileo Wissenswelt** ➜ C7
Mummendorferweg 11 B, Burg auf Fehmarn
✆ (043 71) 86 44 46, www.galileo-fehmarn.de
April–Okt. tägl. 10/11–17/18, Nov.–März Sa/So 10–16

Uhr (die zwei Häuser in der Hafenstr. geschl.), Eintritt pro Museum € 13/11, Kombiticket 4 Museen € 22
Der vielfältige Komplex der Wissenswelt ist in verschiedene Bereiche unterteilt: Naturkunde, Technik – und an der Außenstelle Hafenstr. 69: Übersee und »Das Dunkelexperiment«.

🏛 Peter-Wiepert-Heimatmuseum ➡ C7
Breite Str. 49 (neben der St.-Nikolai-Kirche)
Burg auf Fehmarn
✆ (043 71) 62 57
Juni–Okt. Di–Sa 11–16 Uhr, Eintritt € 3,50/1
Sammlung zu Geschichte und Brauchtum der Insel.

🏊 🐚 Meereszentrum Fehmarn Riesen-Hai-Aquarium & Korallenwelt ➡ C7
Gertrudenthaler Str. 12 (Ortseingang)
Burg auf Fehmarn
✆ (043 71) 44 16, mega-meereswelten.de
Tägl. März–Okt. 10–18, Nov.–Feb. 10–17 Uhr
Eintritt € 11/7
Eines der größeren Aquarien Europas. Im Rochentunnel »schweben« die eleganten Tiere über dem Kopf der Besucher.

🏛 U-Boot-Museum ➡ C7
Burgstaaken 89, Burg auf Fehmarn
✆ (0172) 871 12 28, www.ostsee-u-boot.de
März–Okt. tägl. 10–18, Feb., Nov. Sa/So 11–16 Uhr
Eintritt € 7/4,50

Heute ein Museum: das »U11«

Das »U11« war bis 1998 bei der Bundesmarine im Einsatz. Gebaut in Kiel 1968 ging es nach 177 900 Seemeilen Dienstweg als Museum ins Trockendock.

Ausflugsziele:

☒ **Taro Charterboot-Angelzentrum** ➡ C7
Campingplatz Miramar, Fehmarnsund
✆ (0171) 198 22 50, fehmarn-bootsverleih.de
Angelboote mit und ohne Führerschein, Wasserski und Bananenbootfahrten.

Im schönen Flora-Café auf Fehmarn fühlen sich die Gäste willkommen

PUTTGARDEN ➡ C7

Vom **Fährhafen Puttgarden** an der Nordküste legen die Fähren nach Rødbyhavn auf Lolland ab (rund 20 km), an Bord führen sie Menschen, Autos und ganze Eisenbahnzüge mit sich. Diese Strecke ist Teil der Vogelfluglinie, der kürzesten Verbindung zu Wasser und Land zwischen Mitteleuropa und der skandinavischen Halbinsel. Puttgarden, früher ein Dorf, avancierte durch die Vogelfluglinie zum »Tor des Nordens«.

🖼 Mit Scandlines nach Dänemark ➡ C7
Ab Puttgarden
☎ (03 81) 77 88 77 66
www.scandlines.de
Fährverbindungen in 45 Min.: »Vogelfluglinie« nach Rødby (Dänemark), Fußgängertageskarte ab € 18/10 (Hauptsaison/Nebensaison), mit dem Pkw ab € 140/180 (Hin- und Rückfahrt).

LANDKIRCHEN ➡ C7

In der Mitte Fehmarns liegt Landkirchen. Hier tagte bis 1867 die Landesversammlung. In der **Kirche St. Petri**, einer dreischiffigen Hallenkirche, steht eine Truhe aus Eichenholz, der sogenannte Landesblock, in dem früher die wichtigen Dokumente zum Landrecht der Insel aufbewahrt wurden. Besonders interessant sind die Votivschiffe, kleine Modellschiffe, darunter auch ein 1617 angefertigter »Lübscher Dreimaster«.

Ausflugsziele:

🖼🛈 Flora-Café ➡ C7
Altjellingsdorf Nr.1, Fehmarn
☎ (043 71) 87 92 14
Ende März–Okt. Di–So 13–18 Uhr
Hübsches Café in altem Hofgebäude mit großer Terrasse und Shop für Geschenkartikel. Hervorragende Torten und Kuchen.

🏛🖼 Mühlenmuseum Jachen Flünk ➡ C7
Mühlenweg 45, Lemkenhafen
Fehmarn
☎ (043 72) 18 94
www.museum-fehmarn.de

St. Nikolai in Burg und St. Petri in Landkirchen sind die beiden ältesten Sakralbauten von Fehmarn. Über dem schönen Portal der Petrikirche ist der heilige Petrus, Schutzpatron der Insel, abgebildet

Gedenkstein für Jimi Hendrix auf Fehmarn

Juni–Okt. tägl. außer Mi 10–17 Uhr
Eintritt € 5/2,50 bis 14 J. frei
Mühlen- und Landwirtschaftsmuseum in einer Wind-mühle (erbaut 1787).

PETERSDORF ➡ C6

In Petersdorf beeindruckt ein exakt angelegter Schutz-ring aus alten Linden, der die **St.-Johannis-Kirche** aus dem 13. Jahrhundert umgibt. Der Kirchturm ist der höchste der Insel (64 m) und diente in früheren Zeiten den Seefahrern als Orientierungspunkt. Hier findet auch alljährlich die Wahl zur Rapsblütenkönigin statt – die junge Dame muss eine waschechte Insulanerin sein und ist dann für ein Jahr lang Botschafterin ihrer Insel.

Ausflugsziele:

▨▲ Wasservogelreservat Wallnau ➡ C6
Wallnau 4
✆ (043 72) 10 02, www.nabu-wallnau.de
März–Okt. tägl. 10–17 Uhr, Führungen März–Okt. tägl. um 11, 13 und 15 Uhr, Eintritt € 10/4, bis 6 J. frei
Großes Areal in Strandnähe mit der Gelegenheit zu spannender Tierbeobachtung. Im Sommer zahlreiche Sonderführungen.

◉▨ Flügger Leuchtturm ➡ C6
www.leuchtturm-fluegge.de
April–Okt. tägl. außer Mo 10–17 Uhr, Eintritt € 3/1
Vom Leuchtturm aus (162 Stufen!) kann man rundum weit aufs Wasser und auf die Insel gucken.

▨ Am **Flügger Strand** im Westen der Insel gibt es eine Überraschung: einen **Gedenkstein für Jimi Hendrix**, der hier 1970 sein letztes Konzert gab. Ein alljährliches Revivalfestival erinnert an den Auftritt des Sängers, der kurz darauf in London starb.

▨ Wassersportcenter Windsurfing Fehmarn ➡ C7
Am Hafen 2, Orth
✆ (043 72) 10 52, windsurfing-fehmarn.de
Mo–Sa 10–18, So 11–17 Uhr
Verleih von Segelkatamaranen, Kajaks, Ruderbooten und SUP.

Lübecker Bucht

Lübecks (vgl. S. 12 ff.) »schönste Tochter« ist zweifelsohne das Seebad Travemünde, mit der Mutterstadt über die Trave verbunden. Auch die anderen Städte und Orte der Lübecker Bucht beziehen sich – heute wieder – in vielerlei Hinsicht auf das alte Haupt der Hanse.

Anders zu DDR-Zeiten: Die Lage an der deutsch-deutschen Grenze schaffte neue Gewichtungen in der Region. Dem Fährhafen Travemünde kam eine bevorzugte Stellung im Fährverkehr zwischen Westeuropa und den Ostseeländern Skandinaviens zu.

Die Jahre der Teilung machen sich auch heute noch bemerkbar. Ist der schleswig-holsteinische Teil mit einer Vielzahl von Badeorten touristisch gut erschlossen, zeigt sich die östliche Lübecker Bucht eher von der ruhigen Seite.

Zwei Kilometer südlich von Dahme steht der Leuchtturm von Dahmeshöved. Zu DDR-Zeiten war er ein wichtiger Navigationspunkt für Menschen, die über die Ostsee in den Westen geflohen sind

DAHME ➡ E7

Das Ostseeheilbad zählt nur etwa 1200 Einwohner, empfängt jedoch jährlich über 60 000 Badegäste. Der Hauptstrand ist etwa sechseinhalb Kilometer lang und liegt unmittelbar vor dem Ortskern, textilfreies Baden ist ganz im Norden gestattet. An der 1,6 Kilometer langen Strandpromenade liegen einige Restaurants und Cafés. Praktisch: Dahme bietet WLAN am Strand. Die **Seebrücke** ragt 200 Meter weit in die Ostsee hinaus. Es gibt eine Surfschule, Reit- und Tennismöglichkeiten sowie einen Skatepark.

In der südlichen Umgebung bietet sich ein Ausflug zum Leuchtturm von **Dahmeshöved** an. In dem 35 Meter hohen achteckigen Bauwerk (von 1879) kann man sich auch trauen lassen.

ℹ Tourist Information ➡ E7
Seestr. 50, 23747 Dahme
✆ (043 64) 49 200, www.dahme.com
Mitte März–Anfang Nov. Mo–Fr 9–17, Sa/So 10–13, sonst Mo–Fr 9–16 Uhr

Überbrückt die Distanz zwischen Steilküste und Strand: die Holztreppe an der Jugendherberge in Dahme

Strandkörbe schützen vor Wind und Sonne am Strand von Kellenhusen

KELLENHUSEN ➡ E7

Vom Laubwald des Eutiner Staatsforsts umgeben liegt Kellenhusen. Vor 125 Jahren noch ein Fischernest, ist es heute ein beliebtes Ostseeheilbad. Durch einen Deich abgeschirmt liegt der Strand. Er ist rund vier Kilometer lang und bis zu 80 Meter breit, mit einer langen und kurvigen Promenade und einem **Meerwasser-Hallen-Freibad**. Zum textilfreien Badegenuss geht es weiter südlich an den **Lensterstrand**, einen der schönsten FKK-Strände Schleswig-Holsteins. Er ist auf dem Deichweg z. B. mit dem Fahrrad gut erreichbar. Im Staatsforst gibt es berühmte Eichen, einen **Waldlehrpfad** und ein **Wildgehege**. 2007 wurde die 305 Meter lange **Erlebnis-Seebrücke** eingeweiht.

Seit vielen Jahren etabliert: Surfen an der Ostsee

🛈 **Tourist Information** ➡ E7
Waldstr. 1, 23746 Kellenhusen
✆ (043 64) 497 50, www.kellenhusen.de
Mo–Fr 9–17 Uhr

CISMAR ➡ E6

Von einer einst gewaltigen **Klosteranlage**, deren Geschichte 1177 in Lübeck begann, ist heute u. a. die Kirche übrig. Zu jener Zeit wurde in der Hansestadt das Johanneskloster gegründet. Dessen Mönche zogen 1238 nach Cismar um. Verschiedene Reliquien und die 1249 geweihte Johannes-Heilquelle (der Brunnen ist noch erhalten) machten Cismar zu einem Wallfahrtsort. Später verlor das Kloster an Bedeutung und wurde 1561 aufgelöst. Zarin Katharina die Große ließ 1763 einen Teil der Anlage zum Schloss umbauen.

*Westfassade des ehemaligen
Benediktinerklosters Cismar*

Heute nutzen das Landesmuseum und die Kirchenge-meinde die erhaltenen Anlagen. Kloster Cismar zählt zu den bedeutendsten Bauwerken der norddeutschen Backsteingotik und ist, nach Lübeck, die größte Klos-teranlage Schleswig-Holsteins. Über dem Brunnenhaus befindet sich das Refektorium, der Speisesaal der Mön-che, in dem heute ein Café eingerichtet ist. Im Westteil der Kirche sind seit 1987 wechselnde Ausstellungen von überregionaler Bedeutung zu sehen.

◉ 🏛 🐾 Kloster Cismar ➡ E6

Bäderstr. 42, 23743 Cismar
✆ (043 66) 884 65 22 und 12 41 (Förderkreis Kloster Cismar), www.kloster-cismar.de
April/März–Mitte Okt. tägl. außer Mo 10–17 Uhr, Füh-rungen Mi und Sa 17 Uhr (ca. 1 Std., € 2/1)
In der größten Abtei Ostholsteins werden wechselnde Kunstausstellungen gezeigt. In das ehemalige Refekto-rium, den Speisesaal der Mönche, ist das Kloster-Café eingezogen.

Im August findet in der Regel ein **Klosterfest** mit Kunst-handwerkermarkt und Spezialitäten der Region statt.

🏛 🦋 Haus der Natur ➡ E6

Bäderstr. 26, Grömitz-Cismar
✆ (043 66) 12 88, www.hausdernatur.de
Tägl. 10–19 Uhr, Eintritt € 4/1
Einheimische und exotische Tiere, Mineralien und Ver-steinerungen. Mit mehr als 4000 ausgestellten Arten eine der größten Muschelausstellungen des Landes.

GRÖMITZ ➡ E6

In das größte Seebad an der schleswig-holsteinischen Ostseeküste kamen schon 1813 die ersten Badegäste, 1949 erhielt der Ort das Prädikat »Seeheilbad«, und heute gilt Grömitz als besonders familienfreundlich.

Die 7700 Einwohner empfangen jährlich rund 100 000 Feriengäste und über 300 000 Tagesbesucher. In der Hochsaison ist es hier alles andere als ruhig oder beschaulich, zumindest wenn der Saisonhöhepunkt »Ostsee in Flammen« im Juli mit Feuerwerk oder eine der zahlreichen anderen Veranstaltungen stattfinden.

Grömitz bietet die üblichen Ostseebad-Attraktio-nen – darunter auch einige Superlative: die längste

Strandpromenade (3,5 km), acht Kilometer Sandstrand mit über 5000 Strandkörben und eine fast 400 Meter lange Seebrücke.

Die Kurpromenade lädt zum (Einkaufs-)Bummeln ein, wobei hier alles eher preisgünstiger ist, also eher Imbissstuben als Restaurants. Einziges Manko der regen Betriebsamkeit: In der Hochsaison ist öfter mal Parkplatzsuche angesagt. Dafür führt die Strand-Elektroeisenbahn »Rasender Benno« von der Seebrücke zum Ortskern. Um die Orientierung im Strandkorbmeer zu erleichtern, sind einzelne Strandabschnitte mit einfachen Bildern gekennzeichnet. Das Areal Dünenpark wird voraussichtlich 2023/24 fertiggestellt.

Die Kurpromenade von Grömitz ist in der Hochsaison gut besucht

ℹ Tourist Information ➡ E6
Kurpromenade 56, 23743 Grömitz
✆ (045 62) 25 60, www.groemitz.de
Mitte März–Okt. Mo–Sa 9/10–17, So 10–16, Nov.–Mitte März Mo–Sa 10–16, So 10–14 Uhr

🐾 ⛲ Zoo Arche Noah ➡ E6
Mühlenstr. 32, Grömitz
✆ (045 62) 56 60, zoo-arche-noah.de

Am Strand von Grömitz

Sommerzeit 9–18 Uhr, Winterzeit 9 Uhr bis Einbruch der Dunkelheit, Fütterungszeiten vgl. Website
Eintritt € 11/7 (3–15 J.)
Affen, Kängurus, Murmeltiere, Löwen, Kamele, Luchse sowie ein Streichelzoo und Ponyreiten.

Strandhaus ➡ E16
Kurpromenade 20, Grömitz
✆ (045 62) 22 38 32, www.groemitz.de/strandhaus
April–Okt. Mo–Fr ab 9.30 Uhr
Betreuungsprogramm für Kinder und Jugendliche (1–17 J.) bei gutem und schlechtem Wetter.

Café zum Ziegelhof ➡ E6
Ziegelhof 2, Grömitz
✆ (043 66) 884 65 31, hof-mougin.de
Café und Hofladen Sa/So 13–18 Uhr, in der Saison öfter Bauernhofcafé und Hofladen mit Verkauf von Saisonprodukten.

Grömitzer Welle ➡ E6
Kurpromenade 58, Grömitz
✆ (045 62) 25 62 47
www.groemitzer-welle.de
Tägl. 7–22, Wellenbetrieb 10–20, Sauna 10–21.45 Uhr
Eintritt ab € 15/7, mit Sauna € 21/13
Meerwasserbrandungsbad mit Strömungsbecken und Wasserrutsche. Außerdem gibt es eine Saunalandschaft.

Am Ende der Seebrücke können Mutige in der Tauchglocke in die Ostsee abtauchen

⊠ Ostsee-Segelschule »Blauer Peter« ➡ E6
Yachthafen 6
✆ (045 62) 71 56, www.yachtservice-gutowsky.de
April–Sept. Mo–Sa 9–13, Fr/Sa auch 17–19, So 11–13,
Okt.–März Di, Do 9–13 Uhr
Segelschule mit Angeboten vom Schnupperkurs bis
zum Segelschein sowie Bootsverleih.

🖼 Bäderschiffsfahrten ➡ E6
Seefahrten ab Grömitz-Seebrücke u.a. nach Fehmarn
und Travemünde sowie einstündige Ostsee-Ausflugs-
fahrten, Infos beim Tourismus-Service.

Ausflugsziel:

◉ 🏛 ⊠ Museumshof Lensahn ➡ E6
Bäderstr. 18, Lensahn
✆ (043 63) 911 22
www.museumshof-lensahn.de
April–Okt. tägl. 10–17/18 Uhr
Eintritt € 6/3,50 (13–17 J.)/2,50 (4–12 J.), unter 4 J. frei
Über 4000 Exponate zum Thema historische Land-
wirtschaft, Handwerk und Haushalt sind hier, wenige
Kilometer von Grömitz, versammelt. Führungen auf
Wunsch »op Platt«. Gaststube »Im alten Kuhstall«.

*Grömitz ist auf den Ansturm
der Besucher mit zahlreichen
Hotels vorbereitet*

Teil der ehemaligen Befestigungsanlage von Neustadt in Holstein: das Kremper Tor

NEUSTADT IN HOLSTEIN ➡ E6

Einige der 15 000 Einwohner der Stadt (im 13. Jh. als »de nighe stad« gegründet) sind wohl schon als Statisten auf deutschen Fernsehbildschirmen zu sehen gewesen, denn Neustadt war bis 2013 Heimat der ZDF-Serie »Die Küstenwache« und des dazugehörenden Bootes »Albatros II«.

Das Hafenbild prägt der **Pagodenspeicher** von 1830. Bis ins 20. Jahrhundert diente der Speicher als Getreidelager. Neben dem malerischen Marktplatz hat Neustadt eine gotische **Stadtkirche** aus dem 13. Jahrhundert und das 1344 gegründete **Heilig-Geist-Hospital** sowie ein klassizistisches Rathaus zu bieten.

Im mittelalterlichen Kremper Tor, dem letzten von ursprünglich drei Stadttoren, ist das **Stadtmuseum zeiTTor** untergebracht, ihm angeschlossen ist das **Cap-Arcona-Museum**.

Der kleine Strand von Neustadt wird überwiegend von Einheimischen besucht, Urlauber zieht es eher nach **Pelzerhaken** ➡ E6 mit kleiner Promenade und Seebrücke oder nach **Rettin** ➡ E6 mit familienfreundlichen Badestränden (auch FKK-Abschnitt).

ℹ Tourist Information ➡ E6
Dünenweg 1 G, 23730 Neustadt
✆ (045 03) 779 41 80, www.stadt-neustadt.de
März–Okt. Mo–Fr 10–13 und 13.30–16, Sa/So 11–14, Nov.–Feb. Mo–Fr 10–13 Uhr

🏛 Stadtmuseum zeiTTor und Cap-Arcona-Museum
➡ E6
Haakengraben 2–6, Neustadt
✆ (045 61) 61 93 05, www.zeittor-neustadt.de
Ostern–Okt. Di–Sa 10.30–17, So 14–17, Juli/Aug. und Okt. auch Mo, Nov.–Ostern Sa/So 14–16 Uhr
Eintritt € 4, bis 18 Jahre frei
Cap-Arcona-Museum: Ostern–Okt. tägl. außer Mo 10.30–17, So 14–17 Uhr, Eintritt frei
Das Stadtmuseum versteht sich als kulturelles Gedächtnis der Stadt und der vormittelalterlichen Epochen der Region. Angeschlossen ist das Cap-Arcona-Museum zum Gedenken an den Untergang der »Cap Arcona« mit über 7500 KZ-Häftlingen im Mai 1945 in der Lübecker Bucht.

☕ Palmenhaus Café ➡ E6
Heidberg 1, Neustadt/Sierhagen
✆ (045 61) 55 84 12, www.palmenhaus-cafe.de
April–Okt. tägl. 14–18 Uhr
Historische Gutsgärtnerei mit hausgemachtem Kuchen und Kaffee, manchmal auch Veranstaltungen mit Livemusik.

Ausflugsziel:

🅿 ♻ ✕ Hansa-Park ➡ F6
Am Fahrenkrog 1, 23730 Sierksdorf
✆ (045 63) 47 40
www.hansapark.de
April–Okt. tägl. 9–18, Fahrgeschäfte ab 10 Uhr
Eintritt € 44/35 (4–11 J.), bis 4 J. und Geburtstagskinder (bis 12 J.) frei (Ausweis mitbringen)

Der Hansa-Park: Achterbahn-spaß mit Ostseeblick

Vergnügungspark direkt an der Küste mit über 30 Fahrattraktionen, Kindertheater, Varieté-Show und Erlebnisgastronomie. Der Themenspielplatz »Hanse in Europa« zeigt Nachbauten von Lübeck bis Lissabon. Neuester Hit: »Der Schwur des Kärnan« – ein »Hyper Coaster« der Superlative.

HAFFKRUG ➡ F6

Ein eher ruhiger und beschaulicher Ort. Das einstige Fischerdorf gilt als das älteste Seebad an der Lübecker Bucht. Der Seebrückenvorplatz ist im Sommer ein Ort für Veranstaltungen. Die Promenade lädt zu ausgedehnten Spaziergängen nach Scharbeutz oder Sierksdorf ein. Im Herbst 2022 wird mit dem Bau der neuen Zickzack-Seebrücke mit Doppelspitze begonnen.

SCHARBEUTZ ➡ F6

Strand vom Feinsten bietet das Ostseeheilbad Scharbeutz. Über mehr als sechs Kilometer erstreckt sich der weiße Hausstrand – von der Ostsee-Therme bis nach Haffkrug. Entlang der gepflegten Promenade herrscht eher ruhiges, am südlichen Strandabschnitt – an der Uferstraße – lebhafteres Treiben. Gleich hinter der Promenade stehen viele Ferienhäuser und -wohnungsanlagen, manche im gefälligen Gründerzeitstil, manche eher modern-elegant. Im Ortszentrum geht der zentrale Platz zur Seebrücke über, die auch hier ab Herbst 2022 neu errichtet wird.

Die alte Seebrücke von Scharbeutz wird ab Herbst 2022 durch eine neue ersetzt

🛈 Tourist Information ➡ F6
Strandallee 134, Kurparkhaus, 23683 Scharbeutz
✆ (045 03) 779 41 60, www.scharbeutz.de
Mai–Aug. Mo–Fr 9–17, Sa/So 10–14 Uhr, sonst kürzer

🏊 🎫 Ostsee-Therme ➡ F6
Strandallee 143, Scharbeutz
✆ (045 03) 35 26 16, www.ostsee-therme.de
Tägl. 10–22 Uhr, Eintritt ab € 18/12, mit Sauna € 28/19
Erlebnisbad am Meer mit Strandzugang, Sauna- und Wellnesslandschaft und zwei Riesenrutschen.

Strandkorbvermietung von Timmendorfer Strand

TIMMENDORFER STRAND ➡ F6
Nobel geht es hier zu – das ist kaum zu übersehen. In der Saison gleiten teure Wagen durch den Ort, Privatvillen und Hotels prägen das Bild. Seit den 1880er Jahren entstanden hier Kurhäuser und Sanatorien, heute gibt sich vor allem der Hamburger Jet-Set ein Stelldichein.

Schön bei heißem Wetter: die schattige Promenade unter hohen Bäumen. Den meisten Besuchern ist der Strand am wichtigsten: 3,5 Kilometer lang und bis zu

*Gepflegte Promenade in
Timmendorfer Strand*

40 Meter breit. Die Strandabschnitte für Familien mit Kindern sind mit Spielgeräten ausgestattet. Während der Hauptsaison sind Parkplätze in Strandnähe rar, von den gut ausgeschilderten Parkplätzen muss man einige Minuten laufen. Auch einkaufen kann man hier reichlich, z. B. an der Flaniermeile im Ortszentrum. Neben der längeren Seebrücke gibt es die Seeschlösschenbrücke mit Pavillon. Ideal um bei einem Cocktail den Urlaubstag ausklingen lassen.

ℹ Tourist Information ➡ F6
Timmendorfer Platz 10, 23669 Timmendorfer Strand
✆ (045 03) 357 70
timmendorfer-strand.de
Mo–Fr 9–17, Sa/So 10–15 Uhr, Mitte Sept.–März So geschl.

✈ 🐟 Sealife ➡ F6
Kurpromenade 5, Timmendorfer Strand
✆ (0180) 666 69 01 01, www.visitsealife.com
Juli/Aug. tägl. 10–19 Uhr, sonst kürzer
Eintritt € 17/14
Eine Unterwasserreise: Mit Tausenden von Lebewesen wird ein Querschnitt durch den Artenreichtum der nordeuropäischen und tropischen Gewässer gezeigt.

☕ Café Wichtig ➡ F6
Timmendorfer Platz 3, Timmendorfer Strand
✆ (045 03) 20 58, cafewichtig.de
Tägl. 8.30–24 Uhr
Timmendorfer Institution mit Geschichte und tollen Torten.

NIENDORF ➡ F6

Auch ins kleine Niendorf kommen die Badegäste schon seit über 150 Jahren. Erst seit 1922 existiert der Fischereihafen, dem sich später auch noch ein Yachthafen hinzugesellte. Hier wird heute neben frischem Fisch auch Kunsthandwerkliches, Backfisch und Bratwurst feilgeboten. Ganz in der Nähe liegt der Vogelpark.

Der schöne Strand ist recht breit und geht sehr flach ins Wasser über. Parallel dazu verläuft die neu gestaltete Promenade mit der Seebrücke, die in eine Plattform in Fischform mündet. Entlang der Promenade wechseln sich kleine und größere Cafés, Restaurants und Hotels ab.

ℹ Tourist Information ➡ F6

Strandstr. 121 a, 23669 Niendorf/Ostsee
✆ (045 03) 33 77 60
www.niendorf-ostsee.de
Mai–Sept. Mo–Fr 9–17, Sa/So 13–17 Uhr, sonst kürzer

Vogelpark und Eulengarten Niendorf ➡ F6

An der Aalbeek, Niendorf
✆ (045 03) 47 40
www.vogelpark-niendorf.de

Am Niendorfer Jachthafen entgeht dem Beobachter nichts: Hier kommt jedes Boot vorbei, das in den Hafen einfährt

Tägl. 9–19.30 Uhr, in der Nebensaison 10–16 Uhr
Eintritt € 12/6 (3–15 J.), im Winter weniger
Fremde und einheimische Vögel sowie eine artenreiche
Eulensammlung. Mit Café-Terrasse.

Ausflugsziel:

🛈 🍴 🎠 **Karls Erlebnis-Dorf** ➡ F6
Fuchsbergstr. 4, Warnsdorf
℡ (03 82 02) 40 50, www.karls.de
Tägl. 9–18 Uhr, Eintritt frei
Bauernhoferlebnispark mit zahlreichen Einkaufs- und
Essgelegenheiten und einem großen Außengelände,
auf dem sich Kinder austoben können.

TRAVEMÜNDE ➡ F6

1187 gegründet, bekam Travemünde 1204 seinen ersten Hafen und 1539 einen 39 Meter hohen Leuchtturm.
Dessen Nachfolger steht seit 1829 und ist einer der ältesten Deutschlands. Wahrzeichen von Travemünde ist
die **Viermastbark »Passat«**. 1911 bei Blohm & Voss in
Hamburg gebaut, ist sie das letzte Frachtsegelschiff,
das noch um Kap Hoorn segelte.

Besonders schön ist die **Kaiserallee** mit ihren über
1000 »Kastenlinden«, parallel zur Strandpromenade.

Die Einkaufsmeile Travemündes befindet sich in der
Vorderreihe. In der Hauptsaison sind die Geschäfte
auch sonntags geöffnet. Die **Vogtei** in der Vorderreihe 7 mit dem kunstvollen spätbarocken Portal war

*Vor ihrer Stilllegung 1957
umrundete die »Passat« 39 Mal
das Kap Hoorn*

Die Vogtei in Travemünde

die Residenz des Hafenkommandanten, der auch für das Leuchtfeuer verantwortlich war.

In den Jahren des Wirtschaftswunders war Travemünde auch wegen seines Spielcasinos bundesweit ein Begriff. 1825 eröffnete eine erste Spielbank, in der russische Adlige gern ihr Glück versuchten. Nach dem Krieg erhielt man 1949 wieder die Konzession zum Glücksspiel. Es fanden sich Prominente wie Curd Jürgens, Königin Soraya und Sophia Loren ein. Aber trotz einer Renovierung der schönen Räumlichkeiten im »Konversationshaus« blieb die risikofreudige Klientel in heutigen Tagen aus und das Casino schloss die Tore – »rien ne va plus«.

Wer vom Strand aus gern richtig große Schiffe sehen möchte, der ist im Seebad Travemünde richtig: Vom Badelaken aus kann man sie beobachten, vom kleinen Segler bis zu den gewaltigen Ostseefähren.

Die Strandpromenade ist gepflegt und weitläufig. 3,5 Kilometer Strand hat man hier zu bieten, der in Höhe der Hafeneinfahrt gut 250 Meter breit ist. Richtung Norden reicht er bis zum Steilufer Brodtener Höhe. Gegenüber, am anderen Ufer der Trave, am Strand der Halbinsel Priwall, und am Brodtener Ufer tummeln sich bevorzugt FKK-Fans.

Die Regatta mit dem Rotspon

TRAVEMÜNDER WOCHE

Travemünde, Schleswig-Holstein

Travemünde im Sommer 1889: Zwei Hamburger Kaufleute segeln um die Wette. Es geht um eine Flasche Lübecker Rotspon, also um einen französischen Rotwein, der in Lübeck zur vollen Reife gelangt ist. Wer damals den edlen Tropfen gewonnen hat, ist nicht überliefert, doch eine Idee war geboren: eine jährliche Segelregatta auf der Trave und in der Lübecker Bucht. Als solche hat die Travemünder Woche bis heute bereits rund 130 Mal stattgefunden, und zwar meist Mitte Juli.

Längst ist aus dem maritimen Wettrennen ein Mega-Event mit umfangreichem Begleitprogramm für rund eine Million Schaulustige und Feierfreudige geworden. Zwar ist die Travemünder Woche etwas jünger und etwas kleiner als die Kieler Woche, doch ist sie immer noch die zweitgrößte Segelregatta der Welt. Auch bestehen die Lübecker darauf, dass ihre Regatta-Woche die schönere und beliebtere ist.

Kämpfen in Kiel die Profisegler um Weltspitze und Olympiareife, so trifft sich in Travemünde die erste Liga der Amateure und Freizeitsportler. Von der Travepromenade aus lassen sich die Wettkämpfe und Show-Rennen aus nächster Nähe beobachten, und hier findet auch ein Teil des Festivalprogramms statt, das für viele Besucher die eigentliche Attraktion der Regattawoche ist.

Die Promenade ist zugleich der beste Platz, um das große Feuerwerk auf der anderen Seite des Flusses zu bestaunen, das den Höhepunkt der Veranstaltung bildet. Doch auch mehrere Musikbühnen gehören zur Travemünder Woche. Und natürlich darf auch die Flasche Rotspon nicht fehlen: Alljährlich fordert der Lübecker Bürgermeister seinen Amtskollegen aus einer anderen Stadt zum Wettsegeln heraus!

INFO: Travemünde liegt ca. 20 km nordöstlich von Lübeck. **INFO TRAVEMÜNDER WOCHE:** www.travemuender-woche.com.

Segler während der Travemünder Woche.

Halbinsel Priwall mit Marina und Strand

Die **Halbinsel Priwall** ➡ F6 zwischen Ostsee und Trave ist der ursprünglichste Teil Travemündes, im Norden gibt es Strand und Dünen, im Süden Feuchtwiesen. Viele Vögel leben hier, von Silbermöwe bis Zwergseeschwalbe, von Graureiher bis Höckerschwan. Manche das ganze Jahr über, andere sind nur Saisongäste.

Travemünde hat im Sommer viel an Veranstaltungen zu bieten, so z. B. die **Travemünder Woche**, die bereits seit 1889 Segler aus aller Welt zusammenführt.

ℹ️ Tourist Information ➡ F6
Am Leuchtenfeld 10 A, 23570 Travemünde
☏ (045 01) 889 97 00
www.travemuende-tourismus.de
Ostern–Okt. Mo–Fr 9.30–18/19, Sa/So 10–15/17, Nov.–Ostern Mo–Fr 9.30–17, Sa 10–15 Uhr

🏛️ Seebadmuseum Travemünde ➡ F6
Torstr. 1, am Marktplatz, Travemünde
☏ (045 02) 999 80 94
www.heimatverein-travemuende.de
März–Dez. tägl. außer Mo 11–17 Uhr
Eintritt € 6/3,50
Kleines, feines Museum, das über die Geschichte Travemündes als Seebad von 1802 bis heute informiert, mit einem beeindruckenden Extrakapitel zur DDR-Zeit, als Travemünde Grenzstadt war. Filme, Hörstationen und Exponate zu den Themen Bademode, Fischerei und Schifffahrt.

*Der Alte Leuchtturm
von Travemünde, heute
Wahrzeichen der Stadt,
und Hus Blinkfüer*

⊙ ⬧ Viermast-Bark Passat ➡ F6
Priwallhafen 3 A, Travemünde
✆ (04 51) 122 52 02, www.travemuende-tourismus.de
Anfang April–Ende Okt. tägl. 10/11–16.30/17 Uhr
Eintritt € 5/2,50, unter 6 J. frei
Die Viermast-Stahlbark lief 1911 vom Stapel und gilt
als Wahrzeichen der Stadt. Mit maritimer Ausstellung.

☕ Café Niederegger ➡ F6
Vorderreihe 56, Travemünde
✆ (045 02) 20 31, www.niederegger.de
Mai–Sept. tägl. 9–20, Uhr, sonst kürzer
Konditorei und Café des bekannten Lübecker Marzi-
panherstellers: köstlich schmausen, z. B. auf der Terrasse
mit Traveblick.

⊙ Alter Leuchtturm ➡ F6
Am Leuchtenfeld 1, Travemünde
✆ (045 02) 889 17 90
April–Juni, Sept./Okt. Di, Do, Sa/So/Fei 13–16, Juli/Aug.
tägl. 11–16 Uhr, Eintritt € 2/1 (bis 14 J.)
Einer der ältesten Leuchttürme Deutschlands. Guter
Rundumblick aus 31 Metern Höhe. Maritimes Museum.

🚢 MS Hanse ➡ F6
Abfahrt ab Travemünde/Vorderreihe, gegenüber vom
Café Niederegger, mehrmals tägl., im Winter Mo nicht,
ab Fühjahr Linienfahrten Lübeck-Travemünde
✆ (01 63) 547 57 73, www.hanse-travemuende.de
Rundfahrt im Winter ab € 10/5
»Charmante Stunde«: große Travemünder Hafenrund-
fahrt mit Erklärungen zu den Sehenswürdigkeiten.

Kinder vertreiben sich die Zeit mit Keschern am Strand von Travemünde

MECKLENBURG-VORPOMMERN

Man schrieb das Jahr 1789, als Dr. Samuel Gottlieb Vogel zum Leibarzt des Herzogs Friedrich Franz I. von Mecklenburg-Schwerin ernannt wurde. Bei seinen Studienaufenthalten in England war er zu ganz neuer medizinischer Erkenntnis bekehrt worden: dass nämlich von einem Aufenthalt an der See und dem Kontakt mit Salzwasser eine heilsame Wirkung ausgehe.

Seinem adligen Patienten verschrieb er daher ausgedehnte Spaziergänge an der Ostsee und Bäder in derselben. Der Herzog konnte dies natürlich nur in standesgemäßem Rahmen tun und gründete daher 1793 in **Heiligendamm** das erste deutsche Seebad. Sein Baumeister, Carl Theodor Severin, vertrat die klassizistische Berliner Schule, und so entstanden Kurhaus sowie Gesellschafts- und Logierhäuser im Stil des fernen Griechenland. Auch die feine Gesellschaft machte die »Weiße Stadt am Meer« zu ihrem Reiseziel, und bald dehnte sich das Terrain der Sommerfrischler auch auf

*Seebrücke von Sellin
auf der Insel Rügen*

*Ein Ostseeklassiker:
der Strandkorb*

weitere Orte der Umgebung aus und in **Bad Doberan** entstanden Sommerpalais, Salongebäude und Theater.

Tapfer tauchten von nun an illustre Persönlichkeiten ins kühle Nass und der Hochadel atmete tief ein. Die russische Zarenfamilie flanierte auf den eleganten Seebrücken, Admiral Nelson und Marschall Blücher erholten sich zwischen anstrengenden Schlachten, Königin Luise von Preußen und Königin Marie von Bayern lustwandelten in der gesunden Luft. Die Prominenz wollte unterhalten werden, daher öffnete 1809 das erste Casino des Landes seine Tore, und 1822 entstand die erste Galopprennbahn auf dem europäischen Festland.

Beeindruckt von so viel Ostseeglamour beschloss Fürst Wilhelm Malte von Putbus auf Rügen, im heimatlichen **Putbus** ebenfalls solch ein antikisierendes Wunder zu bauen. Er plante großzügig und gründlich. Das Zentrum seiner Anlage ist heute noch der Circus, ein kreisförmiger Platz, dessen Mittelpunkt ein Obelisk markiert. Ringsum stehen 15 weiße Häuser.

Hatten zunächst nur die oberen Zehntausend mit entsprechendem Kleingeld die Küsten heimgesucht, so kamen mit dem Bau der Chausseen und Eisenbahnstrecken auch die weniger Betuchten in den Genuss der weißen Strände und frischen Brisen: Zwischen 1870 und 1900 entstanden sage und schreibe drei Dutzend Seebäder. Aus verschlafenen Dörfern wurden mondäne Bademetropolen: darunter **Zingst, Sellin, Göhren** und **Ahlbeck**.

Anderenorts besann man sich rechtzeitig auf den ureigenen Charme der Fischerdörfchen. Neue Häuser wurden im Stil an das Alte angepasst. Hier fühlten sich vor allem Maler und Dichter wohl.

Windmühle von Klütz

Mecklenburger Bucht und Wismarbucht

Viel, sehr viel hat sich seit der Wiedervereinigung entlang der Bucht verändert. Der berückenden Bäderarchitektur, den altehrwürdigen Hansestädten, den ehemals prunkvollen Landsitzen und vielen Innenstädten haben die letzten Jahrzehnte eine Verjüngungskur sondergleichen verschafft. Es wurde und wird renoviert, rekonstruiert und immer wieder frisch herausgeputzt.

Der Ostseetourismus hat in der Region eine lange Tradition und ist heute – mehr denn je – bedeutender Wirtschaftsfaktor und prägendes Element. Auferstanden aus abbruchreifen Gebäuderuinen, hat man sich an der mecklenburgisch-vorpommerschen Ostseeküste definitiv und erfolgreich der touristischen Zukunft zugewandt.

KLÜTZ MIT SCHLOSS BOTHMER ➡ F7

Wer aus dem »Westen« in den »Osten« fährt, über die früher schwer bewachte Landesgrenze, trifft zwischen Lübeck und Wismar zunächst auf den Klützer Winkel. Die Landschaft ist hier gering besiedelt, es gibt sanfte Hügel und Alleen – typisch für die mecklenburgische Ostseeküste. In Klütz steht die vom Grafen von Bothmer erbaute **Schloss- und Parkanlage** (1726–32), die größte Barockanlage Mecklenburgs mit ihrer schönen Lindenallee.

Ein Stück England an der Ostsee

Schloss Bothmer

Klütz, Mecklenburg-Vorpommern

Warum immer in den Süden fahren? Prachtvolle barocke Bauwerke finden sich auch in Norddeutschland! Auf halbem Weg zwischen Lübeck und Wismar und nur vier Kilometer landeinwärts vom Ostseebad Boltenhagen liegt beispielsweise Schloss Bothmer, das größte noch erhaltene Barockschloss in Mecklenburg-Vorpommern. Seine Entstehungsgeschichte liest sich spannend: Der weitläufige Backsteinbau mit seinem mächtigen Haupthaus und den symmetrisch angelegten Galerien, Kavaliershäusern und Remisen wurde in London geplant – und zwar nirgendwo anders als in der berühmten Downing Street Number 10. Reichsgraf Hans Caspar von Bothmer war ein gesellschaftlicher Aufsteiger, der am Hof des Kurfürsten von Hannover Karriere machte. Als dieser 1714 als George I. zum englischen König gekrönt wurde, ging Bothmer mit nach London und diente seinem Monarchen als Minister und residierte in ebenjenem Haus, das heute der britische Regierungschef bewohnt.

Zwischen 1726 und 1732 ließ der Graf dann daheim in Deutschland ein prächtiges Schloss nach englischem Vorbild errichten, dem er seinen Namen gab und in dem seine Nachkommen noch bis 1945 lebten. Zu DDR-Zeiten wurde der Gebäudekomplex dann als Seniorenheim genutzt und nach der Wende drohte er zu verfallen. Heute jedoch erstrahlt Schloss Bothmer wieder in altem Glanz: Nach aufwendiger Restaurierung sind im Haupthaus 20 Räume für Besucher zugänglich, darunter der holzgetäfelte Festsaal und der grün-weiße Gartensaal. Eine nach modernen museologischen Gesichtspunkten konzipierte Ausstellung informiert über die Geschichte des Schlosses und über das Leben seines illustren Bauherrn.

Zum Gelände gehört ein weitläufiger Park im Stil eines englischen Landschaftsgartens,

Barocker Backsteinbau: Schloss Bothmer.

dessen besonderes Schmuckstück die schnurgerade, aufs Schloss zulaufende Festonallee ist: Kunstvoll beschnittene Linden bilden links und rechts des Hohlwegs eine Art natürliche Girlande. Regelmäßig finden im Schloss, das auch für private Feiern gemietet werden kann, kulturelle Veranstaltungen statt – wie etwa Musical Dinner Shows mit Gesang und mehrgängigem Menü.

Ein Besuch auf Schloss Bothmer lässt sich übrigens ganz leicht mit einem Abstecher nach Schloss Wiligrad am Schweriner See verbinden: Dieses architektonische Kleinod diente einstmals einem Herzog als Refugium und ist heute ein echter Geheimtipp!

Info: Klütz liegt ca. 80 km westlich von Rostock. **Info Schloss Bothmer:** Am Park, 23948 Klütz, Tel. (03 85) 58 84 15 13, www. mv-schloesser.de, Öffnungszeiten Schloss Mai–Sept. Di–So 10–18, Juli/Aug. auch Mo, April, Okt. Di–So 10–17, Nov.–März Sa/So 11–16 Uhr, Park tägl. ab 9 Uhr, Eintritt Schloss € 6, ermäßigt € 4, unter 18 J. frei.

⦿ 🌳 **Schloss Bothmer**

Am Park, 23948 Klütz

✆ (03 85) 58 84 15 13, www.mv-schloesser.de

Mai–Sept. Di–So 10–18, Juli/Aug. auch Mo, April, Okt. Di–So 10–17, Nov.–März Sa/So 11–16 Uhr, Park tägl. ab 9 Uhr, Eintritt Schloss € 6/4, Führungen ab € 4

Im Museum erschließt sich der englisch geprägte Lebensstil des adeligen Erbauers und im Laden bekommt man englische Produkte.

BOLTENHAGEN ➡ F7

1803 begann der Badebetrieb mit dem Aufstellen des ersten Badekarrens durch den Grafen Bothmer aus Klütz – damit ist Boltenhagen (2550 Einw.) der drittälteste Badeort der Region. Der Schriftsteller Fritz Reuter verbrachte hier (Dünenstr. 13) manch eine Sommerfrische.

Hier sieht man Häuser im typischen Stil der Bäderarchitektur, obwohl seit der Wende vor allem die Ferienwohnungen ausgebaut wurden – wie überhaupt Boltenhagen gerade für den Familienurlaub zu empfehlen ist. Der Sandstrand (4 km) geht sehr flach ins Wasser über. Ein Kurpark und eine 290 Meter lange Seebrücke sorgen für Seebadflair. Es gibt eine Marina und ein Ferienresort mit großem Übernachtungs- und Freizeitangebot: Weiße Wiek Boltenhagen.

ℹ️ **Kurverwaltung/Tourist Information** ➡ F7

Ostseeallee 4, im Kurhaus, 23946 Boltenhagen

✆ (03 88 25) 36 00

www.boltenhagen.de

Tägl. 9–17 Uhr

Kurpark von Boltenhagen

WISMAR ➜ G8

Bereits 1229 erstmals urkundlich erwähnt, durchlebte Wismar (44 700 Einw.) eine wechselvolle Geschichte. Bei einem Besuch der Hansestadt bietet es sich an, beim Alten Hafen anzufangen und dann, vorbei an der **Nikolaikirche**, zum Marktplatz mit seinen prächtigen Giebelhäusern zu schlendern; darunter das **Rathaus** (1819) und auf der Ostseite der »**Alte Schwede**« (erbaut um 1380), in dem sich seit 1878 eine Gaststätte dieses Namens befindet.

Trotz schwerer Verluste wertvoller Bausubstanz im Zweiten Weltkrieg hat sich Wismar ein sehenswertes Stadtbild erhalten – das die UNESCO mit dem Prädikat Weltkulturerbe auszeichnete. Ein schöner Blickfang auf dem großen Marktplatz ist die sogenannte **Wasserkunst**, Beweis der früh entwickelten Wasserversorgung der Stadt: Der zwölfeckige Pavillon im Stil der niederländischen Renaissance wurde 1602 fertiggestellt (mit Ergänzungen von 1861). Über allem ragt der Turm der 700 Jahre alten **Marienkirche**, das Hauptschiff wurde 1960 gesprengt. Von See aus ist er weithin sichtbar und diente somit immer als ein wichtiger Orientierungspunkt. Das **Schabbellhaus**, ein Wohn- und Brauhaus aus der Zeit der Renaissance, ist heute Sitz des Stadtgeschichtlichen Museums.

Gehört zu den ältesten Bauwerken Wismars: die Marienkirche

ℹ **Tourist Information** ➜ G8

Lübsche Str. 23 A
23966 Wismar
✆ (038 41) 194 33, www.wismar.de
Tägl. April–Okt. 9–17, Okt.–März 10–16 Uhr

Die historische Marina von Wismar

Deutsch-schwedischer Spielball

ALTSTADT VON WISMAR

Wismar, Mecklenburg-Vorpommern

Die Farben der Hanse waren Rot und Weiß. Die Stadtwappen von Bremen, Hamburg, Lübeck und Köln tragen heute noch die Farben des mittelalterlichen Handelsverbunds. Aber auch kleinere Städte spielten in der Hanse eine wichtige Rolle. Bestes Beispiel: Wismar, dessen historische Altstadt seit 2002 zum UNESCO-Welterbe zählt. 1229 gegründet, 1267 abgebrannt und viel schöner und nobler wiederaufgebaut: Wismar war dank der Einnahmen durch die Hansemitgliedschaft in der Lage, seine Altstadt aus Stein – damals ein

Alte Häuser im neuen Farbkleid in der Altstadt von Wismar.

Zeichen von Reichtum – wieder hochzuziehen.

Die Grube, ein durch Wismar führender Kanal, diente damals als Trink- und Brauchwasserreservoir der Bewohner, besonders die Brauer bedienten sich daraus. Allerdings wurde Tage vor dem neuen Brauvorgang die Anordnung erlassen, keine Abfälle mehr in die Grube zu leiten, denn das Bier sollte das sauberste Getränk der Stadt bleiben.

Geprägt wird das Bild Wismars durch die Backsteingotik, seit Jahrhunderten drückt sie der Stadt ihren Stempel auf. Ein Paradebeispiel dieser Architekturform ist die St.-Georgen-Kirche, eines von sechs Gotteshäusern der mittelalterlichen Stadt. Leider wurde sie im Zweiten Weltkrieg stark beschädigt, ab 1990 fand der Wiederaufbau statt. Inzwischen gibt es auch eine Aussichtsplattform, die mit einem Fahrstuhl zu erreichen ist. Der Hochaltar von St. Georgen, ein vierflügeliger Schnitzaltar, steht heute in der Nikolaikirche, ebenso das Triumphkreuz. Auch die Nordmänner haben

in Wismar ihre Spuren hinterlassen, denn von 1632 bis 1803 befand sich Wismar in schwedischer Hand. Nach einer verheerenden Explosion errichteten die Schweden 1700 ein neues barockes Zeughaus. Dieser Bau ist ein wahres Meisterwerk architektonischer Kunstfertigkeit, denn durch eine besondere Konstruktion wird der Dachstuhl trotz seiner imposanten Größe von immerhin 60 mal 15 Metern ohne zusätzliche Abstützung nur von den Außenmauern getragen.

Im Jahr 1881 wurde in Wismar Geschichte geschrieben, Warenhausgeschichte zumindest: Rudolph Karstadt legte in der Krämergasse, Ecke Lübsche Straße mit nur einem Angestellten den Grundstein für seinen späteren Konzern.

Dass Wismar eine bedeutende Hansestadt war, wurde nicht zuletzt durch den Fund einer 31 Meter langen Kogge von 1354 in der Wismarbucht vor der Insel Poel deutlich. Sie ist das bislang größte gefundene Schiff aus der Hansezeit. 200 Tonnen war ihre Ladekapazität, eine Nachbildung liegt im Wismarer Hafen und mit ihr lässt sich auch zu einem maritimen Ausflug in See stechen.

INFO WISMAR: Tourist Information, Lübsche Str. 23 A, 23966 Wismar, Tel. (038 41) 194 33, www.wismar.de.

Alte Löwenapotheke

Wismar, Mecklenburg-Vorpommern

Mitten in der vollkommen erhaltenen Altstadt von Wismar streckt das ockergelbe Gebäude der Alten Löwenapotheke seine verschnörkelten Giebel in den Himmel. Zierlich wirkt der Bau mit seinen runden Erkerfenstern vor dem wuchtigen Turm der zwischen 1381 und 1487 entstandenen Nikolaikirche. Heute befinden sich ein gemütliches Café mit Wohnzimmerflair und ein Weinkontor in dem denkmalgeschützten Haus, das im Jahr 1645 erbaut wurde. Untersuchungen des Holzes haben ergeben, dass ein erhaltener

Die Alte Löwenapotheke beherbergt heute ein Café.

Luchtbalken (Unterzug) sogar aus dem Jahr 1334 stammt. Eine Kanonenkugel im Gebälk des Hinterhauses ist ein Relikt aus dem Großen Nordischen Krieg (1700–1721).

Die einstige »Untere Apotheke« wurde im Jahr 1851 nach dem Kauf durch den Apotheker Carl Beckmann in »Löwenapotheke« umbenannt. Dabei bezieht sich der Name auf die Kraft der Löwen, die in der damaligen Volksmedizin eine Rolle spielte. In den Folgejahren wurde die Fassade – teilweise im Stil der Neorenaissance – mit dem prächtigen Portal versehen, über dem ein goldener Löwe thront. Auch das Ziermedaillon aus Stein unter den Giebeln schmücken zwei Löwen. Die Fenster der Werkstatt und der Arbeitsräume erhielten ca. ab 1900 eine Verglasung im Jugendstil.

Über 300 Jahre wurde das Gebäude als Apotheke genutzt. Heute gibt es statt Hustensaft und Tinktur in dem geschichtsträchtigen Gemäuer Vanilletarte mit Brombeeren, Zupfkuchen oder Mohn-Schmand-Torte zum Kaffee. Man nimmt an Holztischen mit geschwungenen Stühlen oder auf dem gestreiften Kanapee Platz und genießt den Blick auf die Backsteingotik der alten Hansestadt. Nebenan verkauft das Weinkontor edle Tropfen und Feinkost.

Info: Wismar liegt 60 km westlich von Rostock. **Info Café Alte Löwenapotheke:** Bademutterstr. 2, 23966 Wismar, Tel. (038 41) 470 99 30, www.alte-loewenapotheke.de, Öffnungszeiten Di–So 9–18 Uhr. **Info Weinkontor:** Tel. (0176) 63 64 74 21, www.weinkost-wismar.de, Öffnungszeiten Mo 14–18, Di/Mi 12–18, Do/Fr 11–18, Sa 10–13 Uhr.

🏛 Stadtmuseum Wismar ➡ G8

Schweinsbrücke 6/8, Wismar
☎ (038 41) 224 31 10, www.wismar.de
April–Okt. Di–So 10–18, Juli/Aug. auch Mo, Nov.–März
Di–So 10–16 Uhr, Eintritt € 6/4, bis 14 J. frei
Im »Schabbell«, dem historischen Bürgerhaus von 1571,
wird die 800-jährige Stadtgeschichte präsentiert.

Das lachende Schwein an der Grube erfreut bereits seit 1989 Einheimische und Besucher von Wismar

🏊 💲 🍴 Erlebnisbad Wonnemar ➡ G8

Bürgermeister-Haupt-Str. 38, Wismar
☎ (038 41) 327 60 23, www.wonnemar.de
Tägl. 10–21 Uhr
Thermalbereich € 19,90/4,90 (bis 4 J.), Sauna € 19,90
Gesundheits- und Erlebnisbad mit 18 Innen- und Außen-,
Abenteuer- und Wellenbecken, Rutschen, Palmen-
garten und Saunawelt.

INSEL POEL ➡ F8

Bereits seit 1760 verbindet ein Damm Poel (2500 Einw.)
mit dem Festland. Weiter Blick über Felder, viele Pferde
und schöne Strände prägen die ausgesprochen ruhige
Insel. **Timmendorf** ist fest in Urlauberfamilienhand, der
Strand ist hier Zentrum des Interesses, kleine Imbisse
und Geschäfte sorgen für leibliches Wohl, Souvenirs

Die Insel Poel bietet insgesamt elf Strandkilometer

und Sandspielzeug, Minigolfplatz und Leuchtturm für das Rahmenprogramm. Hauptort ist **Kirchdorf** mit seiner gotischen Dorfkirche. Ihr Turm ist mit seinen 47 Metern die weithin sichtbare Landmarke der Insel.

 **Tourist Information** ➡ F8
Wismarsche Str. 2, 23999 Kirchdorf
℡ (03 84 25) 203 47, www.insel-poel.de
Juni–Okt. Mo–Fr 9–17.30, Sa 10–12 und 14–16, So 10–12, sonst Mo–Fr 9–17 Uhr

Ausgedienter Fischkutter auf der Insel Poel

Mecklenburgs größte Insel

INSEL POEL

Poel, Mecklenburg-Vorpommern

Im Hansestadtdreieck zwischen Lübeck, Wismar und Rostock gelegen, begeistert das Ostseebad Insel Poel Erholungsuchende und Aktivurlauber gleichermaßen. Mehr als elf Kilometer weißer Sandstrand bieten optimale Bedingungen, um in einem der bunten Strandkörbe die Seele baumeln zu lassen oder mit dem Nachwuchs eine Sandburg zu bauen. Die Strände des Eilands sind alle flach abfallend und somit besonders familienfreundlich, und auch Hunde sind hier gern gesehene Gäste. Im Sommer sorgen Open-Air-Kinos und Puppentheater für zusätzliche Kurzweil.

Naturliebhaber und sportlich ambitionierte Besucher haben auf der mecklenburgischen Insel die Wahl zwischen zahlreichen Wassersportangeboten wie Wasserski oder Wakeboarding. Auch Wandern, Radfahren, Reiten, Segeltörns entlang der Küste oder ein Schiffsausflug nach Wismar sind beliebte Aktivitäten. Doch auch die zahlreichen Häfen Poels sind mit ihren markanten Gebäuden beliebte Attraktionen. Der Hauptort Kirchdorf ist schon von Weitem durch seine romanisch-gotische Inselkirche

Insel Poel in der Wismarer Bucht.

zu erkennen, deren Turm 47 Meter in die Höhe ragt, und in Timmendorf verströmt der fast 150 Jahre alte Leuchtturm maritimes Flair. In den kleinen Häfen Gollwitz und Weitendorf legen vor allem Fischerboote an. Einige nehmen auch Urlauber zum Angeln mit hinaus auf die Ostsee.

Das Inselinnere erkundet man am besten auf einer Rundfahrt, egal ob mit dem eigens dafür vorgesehenen Bus oder auf dem Fahrrad. Einblicke in das Leben der Inselbewohner gewährt das Heimatmuseum anhand zahlreicher Exponate. Am Schwarzen Busch befindet sich eine Gedenkstätte für die Opfer des im Mai 1945 versenkten Luxusdampfers »Cap Arcona«.

INFO: Poel liegt ca. 10 km nördlich von Wismar. **INFO INSEL POEL:** Kurverwaltung, Wismarsche Str. 2, 23999 Insel Poel, Ortsteil Kirchdorf, Tel. (03 84 25) 203 47, www.insel-poel.de.

*Sonnenuntergang
am Strand von Rerik*

RERIK ➡ E9

Am Übergang zur Halbinsel Wustrow liegt Rerik zwischen Salzhaff und Ostsee. Im Schutz des Haffs finden vor allem Kinder und Surfanfänger gute, wellenruhige Bedingungen. Der Haffplatz mit kleinen Geschäften und Imbissständen bietet Gelegenheit zum gemütlichen Bummel. Viele Ferienhäuser im Ort sind recht neu, mitunter mutet der Stil skandinavisch an. Der Innenraum der frühgotischen **Hallenkirche** von 1250 ist besonders schön und farbenfroh ausgemalt. In der Umgebung gibt es einige **Großsteingräber** aus der Steinzeit, über Führungen informiert die Tourist Information. Etwas für Schlechtwettertage: das **Heimatmuseum**.

ℹ Tourist Information ➡ E9
Dünenstr. 7, 18230 Rerik
✆ (03 82 96) 784 29, www.rerik.de
Mo–Fr 10–15 Uhr, im Sommer öfter

🏛 Heimatmuseum ➡ E9
Dünenstr. 4, Rerik
✆ (01 75) 436 34 03
Di–Do, Sa/So 14–16/17, Di, Do/Fr auch 10–12 Uhr
Eintritt € 2/0,50
Zeigt Früh- und Stadtgeschichte sowie Kunst aus der Region.

🖼 Schiffahrt Steußloff ➡ E9

℡ (03 82 96) 747 61, www.ms-ostseebad-rerik.de
Abfahrt ab Haffanleger, Tickets ab € 16/8
Schiffstouren mit der MS »Ostseebad Rerik« und der
MS »Salzhaff« auf dem Haff mit Bordverpflegung (roll-
stuhlgerecht).

KÜHLUNGSBORN ➡ E9

Zu DDR-Zeiten war der Ort das größte Ostseebad
der Republik und seit der Wende ist es nicht weniger
lebhaft hier. Kühlungsborn-West und -Ost erschließt
man sich am besten, indem man die Ostseeallee ent-
langbummelt. Viele schöne und originelle kleine Villen
und Stadthäuser aus der Gründerzeit prägen das Bild.
In der Mitte liegt der **Stadtwald** (zentral gelegen ein
Hügelgrab auf dem Blocksberg). Im Ostteil gibt es eine
Holländermühle (1872), »Brunshöver Möhl«, und eine
gotische **Dorfkirche** sowie zahlreiche Geschäfte und
Restaurants. Im Bahnhof Kühlungsborn-West gibt es
das kleine **Museum der Mecklenburgischen Bäderbahn**,
der Eintritt ist frei.

Parallel zur Ostseeallee verläuft die Strandpromenade mit dem breiten feinsandigen Strand. Mehrere
Strandabschnitte sind als Hunde- und als FKK-Region
ausgewiesen.

*Beliebtes Fotomotiv
von Kühlungsborn:
die alte Windmühle*

Die längste Strandpromenade Deutschlands

OSTSEEBAD KÜHLUNGSBORN

Kühlungsborn, Mecklenburg-Vorpommern

Die Geschichte des größten Ostseebads geht zurück ins Jahr 1857 und beginnt mit einem zweistöckigen Logierhaus: Dessen Besitzer hatte für wenig Geld ausgesonderte Ziegelsteine gekauft und im Ort Fulgen das erste Badehaus gebaut. Er ließ Prospekte drucken und kassierte pro Person für Kost, Logis und Schwimmvergnügen zwischen sieben und neun Reichstaler – je nach Zimmer. 1899 wurde in der Nähe die erste Warmbadeanstalt eröffnet, später kamen das Ostseehotel und die Strandperle hinzu. Promenadenwege und ein 120 Meter langer Steg in die Ostsee hinein wurden angelegt. Es folgten 1906 die ersten Petroleumlampen als Straßenbeleuchtung und immer mehr Hotels und Pensionen.

Durch die Zusammenfassung der drei Orte Fulgen, Brunshaupten und Arendsee entstand schließlich am 1. April 1938 die Stadt Kühlungsborn – die »Grüne Stadt am Meer«, wie der Ort mit 8800 Einwohnern heute genannt wird. 2007 diente Kühlungsborn während des G8-Gipfels in Heiligendamm als Pressezentrum. Bekannt wurde die Stadt nicht zuletzt durch die Mecklenburgische Bäderbahn, eine dampfbetriebene Schmalspurbahn, genannt »Molli«, die zwischen Bad Doberan, Heiligendamm und Kühlungsborn-West verkehrt.

Mit 3500 Metern ist die Strandpromenade eine der längsten Deutschlands mit durchgängig freiem Blick auf die Ostsee. Jahr für Jahr wird der Ort für seine hervorragende Wasserqualität ausgezeichnet. Wer vom Meerblick irgendwann doch einmal genug haben sollte, der kann die klare Seeluft auch bei ausgedehnten Spaziergängen im 133 Hektar großen Stadtwald genießen oder in dem von Bächen und Schluchten durchzogenen Wandergebiet südlich von Kühlungsborn.

Die hohe Strandkorbdichte an der Küste ist übrigens kein Zufall: 1882 hat der Rostocker Wilhelm Bartelmann für die rheumatische Dame Elfriede von Maltzahn den Strandkorb erfunden. Seine Nachfahren leben noch heute in Kühlungsborn und betreiben ein Hotel sowie ein Geschäft.

INFO: Kühlungsborn liegt ca. 30 km westlich von Rostock. **INFO OSTSEEBAD KÜHLUNGSBORN:** Tourismus, Freizeit & Kultur GmbH Kühlungsborn, Haus des Gastes »Laetitia«, Ostseeallee 19, 18225 Ostseebad Kühlungsborn, Tel. (03 82 93) 84 90, www.kuehlungsborn.de.

Die Strandkörbe von Kühlungsborn.

DER GESPENSTERWALD

Nienhagen, Mecklenburg-Vorpommern

Eigentlich heißt der 100 Meter breite und fast einundhalb Kilometer lange Abschnitt an der Steilküste beim Ostseebad Nienhagen Nienhäger Holz, aber die Einheimischen sagen liebevoll »Gespensterwald«. Kahle, knorrige,

Die magischen Lichtspiele sind typisch für den Gespensterwald am Meer bei Nienhagen.

bis zu 170 Jahre alte Bäume in bizarren Formen ragen hier mit ihren Wurzeln über die Kliffkante. Nur in den Wipfeln sind Blätter zu entdecken. Sie stehen so weit auseinander, dass man durch die Stämme hindurch weit in die Ferne blicken kann. Es sieht aus, als wollten sie weg, und deshalb werden sie auch »Windflüchter« genannt. Tatsächlich wurden die Eichen, Buchen und Eschen vom Wind geformt – und der weht hier eigentlich dauernd, mal stärker, mal schwächer. Hinzu kommen der hohe Salzgehalt in der Luft und der geringe Anteil an Nährstoffen im Boden. Bei starkem Sturm sieht es aus, als würden sich die Baumwipfel etwas zuflüstern. Kein Wunder, dass sich Sagen, Märchen und Legenden um den Gespensterwald ranken. Wenn im Herbst dann auch noch Nebelschwaden hochziehen, ist die Stimmung wirklich ein bisschen gruselig. Ganz anders, wenn die Sonne scheint. Dann

entfalten sich zwischen Bäumen, Meer, Strand und Steilküste magische Lichtspiele, die seit jeher Maler, Poeten und Fotografen angezogen haben.

Dank seiner naturbelassenen Flora und Fauna, dem feinen Sandstrand und der See mit Wellenbrechern liegt das Ostseebad Nienhagen an dem Europäischen Fernwanderweg E9, auch Internationaler Küstenweg Atlantik-Ostsee genannt, der von Portugal bis Estland führt. Ein weitaus beschaulicherer Ort als die bekannten Nachbarn Warnemünde und Heiligendamm – und noch dazu mit Naturspektakel.

INFO: Nienhagen liegt ca. 15 km nordöstlich von Rostock, westlich des Orts schließt sich das Nienhäger Holz an. **INFO NIENHAGEN:** Kurverwaltung, Strandstr. 30, 18211 Ostseebad Nienhagen, Tel. (03 82 03) 811 63, www.ostseebad-nienhagen.de.

*Gespenstisch: der Gespenster-
wald im Morgenlicht*

ℹ Tourist Information ➡ E9
Ostseeallee 19, 18225 Seebad Kühlungsborn
☏ (03 82 93) 84 90, www.kuehlungsborn.de
Mo–Fr 9–17, Sa/So/Fei 10–13 Uhr, im Sommer länger

🖼 Ausflugsfahrten ➡ E9
Abfahrt Seebrücke, Kühlungsborn
☏ (03 82 93) 510 67 90, msbaltica.de
Infos, Tickets am Badekarren direkt an der Seebrücke
Mit der MS »Baltica« nach Warnemünde fahren oder
eine Ostsee-Mini-Kreuzfahrt Richtung Rerik–Wustrow
buchen. Auch Abendfahrt mit Tanz im Angebot.

Ausflugsziel

👁 Gespensterwald ➡ E10
Der Wald liegt östlich von Kühlungsborn zwischen
Nienhagen und Börgerende-Rethwisch. Durch die
Lage unmittelbar entlang der Küstenlinie sind hier die
Buchen der Steilküste durch stürmische Winde ausge-
blichen, bizarr geformt und besonders wild gewachsen.

HEILIGENDAMM ➡ E9
Der »heilige Damm« zwischen dem Naturschutzgebiet
Conventer See und der Ostsee gab diesem Ortsteil von
Bad Doberan (vgl. S. 150 ff.) den Namen. Hier entstand

Aus Träumen geboren

GRAND HOTEL HEILIGENDAMM

Bad Doberan, Mecklenburg-Vorpommern

Der Blick von der Ostsee lässt wohl am besten den Hauch von märchenhaftem Luxus erahnen, der sich hinter den weißen Fassaden eines klassizistischen Ensembles verbirgt. Die Welt blickte 2007 auf das kleine Heiligendamm, als Ex-Bundeskanzlerin Merkel die Staatsoberhäupter der G8-Länder hierher einlud. Das Foto der Mächtigen der Welt im Strandkorb ging um die Welt.

Heiligendamm, das älteste deutsche Seebad, liegt direkt an der Ostsee. Gegründet wurde es 1793 von Herzog Friedrich Franz I. von Mecklenburg-Schwerin. Hier verkehrte bis in die 1930er Jahre der europäische Hochadel. Der Badeort an der Ostseeküste Mecklenburg-Vorpommerns wird wegen der von der See aus sichtbaren weißen Häuserreihe auch die »Weiße Stadt am Meer« genannt.

Das heutige mondäne Bad mit dem Grand Hotel Heiligendamm ist ein Ortsteil von Bad Doberan. Sieben Hotelgebäude im klassizistischen Stil und eine Seebrücke bilden einen gediegenen Ort für Ruhe und Muße: das Kurhaus, das Haus Grand Hotel, das Haus Mecklenburg, das Severin Palais, die Burg Hohenzollern, die Orangerie und die Kindervilla. Die etwa 200 Zimmer und Suiten des Grandhotels sind luxuriös ausgestattet mit eigens für das Hotel entworfenen, zeitlos stilvollen Möbeln. Der klassizistische Stil wird elegant untermalt durch das Interieur, das in unterschiedlichen Sand- und Erdtönen gehalten ist.

Das historische Kurhaus bildet das Herz der Anlage mit großem Ballsaal und Feinschmecker-restaurants, die sowohl regionale als auch internationale Küche anbieten. Alle Zimmer, ob mit Meer- oder Parkblick, entsprechen den modernsten technischen Anforderungen.

Im großzügigen Spa-Bereich können sich die Gäste nach allen Regeln der Kunst verwöhnen lassen und sportlich Aktive nutzen das umfassende Fitnessangebot oder verbessern im nahe gelegenen Ostsee-Golfresort Wittenbeck ihr Handicap.

Info: Heiligendamm ist ein Ortsteil von Bad Doberan. **Info Grand Hotel Heiligendamm:** Prof.-Dr.-Vogel-Str. 6, 18209 Bad Doberan-Heiligendamm, Tel. (03 82 03) 74 00, www.grandhotel-heiligendamm.de, Preise auf Anfrage.

Grand Hotel in Heiligendamm, dem ältesten Seebadeort Deutschlands.

Ende des 18. Jahrhunderts das älteste und eleganteste Seebad Deutschlands. Nach gründlicher Renovierung öffnete 2003 das Grandhotel seine eleganten Tore. Über dem großen Portal wurde die Inschrift restauriert, *Heic Te Laetitia invitat post balnea sanum* (Hier lädt Dich Freude ein, nach einem heilsamen Bad). Die Anlage in strahlendem Weiß ist sehr schön. Zahlreiche Kureinrichtungen und einen perfekten Badestrand kann man hier finden und auf der Terrasse eine Tasse Tee trinken – nicht eben günstig, dafür ungemein stilvoll.

☒ **Kurhaus Restaurant** ➡ E9
Prof.-Dr.-Vogel-Str. 6
18209 Heiligendamm
℡ (03 82 03) 740 62 10
www.grandhotel-heiligendamm.de
Tägl. 18–23 Uhr
Restaurant im eleganten Ambiente des Grandhotels. Die frischen Produkte kommen überwiegend aus der Region. €€€

BAD DOBERAN ➡ E10

Die denkmalgeschützte Innenstadt ist geprägt durch viele sanierte kleine Stadtvillen, zahlreiche klassizistische Bauten, kleine Brunnen und Grünanlagen. Im **Alexandrinenhof** von 1825 sind heute Kunst und Kunst-

Seebrücke von Heiligendamm

Ostsee-Meeting auf der Pferderennbahn von Bad Doberan

handwerk, Schmuck, Keramik und Textilien zu finden, in Läden und Werkstätten. Und ein Café gibt es auch.

Das **❺ Doberaner Münster** ist das bedeutendste mittelalterliche Bauwerk Mecklenburg-Vorpommerns mit dem ältesten Hochaltar Deutschlands.

Ein berühmter Bad Doberaner ist der **Molli**, die älteste Schmalspurbahn der deutschen Ostseeküste. Von Bad Doberan nach Heiligendamm schnaufte sie erstmalig am 9. Juli 1886. Die Strecke ist exakt 15,2 Kilometer lang. Molli fährt täglich bis Kühlungsborn-West, vorbei an der ältesten Pferderennbahn des Kontinents (1993 wieder eröffnet), parallel zur Lindenallee, durch Heiligendamm.

ℹ Tourist Information Bad Doberan-Heiligendamm
➡ E10
Molligstr. 10
18209 Bad Doberan
✆ (03 82 03) 42 03 11
bad-doberan-heiligendamm.de
Mai–Sept. Mo–Fr 9–18, Sa 10–15, Okt.–April Mo–Fr 10–16 Uhr

◉ ⛪ ❺ Doberaner Münster ➡ E10
Klosterstr. 2, Bad Doberan
✆ (03 82 03) 627 16
www.muenster-doberan.de
Mai–Sept. Mo–Sa 9–18, So 11–18, Nov.–Feb. Mo–Fr 11–15, Sa/So 11–16, März/April, Okt. Mo–Sa 10–17, So 11–17 Uhr, auch zahlreiche Führungen und thematische Sonderführungen
Eintritt € 3 oder Spende, bis 18 J. frei

Hauptschiff des Doberaner Münsters

BAD DOBERAN

Bad Doberan, Mecklenburg-Vorpommern

Bad Doberan ist ein kleines, aber sehenswertes Kurstädtchen und war früher die Sommerresidenz des Mecklenburger Hofes. Das Entstehen der Stadt geht auf das bedeutende Zisterzienserkloster Doberan von 1186 zurück.

Backsteinschönheit aus dem 14. Jahrhundert: das Bad Doberaner Münster.

Heute sind noch die 1,4 Kilometer lange Klostermauer und das Beinhaus sowie Teile des Kornhauses und des Brauhauses erhalten. Das optische Highlight ist aber das dazugehörige Münster, oft – und zu Recht – als »Perle der norddeutschen Backsteingotik« gerühmt.

Die Wände im Inneren leuchten durch die in warmen, ziegelroten und mit Weiß abgesetzten Backsteine sehr intensiv und die wertvolle Innenausstattung unterstützt den Eindruck. Sehenswert sind das fast zwölf Meter hohe, aus Eichenholz geschnitzte Sakramentshaus von 1270 und der gotische Flügelaltar.

Nach der Auflösung des Klosters 1552 dauerte es einige Zeit bis zum neuerlichen Aufschwung. Nach einem Bad am Heiligen Damm ließ Herzog Friedrich Franz I. Ende des 18. Jahrhunderts das gleichnamige Seebad gründen und wählte es zum Ferienziel der herzoglichen Familie.

Zusammen mit Heiligendamm entwickelte sich Bad Doberan zu einem Erholungsort des europäischen Hochadels. Von dieser Blütezeit zeugen die Gebäude rund um den Kamp, den denkmalgeschützten zentralen Platz von Bad Doberan. Er ist gesäumt von klassizistischen Bauten wie dem großherzoglichen Palais von 1809 und dem Salongebäude. Dazu schmücken zwei chinesische Pavillons das Areal. Im »Weißen Pavillon« lädt heute ein schönes Café zur Einkehr.

Etwas weiter außerhalb liegt die berühmte Pferderennbahn, zur Zeit ihrer Gründung 1804 die erste auf dem europäischen Festland und fortan Mittelpunkt des Glamours. Zu DDR-Zeiten wurde der Betrieb eingestellt, seit 1993 finden auf der Ostseerennbahn wieder Rennen statt und im Sommer das kleine Musikfestival »Zappanale«, das den 1993 verstorbenen US-Musiker Frank Zappa ehrt.

Von Bad Doberan führt ein schöner Wanderweg nach Heiligendamm. Mit dem Fahrrad oder dem Auto ist es nicht weit bis Warnemünde oder Rostock.

INFO: Bad Doberan liegt 15 km westlich der Hansestadt Rostock, 6 km von der Küste entfernt, sein Ortsteil Heiligendamm erstreckt sich direkt an der Ostsee. **INFO BAD DOBERAN:** Tourist Information, Mollistr. 10, 18209 Bad Doberan, Tel. (03 82 03) 42 03 11, bad-doberan-heiligendamm.de. **INFO MÜNSTER:** Klosterstr. 2, Bad Doberan, Tel. (03 82 03) 627 16, www.muenster-doberan.de, tägl. geöffnet, wechselnde Zeiten (vgl. Website), Eintritt € 3, ermäßigt € 2 oder Spende.

Mit der Dampflok Molli geht's nach Kühlungsborn

Das Doberaner Münster ist eine der wichtigsten gotischen Backsteinkirchen der Ostseeküste.

Mecklenburgische Bäderbahn Molli ➡ E10
Am Bahnhof, Bad Doberan
www.molli-bahn.de
Mindestens fünf Fahrten tägl., im Sommer ca. stündlich
Tickets ab € 7/5,50 bis 6 J. frei
Nostalgietour von Bad Doberan über Heiligendamm nach Kühlungsborn-West und zurück.

ROSTOCK ➡ E10
Erstmals 1161 urkundlich erwähnt, wurde Rostock im 13. Jahrhundert zu einem überregional bedeutenden Handelszentrum und ist heute die größte Stadt Mecklenburg-Vorpommerns. Berühmter Sohn der Stadt war der Autor Walter Kempowski (1929–2007), der seine Heimatstadt liebevoll beschrieb. Wer die Romane »Aus großer Zeit«, »Tadellöser und Wolf« und »Uns geht's ja noch Gold« liest, der kennt sich schon ein wenig aus mit den Bauwerken der Stadt, mit dem **Kröpeliner Tor** ➡ bC2, den alten Bürgerhäusern oder der mächtigen **Marienkirche** (Baubeginn 1230).

St. Petri ➡ bB4 (14. Jh.) und **St. Nikolai** ➡ bC4 (13. Jh.) wurden im Zweiten Weltkrieg schwer beschädigt.

Bereits 1419 wurde die Universität gegründet – die älteste Nordeuropas. Das **Kulturhistorische Museum** ➡ bC2 zeigt mittelalterliche Kunst und Kunsthandwerk sowie Gemälde, Grafiken und Plastiken des 20. Jahrhunderts.

Eher zaghaft: frühe Kontakte mit dem Ostseewasser

153

ALTSTADT VON ROSTOCK

Rostock, Mecklenburg-Vorpommern

Mit schweren Koggen, die blau-weiß-rote Stadtfahne war stets gehisst, wurden Bier und Lebensmittel ins Ausland verschifft. Auf der Rückfahrt brachten die Handelsschiffe Klippfisch und Holz aus Norwegen, Erze aus Schweden, Pelze aus Riga, Salz aus Spanien und Wein aus Frankreich mit. Der Aufstieg Rostocks zur bevölkerungsreichsten, wirtschaftlich bedeutendsten, vom Landesherrn nahezu unabhängigen Stadt Mecklenburgs war im Mittelalter nicht aufzuhalten. Den freien Zugang zur Ostsee sicherte sich die junge Kommune bereits zwischen 1252 und 1323 durch Landaufkäufe beiderseits der zwölf Kilometer langen Trichtermündung der Warnow. Die Gewährung einer Vielzahl landesherrlicher Privilegien (u. a. Gerichtsbarkeit 1358, Münzrecht 1361), einhergehend mit der Entwicklung von Handel und Handwerk – im 14. Jahrhundert sind 77 Gewerke nachweisbar – machte Rostock zu einer mächtigen Hansestadt.

Doch der Dreißigjährige, der Nordische und der Siebenjährige Krieg zerstörten alle Handelsbeziehungen. Überdies brach 1677 ein Brand aus, der fast die ganze Altstadt ruinierte. Handel und Handwerk brauchte lange Zeit, um sich zu erholen. Erst im 19. Jahrhundert kam man in Rostock wieder richtig auf die Beine. Dann aber war die Handelsflotte der Stadt – mit 378 Segelschiffen – die größte der Ostsee.

Zahlreiche Bauten aus Spätgotik, Barock und Klassizismus wurden während des Zweiten Weltkriegs zwar zerstört, mittlerweile aber wieder sorgsam rekonstruiert. Die Altstadt ist geprägt durch imposante Backsteingebäude der Hansezeit. Hohe, schmale Bürgerhäuser mit geschwungenen Giebeln säumen den lang gezogenen Marktplatz. Auch das gotische Rathaus steht hier. Es entstand 1300 aus zwei benachbarten Giebelhäusern, denen man ein drittes hinzufügte. Die prächtige Schauwand an der Marktseite mit den sieben hochragenden Ziertürmchen kam im Lauf des 14. Jahrhunderts hinzu. Vierhundert Jahre später brach man den Vorbau ab und ersetzte ihn durch eine Barockfassade. Die gotischen Ziertürmchen können aber noch darüber hinwegschauen. Weitere Sehenswürdigkeiten: das Kerkhofhaus aus dem 15. und 16. Jahrhundert, die St.-Marien-Kirche aus dem 14. Jahrhundert, das Katharinenstift von 1223, das Ständehaus von 1893 sowie die gut erhaltenen Wallanlagen der historischen Stadtmauer.

INFO: Tourist Information, Universitätsplatz 6 (Barocksaal), 18055 Rostock, Tel. (03 81) 381 22 22, www.rostock.de. **INFO ST.-MARIEN-KIRCHE:** Bei der Marienkirche 2, 18055 Rostock, marienkirche-rostock.de, Öffnungszeiten Mai–Sept. Mo–Sa 10–16.45, So/Fei 11.45–14.45, Okt.–April Mo–Sa 11.30–15.15, So/Fei 11.45–12.15 Uhr, Eintritt € 3, ermäßigt € 2.

Rostocker Giebelhäuser aus der Hansezeit.

Jahrmarkt in der Rostocker Fußgängerzone

In der **Fußgängerzone** ➡ bC2–3 (Kröpeliner Straße) lässt sich gut und in hübscher Umgebung einkaufen.

Wichtig war und ist für Rostock der **Hafen** ➡ bB3, denn schließlich war er es, der die Hansestadt »Tor zur Welt« werden ließ. Nur wenige Minuten liegt der Stadthafen mit seiner breiten Uferpromenade (»Kempowski-Ufer«) mit Kneipen und Speichern von der Innenstadt entfernt. Jedes Jahr im August lockt die **Hanse Sail Rostock** imposante Windjammer, Traditionssegler und Museumsschiffe hierher.

Zum Stadtgebiet gehört auch das nördlich der Altstadt gelegene **Ostseebad Warnemünde** ➡ E10, Rostocks »schöne Tochter«. Auch die Tochter machte Karriere – im 19. Jahrhundert vom Fischerdorf zum eleganten Seebad. 1926 rief man hier, nach Kieler Vorbild, die »Warnemünder Woche« ins Leben, die heutzutage alljährlich in der ersten Juliwoche stattfindet. Am Alten Strom reihen sich die schmucken Fischerhäuschen, z. T. mit »Glaskästen« versehen – unbeheizten Holz-Glas-Veranden, mit denen die Fischer ihre Häuser für die Badegäste umgestalteten. Heute sind hier zahlreiche Restaurants untergebracht.

Das Stadtbild ist von kleineren Bürgerhäusern aus der Gründerzeit geprägt, viele inzwischen aufwendig renoviert. Vornehm geht es beim Kurhaus mit Spielcasino zu.

Der **Strand** von Warnemünde ist der breiteste an der mecklenburgischen Ostseeküste, mit bis zu 100 Metern.

Die astronomische Uhr in der Marienkirche stammt aus dem 15. Jahrhundert

SEEBAD WARNEMÜNDE

Rostock, Mecklenburg-Vorpommern

Sommer, Sonne, Meer und viel, viel Sand! Das beliebte Seebad im Norden der Hanse- und Universitätsstadt Rostock lockt u. a. mit dem breitesten Sandstrand der deutschen Ostseeküste. Obwohl das ehemalige Dorf Warnemünde schon mehr als 800 Jahre auf dem Buckel hat, ist es nach wie vor Anziehungspunkt für viele Junge und Sportbegeisterte – nicht zuletzt wegen der jährlich im Sommer stattfindenden Warnemünder Woche, einem Segelsportvergnügen der Extraklasse mit über 2500 aktiven Seglern, und der viertägigen Hanse Sail, dem größten Fest der schönsten Schiffe, das gut eine Million Besucher aus dem In- und Ausland anzieht.

Etwas verborgener, aber nicht weniger beeindruckend ist die Dünenlandschaft von Warnemünde. Der weit über 100 Meter breite, feine Sandstrand ist das Wahrzeichen des Seebades.

Einer alten Geschichte nach ist hier – oder war es doch in Heiligendamm? – die Idee zum Strandkorbbau geboren worden, und zwar dank Elfriede von Maltzahn, die wegen ihres Rheumas etwas zum Schutz gegen den Seewind suchte. Heute sind unendlich viele farbenfroh gestreifte Strandkörbe am Strand zu finden.

Die kilometerlange Seepromenade mit zahlreichen Hotels und Pensionen verläuft direkt hinter den Dünen und beginnt am sogenannten Teepott, einem Gebäude mit muschelförmigem Betondach (Architekt: Ulrich Müther) aus dem Jahr 1967, das nach langem Leerstand heute wieder mehrere Restaurants beherbergt.

Wie zu alten Zeiten liegen auch heute noch am Alten Strom die Kutter vertäut und vor der Kulisse der Fischerboote schmeckt ein Fischbrötchen am besten.

Nicht jedermanns Geschmack wegen seines städtischen Aussehens – von vielen aber als Wellnessoase der Luxusklasse geschätzt – ist das Fünf-Sterne-Hotel-Hochhaus Neptun. Alle 338 Zimmer und Suiten verfügen über Meerblick. Insgesamt ist das Angebot an Thalasso-Therapien, Fasten-und Schrothkuren, ambulanten Badekuren und manueller Therapie groß in Warnemünde.

Am Strand und auf dem Wasser können Gäste aus einer Vielfalt von Sportangeboten wie Nordic Walking, Kanutouren, Stand Up Paddling, Windsurfen, Yoga und Pilates wählen und es finden zahlreiche Sportevents statt.

INFO: Warnemünde liegt ca. 10 km nördlich der Rostocker Innenstadt. **INFO WARNEMÜNDE:** Tourist Information, Am Strom 59, 18119 Rostock-Warnemünde, Tel. (03 81) 381 22 22, www.rostock.de.

Der Warnemünder Teepott neben dem Leuchtturm.

Gute Aussicht auf große Schiffe vor der Warnemünder Mole

Aufgrund der Lage der Bucht kann es hier manchmal hohe Wellen geben.

Zwei touristische Anbieter verhalfen dem ohnehin schon beliebten Bade-Vorort Rostocks zu mehr Bekanntheit: Das Kreuzfahrtunternehmen **AIDA** hat hier seinen Sitz und Heimathafen, und die elegante Yachthafen- und Hotelanlage **Hohe Düne** soll eine zahlungskräftige Klientel anlocken.

ⓘ Tourist Informationen
– Universitätsplatz 6 ➡ bC3
18055 Rostock
℡ (03 81) 381 22 22, www.rostock.de
Nov.–April Mo–Fr 10–17, Sa 10–15, Mai–Okt. Mo–Fr 10–18, Sa/So 10–15 Uhr
– Am Strom 59 ➡ E10
Ecke Kirchenstraße, 18119 Rostock-Warnemünde
℡ (03 81) 381 22 22, www.rostock.de
Nov.–April Mo–Fr 10–17, Sa 10–15, Mai–Okt. Mo–Fr 10–18, Sa/So 10–15 Uhr

🏛 Heimatmuseum Warnemünde ➡ E10
Alexandrinenstr. 31, Rostock-Warnemünde
℡ (03 81) 526 67
heimatmuseum-warnemuende.de
April–Okt. tägl. außer Mo 10–17, Nov.–März Mi–So 10–17 Uhr, Eintritt € 4/2
Zeigt Leben der Warnemünder Fischer, Matrosen und Lotsen.

Für Schiffer ist der vorgelagerte Leuchtturm schon von Weitem zu sehen

🏛 **Kempowski-Archiv Rostock** ➡ bC2
Klosterhof Haus 3, Rostock
✆ (03 81) 203 75 40, kempowski-archiv-rostock.de
Tägl. außer Mo 14–17 Uhr, Eintritt frei
Das Museum dokumentiert Leben und Werk des bekannten Romanautors und Dokumentars, der 2007 verstarb. Es bietet auch Stadtrundgänge auf Literatenspuren an (auf Anfrage, € 5).

🏛 **Kulturhistorisches Museum Rostock** ➡ bC2
Klosterhof Haus 7, Rostock
✆ (03 81) 381 45 30
www.kulturhistorisches-museum-rostock.de
Tägl. außer Mo 10–18 Uhr, Eintritt frei
Das 1859 gegründete Museum zählt zu den ältesten Norddeutschlands. Die Sammlung zeigt Malerei, Kunsthandwerk, Münzen, Möbel, Militaria und Gegenstände der Alltagskultur.

🏛 **Schiffbau- und Schifffahrtsmuseum** ➡ bD2
Auf dem Traditionsschiff im IGA-Park
Schmarl-Dorf 40, Rostock
✆ (03 81) 12 83 13 64
schifffahrtsmuseum-rostock.de
Di–Fr 12–16, Sa/So 11–17 Uhr, Eintritt € 4/2,50, bis 6 J. frei
Dokumentiert 1000 Jahre Schiffbau der Region.

Zoo Rostock ➜ östl. bC1

Rennbahnallee 21, Rostock
☏ (03 81) 208 20, www.zoo-rostock.de
Tägl. März–Mai, Sept./Okt. 9–17, Juni–Aug. 9–18, Nov.–
Feb. 9–16 Uhr, Eintritt € 17,50/10 (7–16 J.)
Größter Zoo an Nord- und Ostseeküste in einer Park-
und Waldlandschaft. Prämiert als »Bester Zoo Europas«.

Teepott Restaurant ➜ E10

Seepromenade 1, Rostock-Warnemünde
☏ (03 81) 548 45 88, www.teepott-warnemuende.de
Tägl. 12–23 Uhr
Gemütliches Restaurant im »Teepott«, dem originellen
Strandpavillonbau von 1968. Terrasse mit Strandblick. €

Sky Bar ➜ E10

Seestr. 19, 19. Etage, Rostock-Warnemünde
☏ (03 81) 77 70, www.hotel-neptun.de
Fr/Sa ab 20 Uhr
Optimaler Blick auf das nächtliche Warnemünde und
die zu Füßen liegende Ostsee. In lauen Sommernächten
und auch im Winter manchmal Livemusik.

*Während der »Hanse Sail«
tummeln sich Segelschiffe aller
Größen im Hafen von Rostock*

⬤ Hafenrundfahrten ➡ bB3

Viele Anbieter entlang des Alten Stroms und am Rostocker Stadthafen.

⬤ ➤ Angel- und Seetouristik GmbH ➡ E10

Am Bahnhof 5, Rostock-Warnemünde
✆ (03 81) 591 20 12
www.angel-seetouristik.de
Termine und Uhrzeiten online unter Buchung & Preise
Angelfahrten ab € 60/35 pro Tag
Erlebnis- und Angelfahrten mit dem Kutter.

GRAAL-MÜRITZ/ROSTOCKER HEIDE ➡ D11

Bereits seit 675 Jahren gibt es den kleinen Ort mit dem breiten Sandstrand. Fischerkaten und Bürgervillen im Bäderstil bieten einen harmonischen Gesamteindruck. Kleine Geschäfte, gemütliche Restaurants und eine große Zahl von Therapieeinrichtungen prägen das Ortsbild.

Der Wald reicht bis an das Meer heran – die **Rostocker Heide** ist das größte Mischwaldgebiet an der deutschen Ostseeküste. Der wunderschöne Rhododendronpark wurde in den 1960er Jahren angelegt und mit über

Durch Hochwasser bildet sich an der Rostocker Heide ein Gefälle zum Meer aus

ROSTOCKER HEIDE

Rostock, Mecklenburg-Vorpommern

Wanderer werden diese Landschaft lieben. Und vor allem im Winter. Sie grenzt an die Ostsee, bietet Moor und Heide, Ilexwälder und Schilfwiesen – die Rostocker Heide. Östlich der Stadt liegt sie.

Schon im 13. Jahrhundert kauften die Rostocker das 6000 Hektar große Areal. In dem Wald siedelten Räuber und Piraten. Er war Jagdgebiet und Weideland. Wallenstein, der bedeutende Feldherr des Dreißigjährigen Krieges, soll hier gelagert haben, bevor er weiter nach Stralsund zog. Im Mittelalter diente der

Raureif überzieht die Rostocker Heide.

Wald vor allem zur Holzgewinnung – für den Haus- und Schiffbau sowie als Brennholz in kalten Wintern.

Die Rostocker Heide, eines der letzten großen und geschlossenen Waldgebiete an der deutschen Küste, ist heute in fünf Forstreviere eingeteilt: Schnatermann, Hinrichshagen, Torfbrücke, Wiethagen und Meyershausstelle.

Seit 1996 ist die gesamte Fläche Landschaftsschutzgebiet. Auf ehemaligen Militärsperrgebieten wurden Heidepflanzen angesiedelt, frühere Militärbunker wurden zu Winterquartieren für Fledermäuse umgerüstet. Der urwüchsige Wald mit seinem weißen Strand, den eichengesäumten Torfgräben, den rohrgedeckten Büdnereien, den giftigen Stechpalmenwäldern und den idyllischen Orten am Wegesrand bietet ideale Voraussetzungen zur Erholung. Etwa 60 Kilometer Wander- und Radwege sind vorhanden. Ein internationaler Radweg führt von Hohe Düne nach Graal-Müritz mit seinem großen Ostsee-Campingplatz, nur durch eine Düne vom Strand getrennt.

Exkursionen zum Heiligen See oder zum Gespensterwald sind zu jeder Jahreszeit lohnenswert. Hier leben der seltene Seeadler und andere geschützte Vogelarten. Mit der Kutsche können zum Beispiel der Forst- und Köhlerhof in Rostock-Wiethagen oder die Ausflugsstätte »Schnatermann« besucht werden. Markgrafenheide verfügt über eine Golfanlage sowie eine Boots- und Fahrradausleihstation. Sehenswert ist auch das Jagdschloss in Gelbensande.

INFO ROSTOCKER HEIDE: Amt Rostocker Heide, Eichenallee 20, 18182 Gelbensande, Tel. (03 82 01) 50 00, www.amt-rostocker-heide.de. **INFO JAGDSCHLOSS GELBENSANDE:** Am Schloss 1, 18182 Gelbensande, Tel. (03 82 01) 475, museum-jagdschloss-gelbensande.de, Öffnungszeiten tägl. 10–17, im Winter 11–16 Uhr, Eintritt € 5, Kinder (3–10 J.) € 2. **INFO FORST- UND KÖHLERHOF WIETHAGEN:** 18182 Rostock-Wiethagen, Tel. (03 82 02) 20 35, www.koehlerhof-wiethagen.de, Öffnungszeiten April–Mitte Dez. Di–Fr 9–16, Sa/So 10–16 Uhr, sonst nach Vereinbarung, Eintritt € 5, ermäßigt € 3. **INFO GASTHOF SCHNATERMANN:** Schnatermann 1, 18146 Rostock-Stuthof, Tel. (03 81) 666 70 60, www.schnatermann-rostock.de.

2000 Stauden in allen Farben bepflanzt, die im Mai und Juni üppig blühen.

Östlich wird der Ort vom **Müritz-Ribnitzer Hochmoor** begrenzt, einem Biotop mit anderswo selten gewordenen Pflanzen- und Tierarten. Regelmäßig veranstaltet die Tourist Information geführte Moorwanderungen.

ℹ Tourist Information ➡ D11
Rostocker Str. 3, 18181 Graal-Müritz
☎ (03 82 06) 70 30
www.graal-mueritz.de
Sommer Mo–Sa 9–18, So 10–16, Winter Mo–Fr 10–17, Sa 9–12 Uhr

 **Aquadrom** ➡ D11
Buchenkampweg 9, 18181 Graal-Müritz
☎ (03 82 06) 879 00
www.aquadrom.net
Tägl. 11–21.30, Do ab 10, So ab 11 Uhr
Eintritt inkl. Sauna ab € 12,50/9
Großes Freizeitbad mit Außen- und Innenbereich, gebadet wird in Ostseewasser. Mit Fitness-, Wellness- und Saunaabteilung, Restaurant mit Sonnenterrasse.

Raue Küste bei Graal-Müritz

Menschliches in Holz und Bronze

ERNST BARLACH STIFTUNG

Güstrow, Mecklenburg-Vorpommern

Liebhaber des Werks von Ernst Barlach sollten sich einen Ausflug nach Güstrow gönnen, denn »Barlachstadt« nennt man sich hier in Mecklenburg-Vorpommern, offiziell und stolz, seit 2006. In dieser seiner Wahlheimat verbrachte der Künstler ab 1910 einen großen Teil seines Lebens. Geboren 1870, studierte Ernst Barlach von 1891 bis 1895 Bildhauerei an der Dresdner Kunstakademie. 1906 unternahm er eine Reise nach Südrussland. Die Eindrücke dieser Reise sollten sein Leben und sein künstlerisches Schaffen prägen. 1910 zog er nach Güstrow, wo er sich 1930/31 nach seinen Bedürfnissen ein Atelier und Wohnhaus am Inselsee bauen ließ. Allgemein weniger bekannt ist, dass Barlach auch literarisch tätig war. Seine Dramen bewunderte sogar Zeitgenosse und Nobelpreisträger Thomas Mann.

Barlachs Skulpturen aus Holz und Plastiken aus Bronze zeigen die Menschen in elementaren Zuständen: Sie frieren, kauern, sind gefesselt, schlafen, lauschen, singen und haben Angst. So viel Menschliches konnte den Nationalsozialisten nicht gefallen und Barlach wurde dementsprechend verboten und verfemt. Seine Werke wurden als »Entartete Kunst« aus öffentlichen Sammlungen entfernt und 1937 belegte ihn die Reichskammer der Bildenden Künste mit einem Ausstellungsverbot. Im Alter von 68 Jahren erlag der Künstler 1938 einem Herzinfarkt.

Zu den Figuren, die als Ehren- und Mahnmale nach 1933 entfernt oder zerstört und nach 1945 wieder erneuert oder neu gegossen und aufgestellt werden mussten, zählt »Der Schwebende« in der Nordhalle des Doms zu Güstrow. Auch der »Geistkämpfer« vor der Nikolaikirche in Kiel und eine Figurengruppe im Magdeburger Dom wurden nach dem Krieg wieder aufgestellt. 1978 wurden Wohnhaus und

Schwerelose Bronze: »Der Schwebende« von Ernst Barlach im Güstrower Dom entstand 1927.

Atelier südwestlich der Innenstadt Güstrows in ein Museum umgewandelt. Atelierhaus und Gertrudenkapelle zeigen heute Plastiken, Holzskulpturen und Zeichnungen des weltberühmten Künstlers.

INFO: Güstrow liegt ca. 50 km südlich von Rostock. **INFO ATELIERHAUS UND AUSSTELLUNGSFORUM:** Heidberg 15, 18273 Güstrow, Tel. (038 43) 84 40 00, www.ernst-barlach-stiftung.de, Öffnungszeiten Mai–Okt. Di–So 10–17, Nov.–April Di–So 11–16 Uhr, Eintritt € 6, ermäßigt € 4, Familien € 15. **INFO GERTRUDENKAPELLE:** Gertrudenplatz 1, 18273 Güstrow, Tel. (038 43) 68 30 01, Öffnungszeiten wie Atelierhaus, Eintritt € 4, ermäßigt € 2,50, Familien € 9,50, Kombiticket € 9/6,50.

Der Schlossgarten beeindruckt mit seinen Laubengängen, Lavendelbeeten und Wasserläufen

BARLACHSTADT GÜSTROW

Güstrow, Mecklenburg-Vorpommern

G üstrow gilt als eine der schönsten Städte Mecklenburgs. Renaissance, romantisches Fachwerk und typisch norddeutsche Backsteingotik vereinen sich in dem gut erhaltenen, sehenswerten Altstadtkern, der vom Dom mit

seinem 44 Meter hohen Turm überragt wird. In ihrer historischen Anmut gleicht die Stadt einem lebendig gewordenen Geschichtsbuch. Attraktiv ist auch die weitläufige, wasserreiche Naturlandschaft ringsherum, die zum Paddeln, Wandern, Radeln und zahlreichen weiteren Freizeitaktivitäten einlädt.

Schon Kaufleute und Stadtväter vergangener Jahrhunderte und später Künstler wie Ernst Barlach wussten die Güstrower Gastlichkeit zu schätzen. In einem der Cafés und Restaurants gegenüber dem Rathaus oder in den schmalen Gassen der Altstadt lässt sich ein Besuch der Stadt gut Revue passieren. Schön im Grünen sitzen und entspannen kann man bei einem Glas Wein im Innenhof der Weinbar »Weinhaus im Hof« oder bei einem Kaffee auf der Terrasse der „Anmut Bar".

Die Ernst-Barlach-Museen mit Atelierhaus und Gertrudenkapelle gehören zu Güstrows größten kulturellen Sehenswürdigkeiten, ebenso das imposante Renaissanceschloss, dessen Ursprünge bis in die Mitte des 16. Jahrhunderts zurückreichen. Aufgrund umfangreicher Renovierungsarbeiten ist eine Besichtigung des Schlosses allerdings bis 2023 nur eingeschränkt möglich. Der Park ist aber frei zugänglich und uneingeschränkt zu besichtigen. Rund hundert Weihnachtskrippen stellt das Norddeutsche Krippenmuseum in der 800 Jahre alten Heilig-Geist-Kapelle aus – und das ist nur ein Teil des über 700 Exemplare zählenden Bestandes, den die

Der Güstrower Dom beherbergt Barlachs Meisterwerk „Der Schwebende".

Hamburger Lehrerstochter Mechthild Ringguth in 40 Jahren aus rund 70 Ländern der Welt zusammengetragen hat.

Info: ca. 50 km südlich von Rostock gelegen. **Info Güstrow:** Güstrow-Information, Franz-Parr-Platz 10, 18273 Barlachstadt Güstrow, Tel. (03843) 68 10 23, www.guestrow-tourismus.de, Öffnungszeiten Mo–Fr 10–17, Sa/So/Fei 10–16 Uhr, in der Hauptsaison tägl., sonst nur Sa um 11 Uhr 90-minütige Stadtführungen.

FISCHLAND-DARSS-ZINGST

Fischland-Darß-Zingst, Mecklenburg-Vorpommern

Die Sonnenuntergänge auf der Halbinsel können von karibischer Schönheit sein. Dann präsentiert sich der Abendhimmel in einem dramatischen Farbenspektrum von leuchtend orange bis tiefviolett. Die besonderen

Die Strände der Halbinseln Fischland, Darß und Zingst gehören zu den schönsten der Ostseeküste.

Lichtverhältnisse auf der schmalen Landzunge zwischen dem Saaler Bodden und der Ostsee faszinieren Künstler schon seit Ende des 19. Jahrhunderts. Von nah und fern kamen sie mit ihren Staffeleien, um den Himmel, das Meer und die reetgedeckten Häuser an der Steilküste bei Ahrenshoop zu jeder Tages- und Jahreszeit auf ihre Leinwand zu bannen.

Ein paar Jahrzehnte später entdeckten dann auch die Sommerfrischler die Reize dieser Landschaft. Die Strände auf dem Darß – dem Mittelstück der Halbinsel – gehören zu den schönsten an der gesamten deutschen Küste. Da ist der 13 Kilometer lange Weststrand, auf ganzer Länge von »Windflüchtern« gesäumt – von Bäumen und Sträuchern, denen der Wind bizarre Formen gegeben hat.

Dann der Nordstrand bei Prerow, auch er kann mit jedem Südseetraumstrand konkurrieren: fünf Kilometer lang und bis zu 80 Meter breit, der Sand weiß und weich wie Zucker. Zu DDR-Zeiten war Prerow Hochburg der Freikörperkultur. Längst aber wird FKK nur noch an einigen ausgewiesenen Strandabschnitten gepflegt.

Übrigens waren die drei Teile der Halbinsel – Fischland, Darß und Zingst – vor einigen Jahrhunderten noch richtige Inseln. Erst in jüngerer Zeit sind sie durch Verlandung untereinander und mit dem Festland verwachsen.

Welcher Teil der schönste ist, da scheiden sich die Geister. Für viele ist es der Darß mit seinem urwüchsigen Wald. Vogelkundler plädieren für Zingst, den östlichen Inselteil. Dort brüten etliche Küstenvogelarten und jedes Jahr im Herbst lässt sich ein großartiges Spektakel beobachten: Dann machen Zehntausende Kraniche auf ihrem Weg in den Süden auf den Zingster Wiesen Rast.

INFO: Tourismusverband Fischland-Darß-Zingst, Im Kloster 15, 18311 Ribnitz-Damgarten, Tel. (0383 24) 88 92 60 , www.fischland-darss-zingst.de.

Fischland-Darß-Zingst

Zwischen den Hansestädten Rostock und Stralsund liegt die Halbinselkette Fischland-Darß-Zingst. Ursprünglich waren es drei eigenständige Inseln; durch die Jahrhunderte wuchsen sie allmählich zusammen, wobei Mensch und Ostsee Hand in Hand arbeiteten – durch Deichbau einer- und Sandaufspülung andererseits. Die Eiszeiten haben die Landschaft geformt, die Urlaubslandschaft der Region ist geprägt durch die vielen kleinen Kur- und Erholungseinrichtungen, die sich entlang der Küste angesiedelt haben. Bei Ribnitz-Damgarten und Barth sind die Halbinseln mit dem Festland verbunden.

ℹ️ **Tourismusverband** ➡ D11
Im Kloster 15, 18311 Ribnitz-Damgarten
℡ (038 21) 88 92 60, www.fischland-darss-zingst.de
Infos für die ganze Region online

FISCHLAND ➡ D11
Dierhagen, gelegen am Übergang zwischen Festland und Fischland, besteht aus sechs Ortsteilen, wobei Neuhaus, Dierhagen-Strand und -Ost direkt am sieben Kilometer langen Sandstrand liegen. Das Bild der Ortschaften ist geprägt von Ferienhäusern und Pensionen. In Dierhagen-Dorf und Dändorf befinden sich auch ehemalige Kapitänshäuser und Bauernhöfe. Zwischen Wustrow und Ahrenshoop gibt es ein Stück Steilküste – die einzige der drei Halbinseln. Hier ist der Strand eher steinig.

    Wustrow ➡ D11 hieß bei den Slawen einst »Swante Wustrow« – heilige Insel. Eine kleine Kirche, die Seenotstation von 1906, das Fischlandhaus (Museum) sowie

So weit das Auge reicht: Die Strände der Halbinseln Fischland, Darß und Zingst gehören zu den schönsten der Ostseeküste

167

Buchen auf dem Darß

In der Mühle Ahrenshoop ist heute ein Café untergebracht

die vielen Kapitäns- und Schifferhäuser sind beredte Zeugen maritimer Vergangenheit.

⊠ Surfcenter Wustrow ➡ D11

An der Nebelstation 2, Wustrow
✆ (03 82 20) 802 50, www.surfcenter-wustrow.de
Ostern–Okt. tägl.
Wellenreit-, Surf- und Kitesurfschule, Longboard und SUP-Verleih, Surfshop und Reparaturservice. Auch Camping-Möglichkeit (außer Zelten).

⛴ Fahrgastbetrieb Kruse und Voß GmbH ➡ D11

Hafenstr. 7, Wustrow
✆ (03 82 20) 588, www.boddenschifffahrt.de
Bootsrundfahrt ab/an Wustrow in den Nationalpark Vorpommersche Boddenlandschaft und Linienverkehr zwischen Ribnitz-Damgarten und Wustrow, auch Fahrradtransport.

❻ DARSS ➡ C12

Das Ostseebad **Ahrenshoop** auf dem Vordarß ist vor allem in Künstlerkreisen ein Begriff. Schriftsteller, Musiker und Schauspieler fanden sich hier, zuerst um die vorletzte Jahrhundertwende, ein, um sich von der besonderen Atmosphäre der Landschaft inspirieren zu lassen. Für eine Erfrischung bietet sich das **Café Namenlos** (am Schifferberg) an, das zu den ersten Adressen der Region zählt. Die winzige **Dorfkirche** aus Holz von 1951 ist einem kieloben liegenden Boot nachempfunden.

Die Ortsteile **Althagen** und **Niehagen** waren früher eigenständige Dörfer. In Niehagen lebte und arbeitete der Grafiker und Bildhauer Gerhard Marcks, in Althagen verbrachte die Heimatschriftstellerin Käthe Miethe mehr als 20 Jahre ihres Lebens.

Das ehemalige Seefahrer und Fischerdorf **Prerow** ➡ C12 blickt auf eine 130-jährige Badegeschichte zurück. An der Promenade gibt es zahlreiche Restaurants, Cafés und kleine Geschäfte und eine 395 Meter lange Seebrücke. Der Ortskern liegt etwas landeinwärts. Hier findet sich auch die Seemannskirche von 1728. Durch den urwüchsigen Darßwald kann man gut radeln oder wandern, z.B. zum Leuchtturm Darßer Ort (erbaut 1848).

Künstler sorgen auch heute noch für Programm auf dem Darß. In vielen Orten gibt es den Sommer über kleinere und größere Konzertereignisse, aktuelle Eventtermine hierzu liefern die Tourist Informationen.

☒ Räucherhaus Schönthier ➡ C/D11
Am Hafen, Ahrenshoop/Althagen
✆ (03 82 20) 69 46, www.raeucherhaus-ahrenshoop.de
Im Sommer tägl. 12–23 Uhr, sonst kürzer
Idyllisch am Bodden gelegen, an kleinem Landungssteg. Restaurant mit Schauräucherei und überdachter Terrasse. €–€€

☒ Strände auf dem Darß ➡ C12
Die Strände gehören zu den schönsten der Ostseeküste: Sie sind zum Land hin durch Wald, am Weststrand sogar

Fischereihafen von Ahrenshoop

*Votivschiffe aus dem
18. Jahrhundert zieren die
Seemannskirche von Prerow*

durch »Urwald« begrenzt. Hier geht es sehr natürlich
zu – nicht nur liegt der Abschnitt zwischen Strandhorst
und dem Leuchtturm Darßer Ort im Naturpark (Autos
müssen daher in Ortsnähe abgestellt werden), man ba-
det hier auch überwiegend »en nature«. Der Strand von
Prerow ist 5 km lang und bis zu 100 m breit, steinlos
und windgeschützt. Für Kinder praktisch: Der Bereich
des Flachwassers ist fast 50 m breit.

🚢 Fahrgastschifffahrt ➡ C12
☎ (03 82 34) 239, www.reederei-poschke.de
Tickets ab € 15/7,50
Boddenrundfahrt ab Hafen Prerow und Zingst sowie
Fährverkehr zwischen Barth und Zingst.

*Den Leuchtturm von Prerow
erreicht man nach einer
Wanderung durch den Darßer
Urwald*

Die Meiningenbrücke verbindet Zingst mit dem Festland

ZINGST ➡ C12/13

Hauptort des östlichsten Teils der Halbinselkette ist das Ostseeheilbad Zingst, entstanden aus mehreren Siedlungen. Die Dorfkirche aus Backstein von 1860 wurde nach Entwürfen von Friedrich August Stüler gebaut.

Ein besonderes Naturschauspiel bietet sich alljährlich im Herbst, wenn sich Tausende von Kranichen auf dem Weg ins Winterquartier zur Rast im Bodden aufhalten. Der feine Sandstrand ist 20 Kilometer lang und lädt außer zum Baden zu ausgedehnten Spaziergängen ein. Vom Hafen aus starten Ausflugsdampfer in die nähere Umgebung.

Ausflugsziele:

🏛 Deutsches Bernsteinmuseum Ribnitz-Damgarten ➡ D11

Im Kloster 1/2, Ribnitz-Damgarten
℗ (038 21) 46 22, www.deutsches-bernsteinmuseum.de
April–Okt. tägl. 9.30–18, Nov.–März tägl. außer Mo 9.30–17 Uhr, Eintritt € 8,50/4
Die bedeutendste Bernsteinsammlung in Deutschland. Entstehung und Gewinnung dieses »Goldes des Meeres« sowie auch dessen Rolle in Kunst- und Kulturgeschichte werden anschaulich dokumentiert. Interessante Einblicke bietet die Schauwerkstatt.

🏊 💰 🎫 Bodden-Therme ➡ D12

Körkwitzer Weg 15, Ribnitz-Damgarten
℗ (038 21) 390 99 61, www.bodden-therme.de
Di–Fr 14–21, Sa/So 10–18 Uhr, Ferienzeit tägl. außer Mo 10–18 Uhr; Eintritt € 12/9/2, mit Sauna ab € 18/15/2
Badelandschaft und Sauna. Einmal im Monat Mitternachtssauna im Kerzenschein mit Entspannungsmusik.

Das Gold der Ostsee: Bernstein

FREILICHTMUSEUM KLOCKENHAGEN

Ribnitz-Damgarten, Mecklenburg-Vorpommern

Den Anfang machte ein einzelner Hof: In den 1960er-Jahren überschrieb Bauer Heinrich Peters sein altehrwürdiges Anwesen der Stadt Ribnitz-Damgarten als »Denkmalhof« und Keimzelle eines neu zu schaffenden Frei-

Pferdekarren und Bauernhaus im Freilichtmuseum Klockenhagen.

lichtmuseums für ländliche Wohnkultur im norddeutschen Raum. Seit damals ist die Ausstellungsfläche im Ortsteil Klockenhagen auf über sechs Hektar angewachsen. Rund 20 historische Gehöfte und erhaltenswerte Einzelbauten wurden über die Jahre in ganz Mecklenburg-Vorpommern fachgerecht abgetragen und vor Ort wiederaufgebaut.

Zu den Highlights in Klockenhagen gehören ohne Zweifel das reetgedeckte Haus Strassen aus dem 17. Jahrhundert sowie die Fachwerkkirche von Dargelütz mit ihrem prächtigen Altaraufsatz aus dem Jahr 1647. Doch auch ein alter Tante-Emma-Laden, eine historische Stellmacherei und ein Kräutergarten nach dem Vorbild der Hildegard von Bingen sind zu besichtigen.

Mit dem Anschauen von Gärten und Gebäuden ist es in Klockenhagen allerdings noch lange nicht getan – das Museum sieht sich als Erlebnisort und lädt zum aktiven Lernen und Mitmachen ein. Die Angebote sind dabei äußerst vielfältig: Interessierte Besucher können beispielsweise in der Museumsbäckerei ihr eigenes Brot ganz stilecht im Holzofen backen. Oder in der Flechtwerkstatt lernen, wie man Körbe herstellt. In der historischen Stellmacherei haben Kinder die Möglichkeit, ihr eigenes Holzspielzeug zu basteln, und wer einmal auf historischen Fahrrädern fahren will, hat dazu auf dem gesamten Museumsgelände reichlich Gelegenheit.

Des Weiteren stehen Vorführungen zu historischer Hauswirtschaft und zur traditionellen Räucherei auf dem Programm und unter Anleitung von Jeanette Nadebor vom nahen Kräuterhof Carlsthal kann jeder, der möchte, schmackhafte Gerichte aus Kräutern zaubern. In »Muddings Wollstuv« schließlich lässt es sich nach Herzenslust filzen, spinnen und weben.

Wem das alles noch nicht genügt, der lässt sich ganz einfach verschönern: Eine Frisörmeisterin lädt zum Waschen, Schneiden und Barbieren in den Original-Frisiersalon aus den Dreißigerjahren ein. Nach einer Behandlung bei ihr ist man dann auch schön genug, um in der historischen Dorfkirche zu heiraten – denn auch das ist möglich!

INFO: Ribnitz-Damgarten liegt ca. 40 km nordöstlich von Rostock. **INFO FREILICHTMUSEUM KLOCKENHAGEN:** Mecklenburger Str. 57, 18311 Ribnitz-Damgarten, Tel. (038 21) 27 75, www.freilichtmuseum-klockenhagen. de, Öffnungszeiten April–Juni und Sept./Okt. Di–So 10–17, Juli/Aug. Di–So 10–18 Uhr, Eintritt € 9, ermäßigt € 4, Kinder (7–16 J.) € 3, bis 6 J. frei.

Stralsund und Rügen

Aus dem slawischen Dorf Stralow am Strelasund entwickelte sich im 13. Jahrhundert eine wohlhabende Hansestadt (Stadtrecht 1234). Trotz Kriegsschäden präsentiert sich noch heute eine 800-jährige historische Bausubstanz, die ihresgleichen suchen kann. Stralsund ist das Tor zur Insel Rügen.

»Jeder, der zur Schule gegangen ist und sich noch daran erinnert, was er dort gelernt hat, weiß, dass Rügen Deutschlands größte Insel ist«, belehrt die Schriftstellerin Elizabeth von Arnim Anfang des 20. Jahrhunderts den Leser ihres Romans »Elizabeth auf Rügen«. Genau gesagt ist die Insel 926 Quadratkilometer groß.

STRALSUND ➡ D14

Stralsund (59 000 Einw.) ist reich an Schätzen: Über 400 Objekte umfasst die Liste der Denkmalschützer, und im Jahr 2002 wurde die historische Altstadt ins Weltkulturerbe der UNESCO aufgenommen. Auf keinen Fall sollte man sich einen Blick auf den Giebel des **Rathauses** entgehen lassen – ein einzigartiges Beispiel filigraner Backsteingotik. Auch die mächtigen gotischen Kirchen der Stadt, die **Marienkirche** und **St. Nikolai**, sind in Backsteintechnik errichtet.

Die vielen Bürgerhäuser mit ihren typischen Giebeln beweisen, dass hier einst bedeutende und reiche Handelsherren zu leben (und zu wohnen) wussten. Das **Kniepertor** an der Schillstraße (erbaut im 14. Jh.) ist eines von zwei erhaltenen Stadttoren.

Blick auf Stralsund

ALTSTADT VON STRALSUND

Stralsund, Mecklenburg-Vorpommern

Die politische Wende brachte Stralsund auch die städtebauliche: Wo zuvor der alte Stadtkern etwa durch Plattenbausiedlungen verschandelt war, wurde gründlich aufgeräumt. Mit Erfolg: Seit 2002 gehört die alte Hansestadt zum UNESCO-Welterbe. Man fühlt sich ein bisschen wie in einem großen Freilichtmuseum, während man durch die Altstadt läuft, deren historische Gassen vom Rot der mittelalterlichen Backsteinbauten geprägt sind. Von über 800 denkmalgeschützten Häusern stehen allein 526 als Einzeldenkmal ausgewiesen in der Altstadt. Sie bieten ein eindrucksvolles Zeugnis der politischen und wirtschaftlichen Bedeutung der Hansestadt und ihres außerordentlichen Reichtums.

Stralsund liegt an der Meerenge Strelasund und wird auch als Tor zur Insel Rügen bezeichnet. Als Startpunkt für eine Stadtbesichtigung bietet sich natürlich der Alte Markt mit seinem imposanten Rathaus an. Das Wahrzeichen von Stralsund ist einer der bedeutendsten Profanbauten der norddeutschen Backsteingotik des Ostseeraums und zeigt mit seinem prächtigen Schaugiebel, welches Selbstbewusstsein die Stralsunder Bürger gegenüber der Kirche hatten. Ganz dicht dabei beeindruckt die Nikolaikirche, neben der Marien- und der Jakobikirche eine der drei großen mittelalterlichen Backsteinkirchen der Stadt und zugleich die älteste. Auch das Wulflamhaus ist am Alten Markt zu finden, ein wunderschönes Giebelhaus. Ein weiteres Beispiel gotischer Baukunst ist das Scheelehaus in der Fährstraße. Hier kam 1742 Carl Wilhelm Scheele zur Welt, der Entdecker u. a. des chemischen Elements Sauerstoff.

Nicht zu vergessen: das Deutsche Meeresmuseum in der frühgotischen Kirche des Katharinenklosters. Auch ein Blick in den Hafen lohnt sich. Neben schicken Yachten und dem Museum Ozeaneum liegt hier die »Gorch Fock« von 1933 vor Anker, das erste Segelschulschiff dieses Namens; zwischenzeitlich diente sie als »Towaritschsch« in der sowjetischen Marine. Die »Gorch Fock« ist zu besichtigen und heiraten kann man auf ihr auch. Vom Hafen aus gut zu sehen ist die moderne, 2007 eröffnete Rügenbrücke, die das Verkehrschaos bei der Überquerung des Strelasunds mildert.

Wem nach so vielen Eindrücken – die noch längst nicht alle Schönheiten von Stralsund wiedergeben – die Puste ausgeht, der kann sich u. a. in den Wulflamstuben gastlich niederlassen.

INFO STRALSUND: Tourismuszentrale der Hansestadt Stralsund, Alter Markt 9, 18439 Stralsund, Tel. (038 31) 25 23 40, www.stralsundtourismus.de. **INFO WULFLAMSTUBEN:** Alter Markt 5, Stralsund, Tel. (038 31) 29 15 33, www.wulflamstuben.de, Öffnungszeiten tägl. ab 11 Uhr, Preise auf Anfrage.

Das Rathaus von Stralsund zählt zu den bedeutendsten Profanbauten der Backsteingotik im Ostseeraum.

FISCHHANDEL UND RÄUCHEREI RASMUS

Stralsund, Mecklenburg-Vorpommern

Mitten in der malerischen Altstadt von Stralsund, zwischen Marien- und Nikolaikirche, befindet sich das weiß gefliste, traditionsreiche Fischgeschäft mit Räucherei Rasmus. Kenner sagen, hier gibt es den besten

Fischhandel Rasmus ist bekannt für den originalen Stralsunder Bismarckhering.

originalen Stralsunder Bismarkhering. Die saure Fischspezialität hat ihren Ursprung in der Hansestadt. Der Besitzer der Fischkonservenfabrik Johann Wiechmann schickte zur Reichsgründung 1871 ein Fass mit eingelegten Heringen an Otto von Bismarck.

Dem schmeckten die Happen, eingelegt in saurer Marinade aus Essig, Öl, Zwiebeln, Senfkörnern und Lorbeerblättern, so gut, dass er seine Einwilligung zur Namensgebung gab. Die politische Karriere der Stralsunder Delikatesse setzte sich fort. Auch Ex-Bundeskanzlerin Angela Merkel weiß, dass es bei Rasmus den besten Bismarckhering gibt, und brachte 2006 den ehemaligen US-Präsidenten George W. Bush und 2014 Frankreichs damaligen Staatschef Hollande hierher. Bei Staatsbesuchen verschenkte sie auch gern mal ein Fass mit Heringen.

Das Originalrezept von Rasmus ist streng geheim, auch wenn Henry Rasmus seinen Laden 2021 an einen Unternehmer der Region verkauft hat. Die Fischbrötchen tragen weiterhin Namen wie »Scharfer Käpt'n«, »Der Otto« und »Lax de Dill«, fein säuberlich auf eine Schiefertafel geschrieben. Am weiteren Angebot hat sich auch nichts geändert. Ob Kräutermatjes in Öl, Matjes Natur, Original Hiddensee Pfefferlappen oder Stralsunder Gabelrollmöpse: Alles ist beim Altbewährten geblieben. Wie eh und je wird in der kleinen Produktionsküche jedes Heringsfilet von Hand von der Haut befreit und sauer eingelegt.

INFO: 4 Gehminuten vom Alten Markt entfernt. **INFO FISCHHANDEL UND RÄUCHEREI RASMUS:** Heilgeiststr. 10, 18439 Stralsund, Tel. (038 31) 28 15 38, www.bismarckhering.com, Öffnungszeiten Mo–Fr 10–17, Sa 10–14 Uhr.

*Kniepertor (links) und
Einkaufsstraße (rechts)
von Stralsund*

Nicht nur etwas für Regentage ist das **7** **Ozeaneum**. Eröffnet 2008, bietet der moderne Bau am Hafen eine große, spannende und zeitgemäß gestaltete Ausstellung rund um das Thema Ostsee, Nordsee und Nordatlantik.

ℹ️ Tourist Information ➡ D14
Alter Markt 9, 18439 Stralsund
☎ (038 31) 25 23 40
www.stralsundtourismus.de
Juni–Okt. Mo–Fr 10–18, Sa/So 10–15, Nov.–Mai Mo–Fr 10–17, Sa 10–14 Uhr

🏛 ✈ 🐚 Deutsches Meeresmuseum ➡ D14
Katharinenberg 14–20, Stralsund
☎ (038 31) 265 02 10, www.meeresmuseum.de
Wegen Umbau bis 2024 geschl.
Untergebracht in der frühgotischen Klosterkirche des Katharinenklosters gewährt das einzigartige Museum seit 1951 Einblicke in das Leben im Meer, seine Nutzung und Erforschung.

🏛 Stralsund Museum ➡ D14
Katharinenkloster (Mönchstr. 25–28), Museumshaus (Mönchstr. 38), Marinemuseum (Dänholm)
Stralsund
☎ (038 31) 25 36 00
www.stralsund-museum.de
Museumshaus, Marinemusem (nur Mai–Okt.) Di–So 10–17 Uhr, Kloster wegen Umbau geschl.
Eintritt Museumshaus € 5/2,50, Marinemuseum € 6/3, Kombiticket € 8/4
Umfangreiche Sammlung zur Ur- und Frühgeschichte der Region, darunter der legendäre Goldschatz von Hiddensee (um 950) und sakrale Kunst des 15./16. Jh.

*Das Meeresmuseum ist in der
ehemaligen Klosterkirche
untergebracht*

Historischer Stadtkern
von Stralsund

Seit 2003 liegt die nicht mehr seetüchtige »Gorch Fock I« im Hafen von Stralsund

Das mittelalterliche Krämerhaus in der Mönchstraße 38 ist das größte Einzelexponat des Stralsund Museums. Beeindruckend: Das noch immer funktionierende gotische Aufzugsrad im Spitzboden ist eines der ältesten Nordeuropas. Der steinerne Fußboden weist auf die Entstehungszeit des Hauses im 14. Jh. hin.

Das Marinemuseum auf der Insel Dänholm bietet sowohl auf der Freifläche als auch in den Ausstellungsräumen Wissenswertes über die Marinegeschichte. Zu den Attraktionen gehören das Original eines Marinehubschraubers und ein Torpedoschnellboot.

🏛️ 🔜 🎫 ⓘ Ozeaneum ➜ D14

Hafenstr. 11, Stralsund
☎ (038 31) 265 06 10, www.ozeaneum.de
Tägl. Juli/Aug. 9.30–20, Sept.–Juni 9.30–18 Uhr
Eintritt € 17/8 (4–16 J.)

Das moderne Museum stellt auf einer Fläche von 8700 m² die Unterwasserwelt der nördlichen Meere vor. Highlights sind das Schwarmfischbecken und das Gezeitenbecken. Beeindruckend: In der Ausstellung »1:1 – Riesen der Meere« schweben Walmodelle in Originalgröße unter der Decke, die man – liegend – bewundern kann. Europas Museum des Jahres 2010.

👁️ 🎫 »Gorch Fock I« ➜ D14

Im Hafen, Stralsund
☎ (038 31) 66 65 20, gorchfock1.de
Tägl. Mitte März–Mitte Okt. 10–18, sonst 10–16 Uhr

Das imposante Ozeaneum an der Hafeninsel von Stralsund

OZEANEUM

Stralsund, Mecklenburg-Vorpommern

Das Stralsunder Ozeaneum – ein Naturkundemuseum mit Schwerpunkt Meer – öffnete 2008 seine Türen und ist seither Besuchermagnet. Riesige Aquarien und ihre Bewohner geben einen Einblick in die faszinierenden Lebensräume von Ostsee, Nordsee und Atlantischem Ozean.

Das größte Becken, Herzstück des Museums, heißt »Offener Atlantik« und fasst 2,6 Millionen Liter Wasser. Auf zwei Ebenen tummeln sich hier verschiedene Rochen- und diverse Haiarten, Makrelenschwärme, Goldmaids, Doraden und Wolfsbarsche. Blickfang des 2018 umgestalteten Aquariums ist ein fast elf Meter langes Schiffswrack, der verkleinerte Nachbau eines 1909 gesunkenen Frachtschiffs, das vielen Bewohnern als Lebensraum dient. In der »Tiefetage« des Stralsunder Atlantikbeckens wird Meeresgrund simuliert. Hier lassen sich die großen Ammenhaie »Anna« und »Anton« gut beobachten.

Wer bei einer Fütterung im Atlantikbecken dabei sein möchte, sollte montags, mittwochs oder freitags um jeweils 11 Uhr vor Ort sein.

Spannend geht es aber auch in den Nord- und Ostseeaquarien zu. Hier tummeln sich die giftigen Petermännchen-Fische im flachen Wattenmeerbecken, dort schießen Hornhechte wie silbrig glänzende Pfeile durchs Wasser. Weitere Highlights sind die schottische Küstenhöhle und der Helgolandtunnel mit einer beeindruckenden Schau auf die einzigartige Unterwasserwelt rund um die einzige deutsche Hochseeinsel.

Zu den Publikumslieblingen gehören die Humboldt-Pinguine, die auf der Dachterrasse des Ozeaneums einquartiert wurden. In der Natur ist die Art bedroht. Die Stralsunder Pinguine, die allesamt in Zoos geboren wurden, haben zur Freude der Meeresbiologen in ihrer

Fütterung der Humboldt-Pinguine auf dem Dach des Ozeaneums.

kleinen, geschützten Welt schon mehrere Küken ausgebrütet.

In der Ausstellung »Meer für Kinder« befindet sich ein Demo-Becken, in dem Seesterne, Strandkrabben, Einsiedlerkrebse und z. B. auch die bizarren Eier von Katzenhaien aus der Nähe zu betrachten sind. Um 11.30 und 13.30 finden moderierte Tierbegegnungen statt.

Das Ozeaneum war Europas Museum des Jahres 2010.

INFO: Am Hafen von Stralsund gelegen. **INFO OZEANEUM:** Hafenstr. 11, 18439 Stralsund, Tel. (038 31) 265 06 10, www.ozeaneum. de, Öffnungszeiten tägl. Juli/Aug. 9.30–20, Sept.–Juni 9.30–18 Uhr, Eintritt € 17, ermäßigt € 12, Kinder (4–16 J.) € 8.

Kreuzgang der dreischiffigen Marienkirche (links) und Außenansicht der Nikolaikirche (rechts)

Eintritt € 5/2,50, bis 6 J. frei, auch Führungen und Knotenschule
Im Jahr 1933 gebaute Dreimastbark mit viel Geschichte.

Marienkirche ➡ D14
Neuer Markt, Stralsund
✆ (038 31) 29 89 65
www.st-mariengemeinde-stralsund.de
Mai–Sept. tägl. 9.30–17.30, April tägl. 10–17, Okt. tägl. 10–16, Nov.–März Mo–Fr 10–12 und 14–16, Sa 10–12, So 11–12 Uhr
Di–Fr 15 Uhr Gewölbeführungen
Monumentaler Bau aus dem 13. Jh. Schöner Blick vom Turm.

Nikolaikirche ➡ D14
Alter Markt, Stralsund
✆ (038 31) 29 71 99, hst-nikolai.de
April–Okt. Mo–Sa 10–18/19, So 12–16, Nov.–März Mo–Sa 10–16, So 12–15 Uhr
Führungen nach Anmeldung
Älteste der Stralsunder Pfarrkirchen, fertiggestellt Mitte des 14. Jh. Besonders sehenswert sind die Anna-Selbdritt-Statue (um 1300) und die astronomische Uhr von 1394.

HanseDom ➡ D14
Grünhufer Bogen 18–20, Stralsund
✆ (038 31) 373 34 30, www.hansedom.de
Tägl. 10–20 Uhr, Erlebnisbad ab € 13,50/11(5–15 J.), Saunawelt ab € 16,50/14 (5–15 J.)
Wassererlebniswelt mit Innen- und Außentherme sowie Sauna- und Wellnessbereich.

DEUTSCHE ALLEENSTRASSE

Rügen, Mecklenburg-Vorpommern

Reisende lieben sie: Die Deutsche Alleenstraße, die sich 2900 Kilometer weit durchs Land schlängelt, lädt zu einer romantischen Fahrt unter Bäumen ein. Am besten tuckert man auf Deutschlands längster Ferienstraße wie zu alten Zeiten entschleunigt über Land und bewundert die vorbeiziehenden Felder und Wälder. Nirgendwo sonst gilt in Deutschland so sehr: Der Weg ist das Ziel!

Hoch im Norden auf der Insel Rügen nimmt der Blättertunnel seinen Anfang. Vom Ostseebad Sellin führt die grüne Straße mit über hundert Jahre alten Bäumen zunächst nach Putbus und von dort zur ältesten Stadt Rügens, Garz, mit den Resten einer alten Ranenburg. An alten Fischerdörfern vorbei gelangt man zum Rügendamm bzw. zur Rügenbrücke, die zur Hansestadt Stralsund führen.

Manche sagen, zwischen Putbus und Altefähr, entlang der Alten Bäderstraße im Süden der Insel, verlaufe der schönste Teil der Deutschen Alleenstraße. Wenig Verkehr, wunderbare Landschaft und einzigartige Kulturdenkmäler, etwa der Schlosspark in Putbus, sorgen für Abwechslung und häufige Besichtigungspausen während der Fahrt.

Als Wind- und Wetterschutz ist die baumgesäumte Straße auf Rügen auch bei Radlern beliebt. Unter dem dichten Blätterdach von Buchen, Linden und Spitzahornbäumen fährt es sich wunderbar, im Hochsommer ist es immer angenehm schattig.

Im Herbst beeindrucken die Bäume entlang der Straße durch ein einmaliges Farbenspiel des bunten Laubes. Die Alleebäume sind jedoch nicht nur ein Blickfang, sie schützen auch die Felder links und rechts der Straße vor Erosion und wirken staubfilternd.

INFO: Die Alleenstraße führt auf Rügen von Sellin nach Altefähr. **INFO DEUTSCHE ALLEENSTRASSE:** www.alleenstrasse.com.

Die Deutsche Alleenstraße beginnt in Sellin auf Rügen und endet am Bodensee.

RÜGEN → A–D 14–16

Deutschlands größte Insel steht in weiten Teilen unter Naturschutz. Auf der **Halbinsel Jasmund** befindet sich etwa der gleichnamige 3000 Hektar große Nationalpark. Der kleinste Nationalpark Deutschlands besticht vor allem durch seine berühmten Kreidefelsen und durch eindrucksvolle alte Rotbuchenbestände. Die Insel ist schon seit langer Zeit Kultur- und Nutzlandschaft. Zahlreiche **Hünengräber** zeugen davon, dass sie schon in der Steinzeit besiedelt war.

Einige Wege kann man gut mit einem besonderen Rüganer zurücklegen: der Schmalspurbahn **Rasender Roland**. Aber auch das Autofahren kann ein Vergnügen sein: z. B. auf der Fahrt von Garz nach Putbus, entlang der **Deutschen Alleenstraße**. Die alten **Seebäder Binz, Sellin, Baabe** und **Göhren** erstrahlen heute in neuem Glanz: Zwischen der Granitz, Rügens größtem zusammenhängendem Waldgebiet, und dem Mönchgut, der im Südosten gelegenen Halbinsel mit kilometerlangen Stränden, stehen an den Strandpromenaden weiße Villen mit verschnörkelten Balkonen und Veranden im Zuckerbäckerstil der Bäderarchitektur.

Auf die Insel führen von Stralsund verschiedene Wege: über die mautfreie Rügenbrücke von 2007 oder über den Rügendamm von 1936, der sich empfiehlt, wenn der Inselosten das Ziel ist.

Moderne Konstruktion: Rettungsturm beim Seebad Binz

RÜGEN

Rügen, Mecklenburg-Vorpommern

S chattige Alleen, die sich kilometerlang über die Insel ziehen, feinsandige Strände, zerklüftete Kreidefelsen, einzigartige Feuersteinfelder, noble Seebäder: Rügen ist ein Ostseetraum nicht nur für Seebären! Zahlreiche

Flaniermeile über der Ostsee: die Seebrücke von Sellin auf Rügen.

Meeresbuchten, Halbinseln und Landzungen sorgen auf der größten deutschen Insel für ein abwechslungsreiches Landschaftsbild. Der mit 118 Metern Höhe größte Kreidefelsen der Insel, der Königsstuhl, ist das Kronjuwel Rügens, inmitten des Nationalparks Jasmund gelegen. Das unverwechselbare Farbenspiel hat schon Caspar David Friedrich zu seinem berühmten Gemälde inspiriert.

Ein Schiffsausflug bietet sich an, um den Anblick der Steilküste zu genießen. Dabei führt die Fahrt auch an einem anderen, geschichtsträchtigen Ort vorbei: dem »Koloss von Prora«. Dieses von den Nationalsozialisten in den 1930er Jahren begonnene »Seebad der Zwanzigtausend« wurde nie fertiggestellt, wird nun aber nach und nach saniert. Kilometerlang ziehen sich die sechsstöckigen Bettenhäuser dieser fast unwirklichen, monumentalen Urlaubsmaschinerie am Strand entlang.

Ansonsten aber hat die Insel architektonisch wahre Schmuckstücke zu bieten, die sich bei einer Rundfahrt durch die verschiedenen Bäder der Insel offenbaren. Göhren, Baabe, Sellin und Binz locken mit ihren weißen Bauten im Stil der Bäderarchitektur: hölzerne Veranden, schmucke Säulen, reich verzierte Balkone, dazu beeindruckende Seebrücken hinaus ins Meer – nirgendwo sonst präsentiert sich dieser verspielte Baustil so eindrucksvoll wie hier!

Auch die Strandpromenade in Binz mit ihren prächtigen weißen Villen aus der Zeit der Jahrhundertwende oder die Residenzstadt Putbus mit ihrem klassizistischen Stadtkern bestätigen das.

An die 40 000 Kraniche machen im Herbst im Nordwesten von Rügen, auf der Insel Ummanz, Rast, bevor sie sich auf den Weg ins afrikanische Winterquartier begeben.

INFO: Von der Hansestadt Stralsund führen der Rügendamm und die neuere Rügenbrücke über den Strelasund. **INFO RÜGEN:** Tourismuszentrale Rügen GmbH, Circus 16, 18581 Putbus, Tel. (038 38) 807 70, www.ruegen.de.

Fachwerkhäuser und die im 12. Jahrhundert gebaute Marienkirche dominieren die Altstadt von Bergen

BERGEN AUF RÜGEN ➜ C15

Aus einer slawischen Befestigungsanlage des 9. Jahrhunderts ging die heutige Inselhauptstadt (13 500 Einw.) hervor. Seit 1168 diente sie dem christianisierten Slawenfürsten Jaromar I. als Herrschersitz. Mit der Gründung eines **Nonnenklosters** begann ab 1193 die Stadtentwicklung. Der Bau von Bergens **Marienkirche** wurde um 1180 begonnen, wobei man sich den Lübecker Dom zum Vorbild nahm. Im Inneren beeindruckt der Gemäldezyklus im Querschiff.

ℹ Tourist Information ➜ C15

Markt 23 (im Benedix-Haus), 18528 Bergen auf Rügen
✆ (038 38) 315 28 38, www.stadtinfo-bergen-ruegen.de
Mitte Sept.–Mitte Juni Mo–Fr 10–16, Mitte Juni–Mitte Sept. Mo–Fr 10–18, Sa 10–15 Uhr

🏛 Stadtmuseum im Klosterhof ➜ C15

Billrothstraße 20 A, Bergen auf Rügen
✆ (038 38) 25 22 26
www.stadtmuseum-bergen-auf-ruegen.de
Mai–Okt. Di–Sa 10–16.30, Nov.–April Mo–Fr 11–15 Uhr
Eintritt € 2/1
Im ehemaligen Nonnenkloster von 1193 gibt es eine Ausstellung zur Ur- und Frühgeschichte Rügens und der Stadtgeschichte Bergens.

◉ Ernst-Moritz-Arndt-Turm ➜ C15

Bergen auf Rügen
Tägl. 10–18 Uhr, im Winter kürzer, Eintritt € 2/1,50

Erbaut zu Ehren des Rügener Dichters: der Ernst-Moritz-Arndt-Turm

Zu Ehren des auf Rügen geborenen Dichters wurde im Jahr 1876 der 27 m hohe Turm errichtet. Auf dem 90 m hohen Berg Rugard sind zudem noch die Reste slawischer Wallanlagen aus dem 12. Jh. zu sehen. Die Aussicht ist grandios!

PUTBUS ➡ C15

1253 erstmals urkundlich erwähnt, gilt die ehemalige Fürstenresidenz heute als Kulturhauptstadt (5050 Einw.) der Insel. Anfang des 19. Jahrhunderts nahm Fürst Wilhelm Malte I. die Wandlung von Putbus in einen Residenz- und Badeort vor und erteilte den Auftrag zum Bau einer einheitlich klassizistischen Anlage. Einen kreisrunden Platz, den **Circus**, säumen 16 weiße Kavaliershäuser, nach Wunsch des Fürsten: vor jedem Haus ein Rosenstock. Nach englischem Vorbild ließ der innovative Fürst auch einen 75 Hektar großen Landschaftspark gestalten und richtete 1817/18 im drei Kilometer entfernten **Lauterbach** das Badehaus »Haus Goor« ein.

ⓘ Tourist Information ➡ C15
Alleestr. 2, 18581 Putbus
℡ (03 83 01) 431
www.putbus-info.de
Mo–Fr 10–15 Uhr

Der Obelisk im Zentrum des Circus von Putbus trägt die Inschrift »Gründung des Ortes Putbus 1810 von Malte Fürst zu Putbus«

PUTBUS UND LAUTERBACH

Rügen, Mecklenburg-Vorpommern

Blendend weiße Architektur, akkurate Wegführung und ein prachtvolles Badehaus – Putbus ist die Königin unter Rügens Orten. Im Schlosspark sucht man das Schloss zwar vergebens – es wurde zu DDR-Zeiten dem

Einmaliges Rondell: der Circus in Putbus.

Erdboden gleichgemacht –, aber Orangerie, Affenhaus, Schlosskirche, Theater und Marstall lassen ahnen, wie es sich hier bei Hofe gelebt haben muss. Eine Ausstellung in der Alten Schmiede informiert über »das verschwundene Schloss«.

Malte von und zu Putbus schenkte der einstigen slawischen Siedlung Pod Bosz (slawisch »hinter dem Busch«) Anfang des 19. Jahrhunderts ihr heutiges Aussehen mit einheitlich klassizistischer Anlage nach Vorbild der Badeorte Bad Doberan und Heiligendamm.

Der Herrscher beauftragte dafür als Architekten Johann Gottfried Steinmeyer, einen Studienfreund des Baumeisters Karl Friedrich Schinkel. Steinmeyer ließ strahlenförmig Alleen anlegen, die sich am Circus vereinen, einem von 16 weißen Kavaliershäusern gesäumten

Platz, weltweit einmalig und das Herzstück von Putbus. Rosenstöcke zieren das Ensemble und in der Mitte thront ein Obelisk, auf den acht eichengesäumte Kieswege zulaufen. Mehr geometrische Finesse geht kaum.

Das von Steinmeyer klassizistisch umgebaute Barockschloss kann man, wie gesagt, nicht mehr bewundern, ein Gang durch den Schlosspark ist aber immer noch ein Vergnügen. Beim prachtvollen Rosengarten lockt das Rosencafé mit herrlichen Torten und Sonnenterrasse.

Außerdem ließ Wilhelm Malte I. 1817/18 im drei Kilometer entfernten Lauterbach das Badehaus Goor errichten, in dem heute ein Hotel untergebracht ist. Im kleinen Hafen von Lauterbach liegt das Räucherschiff »Berta« und von hier aus starten Schiffsausflüge etwa nach Vilm, auf die ehemalige Urlaubsinsel des Ministerrats der DDR.

Die Bahnhöfe von Lauterbach und Putbus sind Haltepunkte des Rasenden Rolands und musikalischer Höhepunkt des Jahres sind die Putbus-Festspiele rund um Pfingsten.

INFO: Im Südosten der Insel Rügen gelegen. **INFO PUTBUS:** Tourist Information, Alleestr. 2, 18581 Putbus, Tel. (03 83 01) 431, www.putbus-info.de. **INFO ROSENCAFÉ:** Bahnhofstr. 1, Tel. (03 83 01) 88 72 90, www.raulff-hotels.de/rosen cafe-putbus, Öffnungszeiten tägl. 12–17 Uhr. **INFO BADEHAUS GOOR:** Fürst-Malte-Allee 1, 18581 Lauterbach, Tel. (03 83 01) 882 60, www. hotel-badehaus-goor.de, Öffnungszeiten Restaurant tägl. ab 17 Uhr. **INFO PUTBUS-FESTSPIELE:** www.theater-putbus.de.

🌳 🏛 Schlosspark Putbus ➡ C15

Der englische Landschaftspark beherbergt seltene Pflanzen sowie einige sehenswerte Baudenkmäler: Marstall und Orangerie, Gartenhaus, Affen- sowie Fasanenhaus und das Fürsten-Mausoleum. In dem klassizistischen Gebäude der Orangerie, das im 19. Jahrhundert erbaut und 1995 bis 1998 restauriert wurde, sind Kurverwaltung und Stadtbibliothek untergebracht. Neben dem Marstall informiert die Ausstellung »**Das verschwundene Schloss**« über die Geschichte und den Abriss des Schlosses zu Putbus. Im ehemaligen Affenhaus ist heute ein kleines **Puppen- und Spielzeugmuseum** untergebracht.

🎭 Theater Putbus ➡ C15

Markt 13, Putbus
✆ (03 83 01) 80 80, www.theater-putbus.de
Eine Bühne mit Geschichte und Stil: Im klassizistischen Theaterbau von 1821 war das kleinste Theater der DDR beheimatet. Das Haus bietet ein abwechslungsreiches Programm, es spielt das Ensemble des Theaters Vorpommern.

🚂 🎫 Rügensche Kleinbahn/Rasender Roland ➡ C15

Bahnhofstraße 14, 18581 Putbus
✆ (03 83 01) 88 40 14, ruegensche-baederbahn.de
Tägl. ca. alle 2 Std., Linienverkehr bis zu 16-mal tägl., Fahrkarten ab €2,40/1,20, Strecke: Lauterbach–Putbus–Binz–Jagdschloss Granitz–Sellin–Baabe–Göhren (27 km)

Lebensgroße Nachbildung antiker Kunst: Der Sterbende Gallier vor der Orangerie von Putbus

Laut schnaufend und wunderbar nostalgisch: Der »Rasende Roland« gehört ebenso zu Rügen wie die Kreidefelsen

FAHRT MIT DEM RASENDEN ROLAND ZUM JAGDSCHLOSS GRANITZ

Rügen, Mecklenburg-Vorpommern

Wer in Rügens Nordosten wohnt oder Urlaub macht, kennt das Geräusch: Es zischt und tuckert, dann erscheint ein kleines, grünes Bähnchen mit einer stattlichen Dampflokomotive vorweg. Der seit 1895 fahrende

Der »Rasende Roland« gehört ebenso zu Rügen wie die Kreidefelsen.

Rasende Roland ist eine Institution. Verlässlich zuckelt der Zug von Putbus oder Lauterbach zu den Ostseebädern Binz, Sellin, Baabe und Göhren. Auch am Jagdschloss Granitz (Baubeginn 1837, Architekt Johann Gottfried Steinmeyer) hält der hitzige Roland – ideal, um sich während der Fahrt die Beine zu vertreten. Was harmlos ausgedrückt ist angesichts des steilen Anstiegs vom Bahnhof zum markanten Schloss auf dem Tempelberg. Hat man es geschafft, sollte man erst einmal im Biergarten ein kühles Getränk nehmen, bevor ein weiterer Aufstieg beginnt.

Highlight ist nämlich im Inneren des 38 Meter hohen Mittelturms die Schinkeltreppe, die sich an der Turminnenwand emporwindet

bis zur Aussichtsplattform auf 144 Meter Meereshöhe. Das schaffen nur Schwindelfreie, denn das gusseiserne Geländer sieht nicht sehr vielversprechend aus und der Blick in die Tiefe wird mit jedem Schritt beeindruckender. Aber keine Angst: Die Treppe mit ihren 154 Stufen hält schon seit 1845 und wird es auch noch viele Jahre länger tun. Oben belohnt eine fantastische Aussicht über die Insel, an guten Tagen sogar über den Bodden bis nach Greifswald.

Der Weg zurück zum Bahnhof sollte am Granitzhaus gegenüber vom Schloss vorbeiführen, wo eine interessante Ausstellung zum Biosphärenreservat Südost-Rügen die einzigartige Natur erklärt, die man soeben noch von oben überblickt hat.

Vom Bahnhof fährt alle ein bis zwei Stunden ein Zug – wenn man es gut anstellt, muss man also nicht lange warten, um vom Rasenden Roland an den Strand gebracht zu werden.

INFO RASENDER ROLAND: Tel. (03 83 01) 88 40 14, ruegensche-baederbahn.de, Fahrplan vgl. Website. **INFO JAGDSCHLOSS GRANITZ:** Bahn-Haltestelle »Jagdschloss«, alternative Anfahrt mit der Bimmelbahn ab Binz oder dem eigenen Pkw bis Großparkplatz Süllitz, Tel. (03 83 93) 667 10, www.jagdschlossgranitz.de, Öffnungszeiten Schloss Mai–Sept. tägl. 10–18, Okt., April tägl. 10–17, Nov.–März tägl. außer Mo 10–16 Uhr, Eintritt € 6, bis 18 J. frei. **INFO GRANITZHAUS:** www.biosphaerenreservat-sued ostruegen.de, Öffnungszeiten Juni–Sept. tägl. 10–18, Mai, Okt. tägl. 10–16 Uhr, Eintritt frei.

Im Naturschutzreservat der Insel Vilm haben zahlreiche Vogelarten ihr Zuhause

Eine Fahrt mit dem »Rasenden Roland« ist ein Erlebnis für jedermann, zu jeder Jahreszeit: Die Strecke von Putbus nach Göhren legt die kleine Bahn in etwa eineinhalb Stunden zurück, bei einer Höchstgeschwindigkeit von 30 km/h. Das Blumenpflücken während der Fahrt ist verboten.

Ausflugsziele

Insel Vilm ➡ D15

Die Insel vor Lauterbach steht schon seit 1936 unter Naturschutz. Zu DDR-Zeiten erholte sich hier der Ministerrat, für die Öffentlichkeit war Vilm gesperrt. Über die Reederei Lenz (Chausseestr. 9 A, Lauterbach, ☏ 03 83 01-618 96, www.vilmexkursion.de, März–Okt.) ist der Besuch für maximal 30 Personen am Tag möglich. Eine Voranmeldung ist nötig.

Restaurant Nautilus ➡ D15

Neukamp 17, 18581 Putbus
☏ (03 83 01) 830, ruegen-nautilus.de
Tägl. ab 12 Uhr
Gehobene regionale Küche mit viel Fisch. Besonders interessant ist die Inneneinrichtung – sie könnte aus den Romanen des »Fantasy«-Autors Jules Verne stammen. €€

Geheimnisvolles Eiland in der Ostsee

VILM

Rügen, Mecklenburg-Vorpommern

Er war Heiligtum der alten Slawen, Refugium von Fürsten und Feriendomizil der DDR-Minister. Die landschaftliche Vielfalt des streng geschützten Vilms erreicht fast die von Rügen, der 980-mal so großen Nachbarinsel.

Die Häuschen auf dem Vilm beherbergen Gäste der Internationalen Naturschutzakademie Insel Vilm.

Teils im seichten Wasser, teils an Land liegen umgestürzte Bäume. Manche sind schon lange tot, ihr rindenloses Holz so weiß wie Knochen – von Salz und Wetter abgenagt und ausgeblichen. Doch vor allem ist die Insel grün. Weit bis in den Herbst hinein wuchert hier ein kleiner Ostseedschungel. Seit fast 500 Jahren darf die Natur auf diesem menschenleeren Mini-Eiland kurz vor Rügen tun und lassen, was sie will. Der letzte große Holzeinschlag fand 1527 statt. Die mächtigsten Eichen und Buchen ließ man stehen – als Schutz- und Futterspender für das Vieh. Bis heute prägen hölzerne Giganten das Bild der Insel, die stets nur Einsiedler und Putbuser Fürsten bewohnten.

Mit seiner »Landschaft mit Regenbogen« setzte Caspar David Friedrich der Insel 1810 ein künstlerisches Denkmal. Das Bild zeigt einen Blick zum Vilm, der damals noch leer und still war – bis nur wenige Jahrzehnte

später die Badegäste kamen. 1959 erklärte die DDR-Regierung das Eiland zur Sperrzone und baute darauf für sich selbst ein exklusives Datschendorf. Dass die Insel deshalb von den Landkarten verschwand, ist eine Legende. Immerhin war ihre Einsamkeit ein Glück für die Natur. Nur wenige Orte im Ostseeraum sind landschaftlich so vielfältig und artenreich.

Seit 1990 ist der Vilm Kernzone des Biosphärenreservats Südost-Rügen und darf nur mit Guide betreten werden. Die elf Ex-Minister-Häuschen dienen als Gästeunterkunft der Naturschutzakademie.

INFO: Vilm liegt 5 km vor der Südküste Rügens und gehört zur Stadt Putbus. **INFO INSELTOUR:** Start vom Hafen Lauterbach, 18581 Putbus, geführte Touren (3 km/2,5 Std.) mit Hin- und Rückfahrt für € 20, Kinder € 10, nur mit vorheriger Anmeldung: Tel. (03 83 01) 618 96, www.vilmexkursion.de.

RALSWIEK ➡ C15

Bereits im 9. Jahrhundert entstand hier am Südufer des Großen Jasmunder Boddens ein bedeutendes Handelszentrum. Heute leben allerdings nur rund 400 Einwohner in der Gemeinde Ralswiek. Bei Touristen und Einwohnern gleichermaßen beliebt: die herrliche Lage inmitten von bewaldeten Hügeln, Feldern und Wiesen, mit Blick auf die Boddenlandschaft.

Der Bekanntheitsgrad von Ralswiek stieg seit den 1960er Jahren dank Klaus Störtebeker: Bei den nach ihm benannten **Festspielen** werden die Abenteuer des Vitalienbruders und Seeräubers auf die Bühne gebracht. Das Neorenaissance-**Schloss Ralswiek** von 1893 wurde 2002 nach umfangreicher Rekonstruktion als Schlosshotel eröffnet.

Klaus Störtebeker (um 1360–1401), Vitalienbruder und Freibeuterkapitän, wurde vor den Toren Hamburgs geköpft. Der Begriff Vitalien stammt wohl von Viktualien, also Lebensmitteln. Der Name Störtebeker soll aus einem Spitznamen für seine Trinkfestigkeit entstanden sein: »Stürz den Becher«. Heute erlebt Störtebeker eine Wiedergeburt: als Theaterstar auf der Freilichtbühne von Ralswiek

🦢 🎭 Naturbühne Ralswiek/Störtebeker Festspiele ➡ C15

Am Bodden 100, Ralswiek
℡ (038 38) 311 00, www.stoertebeker.de
Termin 2022 noch offen

Nach Inszenierungen in den 1960er und 80er Jahren werden seit 1993 im Rahmen der »Störtebeker Festspiele« jährlich neue Dramen auf der imposanten Naturbühne aufgeführt. Jede Vorstellung endet mit einem Feuerwerk.

Das ehemalige Herrenhaus in Ralswiek wird heute als Hotel genutzt

STÖRTEBEKER FESTSPIELE RALSWIEK

Rügen, Mecklenburg-Vorpommern

So echt wirken Dramen selten: Ein Stück, das auf See spielt, wird exakt dort aufgeführt! Europas schönste Seebühne am Großen Jasmunder Bodden auf Rügen ist ein beeindruckendes Beispiel dafür, wie erfolgreich gute Ideen sein

Anlässlich der Störtebeker Festspiele lässt man es in Ralswiek gewaltig krachen.

können, wenn sie in die Tat umgesetzt werden. Über 4500 Zuschauer sehen sich im Schnitt eine Aufführung an, 150 Darsteller, 30 Pferde und vier Schiffe sind Teil des Geschehens, das sich hier seit 1959 – mit einigen Unterbrechungen – im Sommer abspielt.

Etliche der Theaterabende, die von Mitte Juni bis Anfang September stattfinden, sind ausverkauft, und viele Zuschauer sind mit den Jahren Stammgäste geworden, denn seit 1993 steht jährlich ein neues Stück auf dem Programm. Im Zentrum des Geschehens: Klaus Störtebeker, der hier ganz in der Nähe das Licht der Welt erblickt haben soll. Dieses Raubein der nordischen Meere hat so viele Abenteuer erlebt, dass es nicht schwerfällt, jeden Sommer auf der Bühne etwas Neues zu erzählen. Schiffe werden gekapert, Störtebeker flieht, es fliegen Kanonenkugeln und irgendwo muss auch noch

eine schöne Maid gerettet werden. So vergeht der Abend im Flug. Apropos, die Greifvogelschau vor dem Theater sollte man nicht verpassen. Adler und Bussarde kreisen majestätisch über der Freiluftarena; ein Falkner erklärt Interessantes über die Lebensweise der Tiere.

Wer das Drama nicht aus nächster Nähe zu sehen braucht, setzt sich auf die Terrasse von Schloss Ralswiek oben auf die Anhöhe. Von dort hat man einen passablen Blick auf die Seebühne und bekommt einen Eindruck davon, wie es früher einmal zuging – hier auf dem Meer und anderswo.

INFO: Ralswiek liegt am Großen Jasmunder Bodden. **INFO STÖRTEBEKER FESTSPIELE:** Am Bodden 100, 18528 Ralswiek, Tel. (038 38) 311 00, www.stoertebeker.de, Termin 2022 noch offen, allabendliches Feuerwerk am Ende der Vorstellung.

BINZ ➡ C15

Binz (5400 Einw.) an der Prorer Wiek ist seit 1884 Seebad, heute das größte auf Rügen. Das alte **Jugendstil-Kurhaus** von 1906 vor der 370 Meter langen **Seebrücke** wurde nach der Wende renoviert und beherbergt heute ein Luxushotel. Viele Cafés, Restaurants und kleine Lädchen laden zum Verweilen ein, und es gilt – wie an allen Strandpromenaden der Welt – die Devise »Sehen und gesehen werden«.

Auf dem vorgelagerten **Kurplatz** mit der Musikmuschel von 1937 finden regelmäßig Veranstaltungen statt. Die vielen weißen Gründerzeitvillen aus Holz mit ihren Veranden und Erkern verleihen Binz ein ganz besonderes Flair.

An der Seebrücke legen Ausflugsschiffe zu anderen Ostseebädern und zur Kreideküste ab. Als interessante

Binz ist eines der ältesten deutschen Seebäder

Mit dem Ausflugsschiff gelangt man schnell zu den Ostseebädern Sellin, Baabe und Göhren

Treppenaufgang im Aussichtsturm von Granitz

Ziele in der näheren Umgebung bieten sich die Feuersteinfelder der Schmalen Heide und die KdF-Anlage Prora an.

Tourist Information ➡ C15
Heinrich-Heine-Str. 7, 18609 Binz
✆ (03 83 93) 14 81 48, binzer-bucht.de, gemeinde-binz.de
Feb.–Okt. Mo–Fr 9–18, Sa/So 10–18 Uhr, sonst kürzer

Nixe ➡ C15
Strandpromenade 10, Binz
✆ (03 83 93) 66 62 00
www.nixe-hotel.de
Di–Sa ab 18 Uhr
Geschmackvoll eingerichtetes Fine Dining Restaurant.
€€–€€€

Vitamar ➡ C15
Im IFA Ferienpark Rügen, Strandpromenade 74, Binz
✆ (03 83 93) 920 70, erlebnisbad-vitamar.business.site
Tägl. 7.30–20 Uhr, Eintritt 3 Std. € 9/6
Tropisches Erlebnisschwimmbad mit Rutschen, Wasserfällen sowie Saunalandschaft und Wellnessbereich.

Ausflugsziele

Jagdschloss Granitz ➡ C15/16
Granitz
✆ (03 85) 58 84 15 22, www.mv-schloesser.de
Mai–Sept. tägl. 10–18, Nov.–März tägl. außer Mo 10–16, Okt. und April tägl. 10–17 Uhr, Eintritt € 6, bis 17 J. frei
Jagdschloss (1836) nach gotischem Vorbild im Biosphärenreservat Südost-Rügen. Den 38 Meter hohen Aussichtsturm entwarf kein Geringerer als Karl Friedrich Schinkel. Wer die 140 Stufen geschafft hat, wird durch einen tollen Blick über das Waldgebiet der Granitz belohnt und kann bei guter Sicht bis Stralsund und Hiddensee schauen. Anfahrt mit dem »Rasenden Roland« oder mit dem elektrischen Jagdschlossexpress ab Binz.

KdF-Anlage Prora ➡ C15
Dokumentationszentrum
Dritte Straße 4, 18609 Prora

NATURERBE ZENTRUM RÜGEN

Rügen, Mecklenburg-Vorpommern

Zwischen dem Badeort Binz im Süden und der Schmalen Heide im Norden ist die Insel Rügen nur wenige Hundert Meter breit. Hier im Binzer Ortsteil Prora, zwischen Ostseestrand und Kleinem Jasmunder Bodden, liegt mit dem

Naturerbe Zentrum Rügen ein Erlebnisraum der besonderen Art. Wo die Ökosysteme Wasser, Wald und Feuchtgebiete so unmittelbar aufeinandertreffen wie, lässt sich die Vielfalt der Natur besonders intensiv erleben, und genau darum geht es in diesem 2013 eröffneten Naturerbe Zentrum.

Ein Highlight ist der über einen Kilometer lange, barrierearme Baumwipfelpfad: Zwischen vier und 17 Meter über dem Boden schlängelt er sich durch die Baumkronen und bietet dabei nicht nur Einblicke in die Tier- und Pflanzenwelt, sondern lädt auch zum Mitmachen ein. So kann man z.B. beim Blick durch ein auf die Sehleistung eines Adlers eingestelltes Fernglas selbst zum »Adlerauge« werden. Unterwegs erklimmt man den 40 Meter hohen Aussichtsturm, der eine Buche umschließt, und genießt das beeindruckende Panorama aus Ostsee, Bodden und Wald.

Zahlreiche Lern- und Entdeckerstationen sowie Erlebnis- und Wechselausstellungen komplettieren das Angebot des Zentrums. Hier lässt sich die Entwicklung von der Raupe zum Schmetterling anhand eines Daumenkinos nachvollziehen, müssen Hindernisse überwunden und möglichst viele Punkte beim Insekten-Memory erzielt werden, sprühen die Funken im Feuersteinraum und informieren Texte, Fotos und Schautafeln über die Besonderheiten der Rügener Landschaft. Sogar seinen »Naturführerschein« kann man machen, an einer Comic-Rallye teilnehmen oder im NaturLabor

eigene Experimente starten. Fest steht: Großen und kleinen Hobby-Biologen wird hier in Prora alles geboten, was das Herz begehrt, und das vor einer atemberaubenden Kulisse!

INFO: An der Schmalen Heide bei Prora gelegen. **INFO NATURERBE ZENTRUM RÜGEN:** Forsthaus Prora 1, 18609 Ostseebad Binz, Tel. (03 83 93) 66 22 00, www.nezr.de, Öffnungszeiten April, Okt. tägl. 9.30–18, Mai–Sept. tägl. 9.30–19, Nov.–März tägl. 9.30–16 Uhr, Eintritt € 12,50 ermäßigt € 10,50, bis 6 J. frei.

Aussicht vom Turm des Naturerbe Zentrums.

KdF-Anlage Prora
am Strand von Rügen

℡ (03 83 93) 139 91
www.proradok.de
Tägl. Mai–Aug. 9.30–19, März/April, Sept./Okt. 10–18, Nov.–Feb. 10–17 Uhr, Eintritt € 4/3
1936 begann im Auftrag der NS-Organisation »Kraft durch Freude« (KdF) der Bau der größten Ferienanlage Europas. Der Zweite Weltkrieg verhinderte die Fertigstellung des Betonkolosses (4,5 km Länge). Heute befindet sich hier neben dem Dokumentationszentrum unter anderem auch eine Jugendherberge. In den letzten Jahren wurden zudem zahlreiche Blöcke in Ferienwohnungskomplexe umgewandelt.

SELLIN ➡ C16

Das Ostseebad liegt zwischen Binz und Göhren. Der alte Ortskern am Selliner See geht auf ein bereits 1225 erwähntes Fischerdorf zurück. Der »Badeortsteil« Sellin entstand allerdings erst mit dem Anschluss an die Touristen bringende Schmalspurbahn 1896. Schöner Blickfang ist die 1992–98 wiederhergestellte **Seebrücke** am Ende der unter Denkmalschutz stehenden **Wilhelmstraße** mit ihren Villen im Stil der Bäderarchitektur, geprägt von weiß gestrichenen, reich verzierten Holzfassaden.

Der über zwei Kilometer lange und bis zu 30 Meter breite Hauptstrand ist über die »Himmelsleiter« zu erreichen, eine breite Holztreppe.

Ein gut ausgebautes Rad- und Wanderwegenetz führt durch das Waldgebiet **Granitz**, z. B. zum **Jagdschloss Granitz** oder zu den **Hünengräbern bei Lancken-Granitz**. Vom **Selliner See** aus kann man mit Booten zum Hafen **Baabe** oder in das kleine Fischerdorf **Moritzdorf** übersetzen, das direkt am Naturschutzgebiet liegt (Autos nicht erlaubt).

ℹ️ Kurverwaltung/Tourist Information ➡ C16
Warmbadstr. 4, 18586 Sellin
☏ (03 83 03) 160, www.ostseebad-sellin.de
Mai–Sept. Mo–Fr 8.30–18, Sa/So 10–14, Okt.–April Mo–Fr 8.30–16.30 Uhr

Stilvolles Ambiente: Terrasse eines Strandrestaurants in Sellin

🏛️ 👥 Bernsteinmuseum ➡ C16
Granitzer Str. 43, Sellin
☏ (03 83 03) 872 79, www.bernsteinmuseum-sellin.de
Juni–Sept. Mo–Fr 10–13 und 14–17.30, Sa 10–12 Uhr, sonst kürzer, Eintritt € 1,50/0,50
Einblick in die Geschichte des Bernsteins. Angeschlossenes Geschäft eines Goldschmiedemeisters.

🏊 🕒 🌀 AHOI! Rügen ➡ C16
Badstr. 1, Sellin
☏ (03 83 03) 12 30, www.ahoi-ruegen.com
Karfreitag–Okt. tägl. 11–21, Sauna ab 15, sonst Bad und Sauna 14–21 Uhr, Eintritt ab € 15/11
Badelandschaft mit Riesenrutsche, Wasserfällen und Saunalandschaft, Wellnessbereich und Kursangebot.

❌ Seebrückenrestaurant ➡ C16
Seebrücke, Sellin
☏ (03 83 03) 92 96 00, www.seebrueckesellin.de
Tägl. 11–20 Uhr

Die Selliner Seebrücke ist die schönste der Insel Rügen

*Einmalige Lage zwischen
Selliner See und Ostsee mit
Panoramablick aufs Wasser*

Purer Genuss für alle Sinne

CLIFF HOTEL RÜGEN RESORT & SPA

Ostseebad Sellin, Mecklenburg-Vorpommern

D as Cliff Hotel Rügen erhebt sich am Strand des schmucken Ostseebades Sellin, das für seine prächtigen Villen im typisch weißen Bäderstil bekannt ist. Als ideal erweist sich die Lage des Hotels zwischen Selliner See und Ostsee, die den meisten der 246 Zimmer und Suiten eine Panoramaaussicht auf das Wasser erlaubt. Die Gäste freuen sich über einen eigenen Zugang zum feinsandigen Ostseestrand. Perfekt entspannt man sich in dem rund 2000 Quadratmeter großen »RÜLAX Beauty & Spa«-Bereich und genießt das größte Hotelschwimmbad Rügens. Das Becken überspannt zeitlos-elegant eine freitragende, trichterförmige Dachkonstruktion, die original noch von dem renommierten Binzer Bauingenieur Ulrich Müther entworfen wurde.

Entsprechend reicht die Entstehungsgeschichte des Hotels bis in die Zeiten der DDR zurück. Als »Erholungsheim Baabe« wurde es für die Funktionäre und Mitglieder des ZK der SED geplant und 1978 fertiggestellt. Nach der Wende firmierte das Haus erstmalig unter »Cliff Hotel Rügen« und ab 2007 wurde die Grande Dame der DDR-Hotels in ein komfortables Resort- und Spa-Hotel umgewandelt, das auch den gehobenen Ansprüchen des 21. Jahrhunderts gerecht wird.

Für das leibliche Wohl der Hotelgäste sorgen die Restaurants »Seeterrassen« mit feiner Küche, das »Casa Blanca« mit mediterranem Angebot sowie die Seemannskneipe »Hansestube«, während das nostalgische »Cliff Kultur Kino« im Spiegelsaal regelmäßig cineastische Unterhaltung bietet.

In Reichweite locken die schönsten Ziele Rügens, die Seebrücke Sellin, das Jagdschloss des Fürsten Malte, der Koloss von Prora, die Fahrt mit

Der SPA-Bereich »RÜLAX« mit dem größten Hotelschwimmbad der Insel Rügen ist nicht nur perfekt zum Entspannen, sondern auch ein architektonisches Highlight.

dem »Rasenden Roland«, der Baumwipfelpfad, die »weiße Stadt« Putbus und die UNESCO-Welterbestadt Stralsund. Und die Deutsche Alleenstraße, die im Cliff Hotel selbst ins Leben gerufen wurde, führt fast bis vor die Haustür.

INFO: Im Osten Rügens gelegen. **INFO CLIFF HOTEL RÜGEN:** Cliff am Meer 1, 18586 Ostseebad Sellin, Tel. (03 83 03) 80, Reservierungen Tel. (03 83 03) 8484, www.cliff-hotel.de, Preise auf Anfrage.

MÜTHERS BETONARCHITEKTUR

Rügen, Mecklenburg-Vorpommern

Ulrich Müther wurde am 21. Juli 1934 als ältester Sohn des Architekten Willy Müther geboren, machte eine Lehre als Zimmermann, studierte an der TU Dresden und arbeitete danach als Bauingenieur und Bauunternehmer

Ehemalige Rettungsstation am Strand in Binz.

in Binz. Er entwarf, berechnete, konstruierte und realisierte weltweit mehr als 50 sogenannte Schalen-Bauwerke. Sich selbst bezeichnete er bescheiden als Bauingenieur und Rügener »Landbaumeister«. Vorbild für seine Bauten waren Muscheln, deren feste Schalen ihn seit seiner Kindheit faszinierten. Daraus entwickelte er seine doppelt gekrümmte Tragwerke aus Stahlmatten, die er mit einer dünnen Schicht aus Spritzbeton verkleidete.

Am Südende des Binzer Strandes steht eine weiße Betonkapsel, die mit ihren Kulleraugen auf allen vier Seiten einem Ufo ähnelt. Früher wurde das eigenwillige Bauwerk als Rettungsturm genutzt, heute kann man hier den Bund fürs Leben schließen.

Das Ufo ist das kleinste Werk des Binzer Architekten. Seine filigranen Bauwerke hießen zu DDR-Zeiten »Sonderbauten« und etwas Besonderes sind seine Hyparschalen – hyperbolische Paraboloide – bis heute. Müther, der

Beton zu gefrorenen Segeln und gefaltetem Papier verarbeiten konnte, war ein Visionär und einer der wichtigsten Vertreter der Architektonischen Moderne »Made in GDR«. Auf Rügen werden seine Hyparschalen deshalb auch respektvoll Mütherschalen genannt.

Nach der Wende verfielen die Schalenbauten, einige wurden sogar abgerissen, wie das Restaurant Ahornblatt am Berliner Alexanderplatz. Doch seit einigen Jahren hat man den visionären Charakter seiner Bauwerke erkannt und bemüht sich um deren Erhalt. Ulrich Müther, der bis zu seinem Tod am 21. August 2007 immer in Binz gelebt hat, wird es eine späte Genugtuung gewesen sein.

INFO MÜTHER-BAUTEN: Ehemaliger Rettungsturm in Binz, Kurmuschel in Sassnitz, Gaststätte Inselparadies in Baabe, Gaststätte Ostseeperle in Glowe, Schwimmhalle des Cliff Hotels in Sellin. Auch der »Teepott« in Warnemünde ist ein typischer Müther-Bau.

Restaurant mit saisonaler Küche auf der beeindruckenden Seebrücke. €€

🖼 **Reederei Weiße Flotte** ➡ C16
✆ (038 31) 268 10
www.weisse-flotte.de
Ab Sellin, Baabe, Gager und Lauterbach können Besucher die Boddenküste per Schiff erkunden.

BAABE ➡ C16
Umgeben von Laub- und Nadelwäldern und im Westen an den Selliner See grenzend, befindet sich das
Ostseebad in malerischer Umgebung. Traditionelle,
mit Schilfrohr gedeckte Häuser, kleine Pensionen und
Hotels prägen das Gesicht des Orts. Eine rund drei Kilometer lange Promenade führt bis nach Göhren.

🏛 **Mönchguter Küstenfischermuseum** ➡ C16
Bollwerk-/Ecke Dorfstraße, Baabe
✆ (03 83 03) 14 20
Frei zugänglich, Eintritt frei
Zu sehen sind u. a. das 9,20 Meter lange, offene Motor-
boot »Ossi« und Fischerei-Handwerkszeug.

Viele Touristen sind sich einig:
Ostseeurlaub ist Strandurlaub

*Zugang zur Seebrücke
von Göhren*

OSTSEEBAD GÖHREN ➡ C16

Seit 1899 endet hier die Schmalspurbahn Rasender Roland (vgl. S. 187 ff.). Ehemals ein kleines Fischerdorf, entwickelte sich Göhren zu einem beliebten Badeort. Hauptanziehungspunkte sind Nord- und Südstrand mit einer Länge von insgesamt sieben Kilometern.

☒ ▯ Strandhaus 1 ➡ C16

Nordstrand 1, Göhren
☎ (03 83 08) 250 97
www.seaside-strandhaus1.de
Von der Terrasse der gemütlichen Kneipe bietet sich ein schöner Meerblick. Abends gelegentlich Livemusik.

Ausflugsziel

◉ 🏛 Pfarrwitwenhaus ➡ C16

Boddenstr. 35, Groß Zicker
☎ (03 83 08) 82 48, www.kirche-auf-moenchgut.de
Wechselnde Kunstausstellungen von Himmelfahrt bis Okt., Mo–Fr 11–16/17, Sa/So 13.30–16/17 Uhr
Eintritt € 2,20/1
Der reetgedeckte Bau diente seit 1720 den Frauen verstorbener Pastoren als Unterkunft. Heute gibt es hier Kunstausstellungen.

Das Pfarrwitwenhaus ist eines der ältesten Wohnhäuser auf Rügen

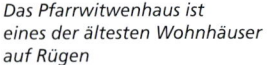

Die Insel Ummanz gehört zum Nationalpark Vorpommersche Boddenlandschaft

WEST-RÜGEN ➡ B/C14

Die weite Boddenlandschaft um die Orte **Gingst, Trent** und **Schaprode**, die **Halbinsel Lieschow** und die Insel Ummanz an der Westküste Rügens sind geeignete Ziele für diejenigen, denen die Ostseebäder zu lebhaft sind.

Die **Insel Ummanz** ➡ B7 zwischen Rügen und Hiddensee ist seit 1901 über eine 250 Meter lange Brücke von der Halbinsel Lieschow aus zu erreichen. Als »Kranichinsel« ist Ummanz bei Vogelfreunden über die Landesgrenzen hinaus bekannt.

🏠🎿🎨 Rügen-Park ➡ C14

Mühlenstr. 22 B, Gingst
✆ (03 83 05) 550 55, www.ruegenpark.de
Mitte April–Okt. Di–So 10–18 Uhr, Juli/Aug. auch Mo
Eintritt € 11/4–9
Miniaturen- und Freizeitpark mit Nachbauten Rügens und zahlreicher weltberühmter Baudenkmäler. Für Kinder interessant: ein Wildwasserrondell, Jet-Scooters und ein Streichelzoo.

Weg ins Moor im Nationalpark Jasmund

NATIONALPARK JASMUND ➡ B/C15/16

Die Halbinsel Jasmund ist durch eine schmale Nehrung mit der Halbinsel Wittow und durch die Schmale Heide mit Südost-Rügen verbunden. Unter Einbeziehung der 40 Hektar großen Seen- und Moorfläche in den Buchenwäldern der Stubbenkammer und der Flachwasserzonen der Ostsee wurde hier der Nationalpark Jasmund gegründet – Deutschlands kleinster.

Hier erhebt sich die ❽ **Kreideküste** ➡ B16 mit dem Königsstuhl und den Resten der 2005 abgestürzten **Wissower Klinken**, die Caspar David Friedrich durch sein

NATIONALPARK JASMUND UND SEINE BUCHENWÄLDER

Rügen, Mecklenburg-Vorpommern

Die Mischung aus Kreidefelsen, Ostseeblick und dichtem Buchenwald ist eine wunderbare Erfindung der Natur und sie wird zu Recht von der UNESCO zu den erhaltenswertesten Naturerbestätten der Welt gezählt.

Kreidefelsen von Rügen.

Wer es eilig hat, steuert den Parkplatz in Hagen an und nimmt den Shuttlebus in den Nationalpark zum Nationalpark-Zentrum. Genießer spazieren durch den Park entlang einiger Moore und des Herthasees zum Königsstuhl, dem größten Kreidefelsen Rügens.

Auf 118 Metern Höhe thront man wahrlich über dem Meer, schon Caspar David Friedrich war von dieser Sicht begeistert. Und so ist es nicht verwunderlich, dass der Nationalpark nach dem Kap Arkona das zweitbeliebteste Ausflugsziel auf Rügen ist. Vor allem das Nationalpark-Zentrum KÖNIGSSTUHL mit seiner sehr interessanten Ausstellung zieht Familien in den Bann, ist doch das Angebot mit vielen Mitmachstationen kindgerecht gestaltet.

Wem mehr nach Beschaulichkeit ist, der steuert die etwas weiter im Süden liegende Victoria-Sicht an – einen Kreidefelsen, der ebenfalls eine beachtliche Höhe vorweist und vor allem den Blick auf den Königsstuhl ermöglicht.

Einsame Wanderer nähern sich der geschützten Natur auf andere Art: Ein Hochuferweg führt von Sassnitz aus immer an der Steilküste entlang durch die Stubnitz genannte Waldlandschaft, die von Rotbuchen geprägt ist. Das Rascheln des Laubes vereint sich wunderbar mit dem Rauschen des Meeres weit unten. Unterwegs trifft man auf die Reste der Wissower Klinken, der bekanntesten Klippenformation, die 2005 abstürzte. Ganz in der Nähe hat 2017 das UNESCO-Welterbeforum eröffnet.

Es gibt auch ein paar Abstiege zum Ostseestrand am Fuße der Kreidefelsen, wo man auf Fossilienjagd gehen kann – beliebte Suchobjekte, die aber im Nationalpark verbleiben müssen. Aber Vorsicht: Am Kliff besteht Abbruchgefahr.

INFO: Im Nordosten auf der Halbinsel Jasmund gelegen. **INFO NATIONALPARK-ZENTRUM:** Stubbenkammer 2, 18546 Sassnitz, Tel. (03 83 92) 66 17 66, www.koenigsstuhl.com, Öffnungszeiten tägl. April–Okt. 9–18, Juni–Aug. 9–19, Nov.–März 10–17 Uhr, Eintritt € 10, ermäßigt € 4,50, Familien € 20, Eintritt inkl. Shuttlebus ab Parkplatz € 12,50, Familien € 28.

Gemälde berühmt gemacht hat. Der **Königsstuhl** gehört zu den meistbesuchten Sehenswürdigkeiten der Insel und ist einer der bekanntesten Aussichtspunkte Deutschlands. Von hier fällt der Blick 118 Meter tief in die Ostsee. Die Besichtigung der Plattform ist im Eintritt des direkt am Königsstuhl gelegenen Nationalpark-Zentrums inkludiert. Da man den Königsstuhl, wenn man auf ihm steht, selbst nicht sieht, empfiehlt sich zusätzlich ein Blick von der benachbarten **Victoria-Sicht**.

Donnerkeile sind fossile Überreste urzeitlicher Tintenfische

Wer auf Ostseeniveau hinabsteigen möchte, kann das heute nur noch bei der Piratenschlucht und dem Kieler Ufer tun. Fossilien dürfen leider nicht mitgenommen werden.

🏰 🚋 Nationalpark Jasmund ➡ B/C15/16

℡ (03 83 92) 350 11, www.nationalpark-jasmund.de
Mai–Sept. geführte Wanderungen
Deutschlands kleinster Nationalpark (3070 ha). Etwa 500 ha des Buchenwalds sind UNESCO-Weltnaturerbe.

👁 ℹ 🏛 Königsstuhl und Nationalpark-Zentrum ➡ B16

Nationalpark-Zentrum KÖNIGSSTUHL
www.koenigsstuhl.com
Tägl. April–Okt. 9–18, Juni–Aug. 9–19, Nov.–März 10–17 Uhr, Eintritt € 10/4,50, bis 5 J. frei

Die Kreidefelsen von Rügen im Abendlicht – ein Motiv für Romantiker

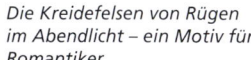

RÜGEN AUF DEN BILDERN VON CASPAR DAVID FRIEDRICH

Rügen, Mecklenburg-Vorpommern

Zwischen 1801 und 1826 reiste der in Greifswald geborene Maler Caspar David Friedrich mindestens ein halbes Dutzend Mal nach Rügen, durchstreifte die Insel, selbst bei Wind und Wetter. Auf diesen Ausflügen hat

Die Kreidefelsen auf Rügen – 200 Jahre nach der Entstehung des berühmten Gemäldes.

er in zahlreichen Skizzen, Sepiazeichnungen und Gemälden die Landschaft Rügens festgehalten. Das Gemälde »Frau am Meer« zeigt im Hintergrund Kap Arkona, die »Landschaft mit Regenbogen« offenbart die Weite Südost-Rügens, sein Bild »Tal oberhalb von Putbus« die Reize der Gegend rund um die Residenzstadt. Auch die Hünengräber aus der Jungsteinzeit hat er gemalt.

Auch wenn Caspar David Friedrich immer ausführliche Studien vor Ort anfertigte, wollte er nie die Natur möglichst genau abbilden, sondern vielmehr seine eigenen Empfindungen auf die Leinwand bringen. So glaubte er: »Nicht die treue Darstellung von Luft, Wasser, Felsen und Bäumen ist die Aufgabe des Bildners, sondern seine Seele, seine Empfindung soll sich darin widerspiegeln.«

Sein berühmtes, 1818 entstandenes Gemälde »Kreidefelsen auf Rügen« zählt zu den Hauptwerken der deutschen Romantik und hängt heute im Museum Oskar Reinhart in Winterthur in der Schweiz. Im 19. Jahrhundert wurde es zum Symbol für die dramatische Schönheit der Insellandschaft und machte Rügen bei Künstlern populär.

Das Bild zeigt die Kreidefelsen der Stubbenkammer. Der Betrachter blickt wie durch einen Vorhang aus Buchen, die das Bild herzförmig säumen, auf grellweiße Kreidefelsen und dahinter auf das weite, bläulich schimmernde Meer. In der Ferne sind zwei Segelboote zu sehen. Im Vordergrund erkennt man drei Personen, wahrscheinlich den Maler in der Mitte des Bildes, seine Frau Caroline im roten Kleid und seinen Bruder Christian, der an einen Baumstamm gelehnt in die Ferne schaut. Lange Zeit hat man geglaubt, dass dem Maler die Wissower Klinken als Vorlage gedient haben, doch die gab es zu Friedrichs Zeiten noch gar nicht, sie entstanden erst später durch Erosion.

Das Nationalpark-Zentrum Königsstuhl bietet eine Führung auf den Spuren des Malers durch den Nationalpark Jasmund an.

INFO WANDERUNG – AUF DEN SPUREN VON CASPAR-DAVID-FRIEDRICH: Nationalpark-Zentrum Königsstuhl, Stubbenkammer 2, 18546 Sassnitz, Tel. (03 83 92) 66 17 66, www.koenigsstuhl.com/besucher-zentrum-am-koenigsstuhl/gruppenangebote/wandergruppen.

Zum höchsten Kreidefelsen Rügens (118 m) pilgern jährlich Hunderttausende Touristen. Die Umgebung des Königsstuhls bezeichnet man als **Stubbenkammer**. Das Nationalpark-Zentrum informiert auf einer 2000 m² großen Ausstellungsfläche.

Von Sassnitz ist der Königsstuhl ausgeschildert. Der Großparkplatz befindet sich 2 km von der Sehenswürdigkeit entfernt in Hagen. Shuttlebusse sorgen für eine Anbindung. Man kann jedoch ebenso gut durch den Nationalpark zum Königsstuhl wandern.

SASSNITZ ➡ B16

Größter Ort der Halbinsel und zweitgrößte Stadt Rügens ist Sassnitz (10 500 Einw.). Um die Jahrhundertwende wandelte sich das Fischerdorf zu einem feinen Ostseebad. 1909 wurde eine Eisenbahn-Fährverbindung nach Trelleborg eingerichtet. Doch nachdem Sassnitz sich zum Industriestandort für Fisch- und Kreideverarbeitung entwickelt hatte, waren die Zeiten des eleganten Seebads dahin. In den letzten Jahrzehnten versuchte man diese Entwicklung wieder umzukehren.

Der **Stadthafen** lebt heute von Fischerei und Tourismus. Von hier starten Ausflugsschiffe, werden frische Fischbrötchen vom Schiff verkauft und einige attraktive Lokale haben sich angesiedelt.

ⓘ Tourist Information ➡ B16

Strandpromenade 12, 18546 Sassnitz
℡ (03 83 92) 64 90, www.insassnitz.de
Mo–Fr 9–18, Sa/So 10–17 Uhr, im Winter kürzer

An der Promenade von Sassnitz flanieren Einheimische und Urlauber gleichermaßen gern

*Der Leuchtturm von
Sassnitz wurde ins Stadtwappen
aufgenommen*

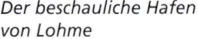 **Fischerei- und Hafenmuseum** ➡ B16
Im Stadthafen, Sassnitz
☏ (03 83 92) 578 46, www.hafenmuseum.de
April–Okt. tägl. 10–18, Nov.–März tägl. außer Mo 11–17
Uhr, Eintritt € 5/3
Dokumentiert die Entwicklung der regionalen Fischerei,
gezeigt werden Arbeits- und Fischereigeräte.

LOHME ➡ B15

Das romantische Lohme an der Rügener Nordküste ist
seit Ende des 19. Jahrhunderts ein See- und Luftkurort.
Es liegt malerisch auf einer hohen, bewaldeten Steilküste mit Blick auf die Landzunge von Kap Arkona.

*Der beschauliche Hafen
von Lohme*

HALBINSEL WITTOW ➡ A/B14/15

»Windland« heißt die Halbinsel, die Rügens nördlichsten Teil bildet, wohl wegen der steten Brise, die hier weht. Eine schmale Nehrung, die **Schaabe** ➡ B15, stellt die Verbindung zur Halbinsel Jasmund dar. Der neun Kilometer lange, feinsandige Strand der Schaabe erstreckt sich zwischen Glowe und Juliusruh.

Auf dem Weg von Jasmund aus lohnt südwestlich von Glowe ein Blick auf **Schloss Spyker** ➡ B15, eine spätgotische Schlossanlage (heute ein Hotel).

Am nördlichsten Punkt von Wittow liegt **Kap Arkona** ➡ A15, eines der Wahrzeichen von Rügen und eine der meistbesuchten Sehenswürdigkeiten. Die dramatische Steilküste, der weite Blick über die Ostsee und die Reste einer Wallanlage, die einst die legendäre Jaromarsburg umgab, hinterlassen einen bleibenden Eindruck. An Rügens Nordkap wurde 1895 die erste Seenotrettungsstation Deutschlands eingerichtet. Zudem gibt es hier oben den 19 Meter hohen, quadratischen Schinkelturm (1826/27), den Neuen Leuchtturm von 1902 (36 m hoch) und das Turmwärterhaus zu entdecken.

Das idyllische Fischerdörfchen **Vitt** liegt südlich von Kap Arkona. Sehenswert ist die **Kosegarten-Kapelle**. Das kleine achteckige Gotteshaus wurde 1806 erbaut.

Die **Wittower Fähre** verbindet Breege mit dem Nordwesten Rügens.

ℹ Tourist Information ➡ A/B15
Am Parkplatz 1
18556 Putgarten
✆ (03 83 91) 130 37

Auf Wittow unbedingt einen Besuch wert: Schlosshotel Spyker am Spykersee (links) und die reetgedeckte Kosegarten-Kapelle in Vitt (rechts)

Das Nordkap Deutschlands

KAP ARKONA

Rügen, Mecklenburg-Vorpommern

Eine beeindruckende Steilküste, Wind und Wetter trotzende Leuchttürme: Das gibt es nicht nur auf den Shetland-Inseln oder am Nordkap, sondern auch auf Rügen. Das Kap Arkona hoch im Norden auf der Halbinsel Wittow hat nicht nur den Charme einer wettergegerbten Windsbraut, es ist auch noch sagenumwoben mit Resten einer alten Tempelburg, einem Kultort der Ranen – Slawen, die hier einst ihren Gott Swantewit verehrten, bevor die Christen dem Treiben 1168 ein Ende setzen und die Burg rasierten.

Heute ist das Kap Arkona der beliebteste Ausflugsort ganz Rügens, vielleicht gerade wegen seiner Mischung aus Historie, Naturschönheit und Architektur. Es lohnt sich, die Leuchttürme näher zu erkunden, und wer einmal auf der Aussichtsplattform des Schinkelturms bei Windstärke 8 eine Runde gedreht hat, wird stolz von einem kleinen Abenteuer berichten können. Immerhin ist man nicht übers Geländer

Kap Arkona mit dem Schinkelturm rechts und dem Leuchtfeuer Kap Arkona links.

gepustet worden. Dieser älteste der drei Türme stammt noch aus dem 19. Jahrhundert, im Inneren befinden sich Ausstellungen zum Leuchtfeuerwesen und ein Standesamt für ein romantisches Jawort.

Zeugnisse vom Zweiten Weltkrieg und der DDR-Marine gibt es natürlich auch: In der Nähe befindet sich der Marineführungsbunker und das Künstlerhaus am Kap Arkona ist im ehemaligen Marinesignalhaus untergekommen.

Leider kommt es an der Steilküste immer wieder zu gefährlichen Abbrüchen, weshalb die berühmte 230-stufige Königstreppe hinab zum Meer in 42 Metern Tiefe gesperrt werden musste. Sie wurde erstmals 1833 erbaut, um einen Zugang zu einem Schiffsanleger zu schaffen. 1995 nach historischem Vorbild neu errichtet, wird das Geländer jetzt von Möwen als Landeplatz genutzt. Davon gibt es am Kap nämlich mindestens genauso viele wie Menschen. Am Marinepeilturm sind die Reste des halbkreisförmigen doppelten Ringwalls der Jaromarsburg aus dem 6. Jahrhundert Zeugnisse der slawischen Besiedlung.

INFO KAP ARKONA: Am Parkplatz 1, 18556 Putgarten, Tel. (03 83 91) 130 37, www.kap-arkona.de. **INFO SCHINKELTURM:** derzeit geschl. **INFO NEUER LEUCHTTURM:** Öffnungszeiten Mai–Okt. tägl. 10–17/18, April tägl. 10–16 Uhr, Eintritt € 3. **INFO MARINEPEILTURM:** Öffnungszeiten tägl. April–Okt. 10–17/18, Nov.–März 11–17 Uhr, Eintritt € 3. **INFO MARINEFÜHRUNGSBUNKER:** Informationen zu Öffnungszeiten und Führungen bei der Tourist Information, Tel. (03 83 91) 130 37.

Wer nicht laufen mag, gelangt mit der Arkonabahn zum Kap Arkona. Das gasbetriebene Fahrzeug verkehrt hier seit 1993

www.kap-arkona.de
Juli/Aug. tägl. 9–18 Uhr, sonst kürzer und evtl. Sa/So geschl.

🚋 ♻ Arkonabahn ➡ A/B15
Putgarten
☎ (03 83 91) 132 13
www.kap-arkona-bahn.de
Hin- und Rückfahrt € 5/3
Da Kap Arkona und Vitt autofreie Zone sind, kann man von den Parkplätzen vor Putgarten die gasbetriebenen Wegebahnen benutzen.

Einer der zahlreichen beliebten Fotospots auf Hiddensee

Den Ortsteil Vitte mit seinen gerade mal 500 Einwohnern kann man auch per Pferde-kutsche erkunden

HIDDENSEE ➡ B/C14

»Sötes Länneken« – süßes Ländchen nennen die Be-wohner ❾ Hiddensee liebevoll. Ein Besuch der Insel bedeutet Natur pur. Von der höchsten Erhebung, dem **Dornbusch** ➡ B14 im Norden, von wo man bei klarem Wetter bis nach Dänemark gucken kann, bis zum Gel-ler Haken im Süden gibt es weit und breit kein Auto – bevorzugte Verkehrsmittel sind das Fahrrad (Verleiher gibt es auf der ganzen Insel) und die Pferdekutsche.

Wer noch mehr Aussicht möchte, der erklimmt die Stufen des **Leuchtturms Dornbusch**. Vielen Fernsehzu-schauern mag er bekannt vorkommen, denn von hier aus sendet die ARD gern mal die aktuelle Wetterlage. 18 Kilometer lang und oft nicht mal einen Kilometer breit ist Hiddensee, und auch zu Fuß darf man hier nicht überall hin. Naturschutzhinweise müssen unbe-dingt beachtet werden, denn die ganze Insel ist Teil des EU-Vogelschutzgebiets Nationalpark Vorpommer-sche Boddenlandschaft. Der feine Sandstrand ist 20 bis 30 Meter breit, der Flachwasserbereich beträgt bis zu 30 Meter (Richtung Kloster FKK-Abschnitt).

Vom Dreißigjährigen Krieg bis 1815 war Hiddensee in schwedischer Hand, zu DDR-Zeiten galt es als »Intel-lektuelleninsel«. Wem neben so viel Natur auch etwas nach Kultur zumute ist, dem sei ein Besuch im **Gerhart-Hauptmann-Haus** in Kloster empfohlen. Fünf Räume gewähren Einblick in Leben und Schaffen des sozial-kritischen Schriftstellers und Nobelpreisträgers, der viele Jahre seines Lebens hier verbrachte.

Insel Hiddensee

Hiddensee, Mecklenburg-Vorpommern

Ruhe. Die bekommt man in Hiddensee im Überfluss. Vor allem nach 16 Uhr, wenn die letzte Fähre nach Stralsund abgelegt hat. Dann sind die Tagesgäste verschwunden und die Einheimischen und Langzeiturlauber haben die Insel für sich. Hiddensee ist autofrei. Auf der 19 Kilometer langen und nur wenige Hundert Meter breiten Insel ist man zu Fuß, mit dem Pferdegespann oder dem Fahrrad unterwegs. Auf dem flachen Eiland ist das Rad das perfekte Fortbewegungsmittel. Nur wenn man zum 72 Meter hohen Bakenberg, dem höchsten Punkt der Insel, hinaufradelt, kommt man ins Schwitzen. Den 1888 errichteten Leuchtturm Dornbusch, der auf seiner Spitze steht, kennt man aus dem Fernsehen, wo er an Sturmtagen einem mit Puschelmikrofon bewaffneten Wettermann als malerischer Hintergrund dient. An einem klaren Tag sieht man von hier aus bis hinüber nach Stralsund und sogar zur dänischen Insel Møn.

Vielen Besuchern wird es so gehen wie einst dem Literaturnobelpreisträger Gerhart Hauptmann: Als er 1885 erstmals nach Hiddensee kam, gefiel es ihm so gut, dass er immer wiederkommen wollte. Deswegen kaufte er sich auf der Insel ein Haus. Das ist heute ein Museum und die meistbesuchte Sehenswürdigkeit der Insel. Obwohl Gerhart Hauptmann in seinen Werken immer auf der Seite des kleinen Mannes stand, war er auf Hiddensee so gar nicht volksnah. Man bekam ihn während seiner allsommerlichen Inselbesuche kaum zu Gesicht. Wegen seiner Unnahbarkeit nannten sie ihn den »König von Hiddensee«.

Offenbar inspiriert das kleine Eiland Künstler ganz besonders, denn auch Ernst Barlach, Carl Zuckmayer, Käthe Kollwitz, Gustaf Gründgens und sogar Billy Wilder waren für längere Zeit auf Hiddensee. Regelmäßig zu Gast war auch die Gründerin der Dresdner Tanzschule, Gret Palucca. Die 1993 verstorbene Künstlerin liegt auf dem Inselfriedhof begraben. Ihr zu Ehren veranstalten ihre Schüler seit Mitte der 1990er Jahre jeden Sommer eine Tanzwoche auf Hiddensee.

Info: Insel Information Hiddensee GmbH, Achtern Diek 18 A, 18565 Vitte, Tel. (03 83 00) 60 86 85, www.seebad-hiddensee.de.

Der Leuchtturm liegt auf dem 72 Meter hohen Bakenberg im sogenannten Hochland der Insel Hiddensee.

⬛ Reederei Hiddensee ➡ B14
Achtern Diek 4, 18565 Vitte
℡ (03 83 00) 210, www.reederei-hiddensee.de
In der Saison tägl. Fahrten: Schaprode–Hiddensee,
Stralsund–Hiddensee, Wiek–Hiddensee.
Tickets Hin- und Rückfahrt ab € 18,90/10,10

ⓘ Tourist Information ➡ B14
Achtern Diek 18 A, 18585 Vitte, ℡ (03 83 00) 60 86 85,
tägl. 10–14 Uhr, im Winter weniger und
Hafenweg 15,18565 Kloster, ℡ (03 83 00) 606 54, tägl.
10–13 und 15–16 Uhr, im Winter geschl.
www.seebad-hiddensee.de

🏛 Gerhart-Hauptmann-Haus ➡ B14
Im Haus Seedorn, Kirchweg 13, Kloster
℡ (03 83 00) 397, www.hauptmannhaus.de
Mitte April–Okt. Mo–Sa 10–17, So 13–17, Feb.–Mitte April
Di–Sa 12–15 Uhr, Eintritt € 6/4
Das Sommerhaus des Dichters beherbergt eine Ausstellung über sein Leben und Werk. Das Grab Hauptmanns
(gestorben 1946) liegt in der Nähe auf dem Inselfriedhof.

🏛 Heimatmuseum ➡ B14
Kirchweg 1, Kloster
℡ (03 83 00) 363, heimatmuseum-hiddensee.de

Auf Hiddensee sind viele Hotels und Restaurants in traditonellen Fachwerkhäusern untergebracht

Auf der autofreien Insel ist die Wanderung zum Leuchtturm Dornbusch ein Muss

April–Okt. tägl. 10–16, Nov.–März nur Do–Sa 11–15 Uhr
Eintritt € 5, bis 12 J. frei
Ausstellung zur Inselgeschichte und Nachbildung des Hiddenseer Goldschatzes (Original im Kulturhistorischen Museum in Stralsund).

👁 🐘 Leuchtturm Dornbusch ➡ B 14

Zugang nur zu Fuß ab Kloster, gut ausgeschildert, oder ab Grieben
Mai–Okt. tägl. 10.30–16 Uhr, kurzfristige Änderungen möglich, Zutritt aus Sicherheitsgründen ab 6 J., Außenplattform ab Windstärke 6 geschl., Eintritt € 3/1,50
Die Leuchtfeueranlage, 1888 auf dem Schluckwieksberg errichtet, ist noch voll funktionstüchtig. Während der Ginsterblüte in den Frühlingsmonaten ist der Ausflug zum Leuchtturm besonders reizvoll.

🐾 🎭 Seebühne ➡ B 14

Wallweg 2, Vitte
☎ (03 83 00) 605 93, www.hiddenseebuehne.de
Das Ensemble spielt Stücke für Kinder und Erwachsene.

Caspar David Friedrich malte die Segler vor seiner Heimatstadt Greifswald um 1818

Greifswald und Usedom

Schneeweiße Strände, stürmische Ostsee und mondäne Bäderarchitektur, zauberhafte, stille Natur und verträumte Dörfern im Hinterland – das ist Usedom.

Vor den Toren der Insel liegt Greifswald. Die Hansestadt gründete ihren Ruhm auf den Wissenschaften. Im 18. Jahrhundert wurde der Stadt ein Sohn geboren, der viele Ansichten seiner Heimat bis heute in aller Welt bekannt gemacht hat: Der große romantische Maler Caspar David Friedrich.

GREIFSWALD ➡ E15

Die Stadt hat eine wechselhafte Geschichte hinter sich. Im 13. Jahrhundert gründeten Mönche des nahen Klosters Eldena die Siedlung am Ryck. 1287 trat man der Hanse bei. 1648 kam Greifswald mit Vorpommern zu Schweden und fiel 1815 Preußen zu. Die 1456 gegründete **Universität** hatte berühmte Studenten, so z. B. 1509 den Humanisten Ulrich von Hutten und Ende des 18. Jahrhunderts den Dichter Ernst Moritz Arndt, der später hier auch Professor war.

Ein berühmter Sohn Greifswalds ist Caspar David Friedrich, der u. a. mehrfach die Ruine des **Klosters Eldena** malte. Zwar hängen einige seiner Bilder heute im Pommerschen Landesmuseum – nur einen Steinwurf vom Geburtshaus des Malers entfernt. Aber Rang und Namen des Lokalhelden haben dafür gesorgt, dass

Hafen von Greifswald

Dom St. Nikolai im Herbst

seine Hauptwerke größeren und bedeutenderen Sammlungen angehören. Dennoch lohnt ein Besuch des Pommerschen Landesmuseums, das in einem eleganten klassizistisch-preußischen Bau untergebracht ist. Zu den bedeutendsten Exponaten gehört der Croy-Teppich, ein Gobelin von 1554, der Martin Luther auf der Kanzel zeigt.

Der besonders schöne **Marktplatz** dient Einheimischen, Studenten und Touristen gleichermaßen als Ort der Ruhe und Erholung bei einer Tasse Kaffee oder einem Fischgericht. Meisterwerke norddeutscher Backsteingotik sind hier die **Marienkirche** und der Dom **St. Nikolai**.

ℹ️ Tourist Information ➡ E15
Rathausarkaden/Am Markt, 17489 Greifswald
☎ (038 34) 85 36 13 80, www.greifswald.info
April–Okt. Mo–Fr 10–18, Sa 10–14, Juni–Sept. auch So 10–14, Nov.–März Mo–Fr 10–17 Uhr
April–Okt. thematische Stadtführungen online buchbar.

🏛 Pommersches Landesmuseum ➡ E15
Rakower Str. 9, Greifswald
☎ (038 34) 831 20
www.pommersches-landesmuseum.de
Mai–Okt. tägl. außer Mo 10–18, Nov.–April tägl. außer Mo 10–17 Uhr
Eintritt € 7,50/5,50, bis 3 J. frei
Ausstellung zur Erd- und Landesgeschichte Pommerns sowie eine erstrangige Gemäldesammlung mit über

Romantik liegt in der Luft

GREIFSWALD

Greifswald, Mecklenburg-Vorpommern

Kernstück der Altstadt von Greifswald ist der Marktplatz. Mit seinen historischen Häusern, verzierten Fassaden und den beiden gotischen Wohnspeicherhäusern zählt er zu den schönsten in Deutschland. Eigentlich

bestand er aus zwei Plätzen: dem nahezu quadratischen Hauptmarktplatz und dem wesentlich kleineren Fischmarkt. Dort wird zwar heute kein Fisch mehr verkauft, aber zumindest erinnert die gleichnamige Brunnenskulptur an seine ursprüngliche Nutzung. Als Bindeglied zwischen den Plätzen fungiert das rote, ursprünglich um 1400 erbaute gotische Rathaus mit seinen barocken Volutengiebeln.

Greifswald besitzt einen der schönsten Marktplätze Norddeutschlands.

Im Hintergrund ragt das Wahrzeichen Greifswalds empor: der Dom St. Nikolai mit seinem imposanten, über 100 Meter hohen Turm. Der für den Norden typische Backsteinbau wurde 1250 begonnen und war die Taufkirche Caspar David Friedrichs. Die zweite der drei gotischen Stadtkirchen Greifswalds – zugleich die kleinste – ist St. Jakobi, nahe dem Hauptgebäude der Universität, die bereits 1456 gegründet wurde.

Fehlt zum kompletten Trio noch »die dicke Marie«, wie die Kirche St. Marien wegen ihrer gedrungenen Anlage von den Greifswäldern genannt wird. Man vermutet, dass St. Marien die älteste Kirche der Stadt ist. Neben ihrer massiven Erscheinung hat sie auch ein reiches Innenleben zu bieten. Mittelalterliche, farbenfrohe Wandmalereien in der Gedächtniskapelle sorgen für eine warme Atmosphäre, die Kanzel aus dem 16. Jahrhundert beeindruckt mit Intarsien und Schnitzereien.

Vom Marktplatz gelangt man in wenigen Schritten zur Langen Straße, der Einkaufsstraße der Greifswalder. Hier ist besonders das Haus Nr. 57 von Interesse, die alte Seifensiederei von Adolf Gottlieb Friedrich, in der sein Sohn Caspar David 1774 geboren wurde. Heute befindet sich hier das Caspar-David-Friedrich-Zentrum und erinnert mit einer Ausstellung an das Leben und Schaffen dieses großen romantischen Künstlers. Weitere Arbeiten von Caspar David Friedrich hängen im neuen Pommerschen Landesmuseum Greifswald nur einen Steinwurf vom Geburtshaus entfernt. Auf der Reise nach Greifswald lohnt sich auch ein Abstecher zur Klosterruine Eldena am Greifswalder Bodden, einem der Lieblingsmotive des Malers.

INFO: Tourist Information Greifswald, Rathaus am Markt, 17489 Greifswald, Tel. (038 34) 85 36 13 80, www.greifswald.info. **INFO CASPAR-DAVID-FRIEDRICH-ZENTRUM:** Lange Str. 57/Eingang Turmgasse, 17489 Greifswald, Tel. (038 34) 88 45 68, www.caspar-david-friedrich-gesellschaft.de, Öffnungszeiten Di–Sa 11–17, Mai–Sept. auch So 11–17 Uhr, Eintritt €5, ermäßigt €4. **INFO POMMERSCHES LANDESMUSEUM:** Rakower Str. 9, 17489 Greifswald, Tel. (038 34) 831 20, www.pommersches-landesmuseum.de, Öffnungszeiten Di–So Mai–Okt. 10–18, Nov.–April 10–17 Uhr, Eintritt € 7,50, ermäßigt € 5,50.

Die Klosterruine Eldena übte auf Caspar David Friedrich eine große Faszination aus

200 Werken herausragender Meister wie Caspar David Friedrich, Vincent van Gogh, Philipp Otto Runge und Max Liebermann.

👁 Klosterruine Eldena ➡ E15
Am Greifswalder Bodden
Die Klosteranlage ist ganzjährig geöffnet und frei zugänglich
Anmeldung für Führungen bei der Tourist Information
Die Reste des im Dreißigjährigen Krieg zerstörten Klosters, dessen Gründung auf das Jahr 1199 zurückgeht, waren eines der Lieblingsmotive des Malers Caspar David Friedrich, der dadurch die Aufmerksamkeit einer breiteren Öffentlichkeit auf das Ensemble lenkte, von dem nur Teile des Kirchenschiffs und der Konventsgebäude erhalten sind. Vor allem im Dämmerlicht kann man hier der besonderen Stimmung der Gemälde des Meisters der Romantik nachspüren. Leider ist die Straße nach Wolgast nah und damit auch unromantischer Autolärm nicht fern.

Büste und Gedenktafel zu Ehren Otto Lilienthals in Anklam

Ausflugsziel

🏛 Otto-Lilienthal-Museum ➡ F16
Ellbogenstr. 1, Anklam
✆ (39 71) 24 55 00
www.lilienthal-museum.de

OTTO-LILIENTHAL-MUSEUM

Anklam, Mecklenburg-Vorpommern

Anklam liegt im östlichen Teil Vorpommerns und zählt heute etwa 13 000 Einwohner. Überregional ist die Stadt vor allem als Geburtsort des Luftfahrtpioniers Otto Lilienthal (1848–96) bekannt. Er war der

Die ständige Ausstellung im Otto-Lilienthal-Museum in Anklam beschreibt die »Erfinderleben« des Maschinenbauers Otto Lilienthal und seines Bruders Gustav.

Erste, der erfolgreich und wiederholt Gleitflüge unternahm. Deren genaue Anzahl ist unbekannt, doch sollen es mindestens 2000 gewesen sein. 1894 ließ er auf dem Gelände einer Ziegelei in Groß-Lichterfelde bei Berlin, wo Lilienthal einen großen Teil seines Lebens als Ingenieur und Besitzer einer Dampfkessel- und -maschinenfabrik verbracht hatte, einen 15 Meter hohen Hügel aufschütten, von dem er mit seinen unmotorisierten Fluggeräten bis zu 80 Meter weit flog. Bei seinem letzten Flug, am 9. August 1896, stürzte Lilienthal in der Nähe von Rhinow aus 15 Metern Höhe ab und kam ums Leben.

Mit einem Museum erinnert Anklam an seinen berühmtesten Sohn. Die Ausstellung zeichnet sein Leben und das seines Bruders Gustav, der ebenfalls einiges zur Entwicklung

der Flugtechnik beitrug, nach, beschreibt aber auch die Anfänge der Fliegerei ganz allgemein und erzählt vom »Zweikampf« zwischen Luftschiff und Flugzeug, der die Zeit Lilienthals prägte.

Dabei ging es um die Grundsatzfrage, ob Fluggeräte, die schwerer sind als Luft, fliegen können. Im Museum sind viele Flugapparate Lilienthals ausgestellt – allerdings, da die meisten nicht mehr existieren, in Form exakter Nachbauten. Die Flügelspannweiten der Exponate von bis zu 8,5 Metern beeindrucken und erinnern an den Vorläufer heutiger Gleitschirmflieger. Stolz ist man im Museum auch auf die Lilienthal-Fotografien von Ottomar Anschütz (1846–1907), einem Pionier der Fotografie und des Films.

Zum Museum gehört das Aeronauticon am Flughafen. Die vor allem an Kinder und Jugendliche gerichtete Freilichtausstellung zum Thema Fliegen ist ausgestattet mit Natur- und Techniklehrpfad rund ums Fliegen sowie einem Spielplatz mit Holzflugzeug und anderen Fluggeräten. Das Gelände ist frei zugänglich, der Eintritt ist frei.

Info: Anklam liegt an der Peene, ca. 40 km südlich von Greifswald. **Info Lilienthal-Museum:** Ellbogenstr. 1, 17389 Anklam, Tel. (039 71) 24 55 00, www.lilienthal-museum.de, Öffnungszeiten Juni–Sept. tägl. 10–17 Uhr, Nov.–April Mi–Fr 11–15.30, So 13–15.30 Uhr, Mai, Okt. Di–Fr 10–17, Sa/So 13–17 Uhr, Eintritt € 4,50, ermäßigt € 3,50. **Info Aeronauticon:** Flugplatz, Anklam, frei zugänglich, Eintritt frei.

Juni–Sept. tägl. 10–17, Nov.–April Mi–Fr 11–15.30, So 13–15.30, Mai, Okt. Di–Fr 10–17, Sa/So 13–17 Uhr
Eintritt € 4,50/3,50
Flugapparate aus den Anfängen der Fliegerei und eine Ausstellung zu Leben und Werk des in Anklam geborenen Flugpioniers und zur Geschichte des Fliegens.

USEDOM ➡ E16–F18

»Badewanne der Berliner« nennen (nicht nur) Einheimische die Insel; die Großstädter kamen schon immer besonders gern hierher. »Usedom«, nach dem slawischen Wort *uznam* (Mündung), liegt im Odermündungsbereich. Zwei Brücken verbinden die Insel mit dem Festland, die eine bei Wolgast, die andere bei Zecherin. In den Hochzeiten der Sommersaison ist öfter mal mit langen Wartezeiten zu rechnen.

Nicht nur Bäder-, sondern auch Weltgeschichte wurde auf der Insel geschrieben: Das Luft- und Raumfahrtmuseum von **Peenemünde** dokumentiert Geburtsstunde und Weiterentwicklung der Raumfahrt ebenso wie die dunkle Seite der Wissenschaft, den Bau der Vergeltungswaffe »V2«.

Usedoms erste Adressen sind die Kaiserbäder. Neben **Ahlbeck**, **Heringsdorf** und **Bansin** gehört noch das auf der polnischen Seite Usedoms gelegene **Swinemünde**

Die Seebrücke Zinnowitz wurde 2006 um eine Tauchglocke bereichert

FEININGER RADTOUR

Usedom, Mecklenburg-Vorpommern

Lyonel Feininger (1871–1956) gilt als einer der bedeutendsten Vertreter der Klassischen Moderne. Zwischen 1908 und 1913 kam er im Sommer und Herbst regelmäßig nach Usedom und fertigte Hunderte von Naturskizzen an, aus denen dann später in seinen Ateliers in Weimar, Dessau und New York Aquarelle oder Ölbilder entstanden.

Holländerwindmühle in Benz: die Kulturmühle.

Feininger war ein leidenschaftlicher Radfahrer, auf seinem Rennrad der Marke »Cleveland Ohio« erkundete er jeden Winkel der Insel, den Skizzenblock immer dabei. So entstanden mehr als 1200 Usedom-Motive. Seit 2009 gibt es eine 56 Kilometer lange, ausgeschilderte Rundtour, die zu 45 Orten führt, an denen der Künstler seine Skizzen angefertigt hat. Ein guter Ausgangspunkt für die Radtour ist das Künstlerdorf Benz, denn die Kirche war eines der zentralen Motive des Künstlers, das ihn bis an sein Lebensende fesselte. So entstand 1955 in New York noch ein Aquarell der Kirche in Benz.

Von Benz folgt man der gut ausgeschilderten Fahrradroute nach Sallenthin, Bansin, Heringsdorf, Ahlbeck, Swinemünde, Zirchow, Korswandt und Gothen zurück nach Benz. Ein Extraschlenker in Richtung Westen führt nach Neppermin und Mellenthin. Die Feininger-Route verläuft größtenteils auf guten Fahrradwegen und ist mit blauweißen Schildern gekennzeichnet, an den Malorten sind Bronzeplatten in den Boden eingelassen. Diese sind oft nicht leicht zu finden, hilfreich ist das Begleitbuch »Papileo auf Usedom«. Freunde von Feiningers Malerei sollten nicht versäumen, das Pommersche Landesmuseum in Greifswald zu besuchen, das mittlerweile 70 Werke des Künstlers zeigt.

INFO FEININGER RADTOUR: usedom.de/feininger-radtour. Das Begleitbuch »Papileo auf Usedom« ist in den Tourist Informationen, im Buchhandel oder über die Webseite www.papileo.de erhältlich, es gibt auch eine Papileo-App für alle gängigen Betriebssysteme.

Deutschlands zweitgrößte Insel

USEDOM

Usedom, Mecklenburg-Vorpommern

Was verbindet Usedom mit Irland und Zypern? Es ist eine der letzten geteilten Inseln Europas. Der flächenmäßig größere Teil Usedoms gehört zu Mecklenburg-Vorpommern, der östliche Teil seit 1945 zu Polen. Urlauber und Einwohner preisen Usedom als Wellness-Insel, als Sonnen- oder Sommerinsel. Zutreffend sind alle drei Bezeichnungen, gilt doch das Eiland vor dem Stettiner Haff als eine der sonnenreichsten Gegenden Deutschlands mit einer extrem hohen Dichte an Wellnesshotels sowie als Baderegion, die schon im 19. Jahrhundert vor allem den Adel anzog.

Ökologisch sinnvoll und attraktiv: die typischen Rohrdachhäuser auf Usedom.

In dieser Zeit entstanden zahlreiche prächtige Sommerresidenzen. Typisch sind die Villen im neoklassizistischen Stil mit Säulen, Veranden, Loggien und großen Fenstern vor allem in den sogenannten Kaiserbädern Ahlbeck, Heringsdorf und Bansin.

Im Hinterland bieten Wiesen und Wälder Gelegenheit zu ausgedehnten Spaziergängen und Fahrradtouren, bei denen sich Störche und Seeadler beobachten lassen.

Alte Gehöfte, kleine Dörfer mit Künstlerateliers und auch eine Holländerwindmühle säumen die mitunter hügeligen Wege. Die sogenannte Kulturmühle (Baujahr 1823) befindet sich in Benz nahe Heringsdorf. Dort finden Lesungen statt und im Backhaus kann man einen Imbiss zu sich nehmen. Der Blick vom Mühlenberg geht weit über Land und die Beschaulichkeit und ländliche Idylle Vorpommerns ist hier sehr reizvoll. In Benz steht auch die Kirche, die der US-amerikanische Maler Lyonel Feininger vor rund hundert Jahren in zahlreichen Werken porträtierte und so weltberühmt machte.

Nicht verpassen: die Usedomer Landzunge Lieper Winkel zwischen Peenestrom und Achterwasser. Hier gibt es selbst im Hochsommer einsame Wege und idyllische Natur. Der Weg zu den Sandstränden an der Ostsee ist dennoch niemals besonders weit.

Ein Abstecher auf die polnische Seite Usedoms lohnt sich übrigens: Dort lockt noch weit mehr einsame Natur, etwa im Nationalpark Wolin mit herrlichen Wald- und Dünenlandschaften. Auch die Hafenstadt Swinemünde lädt zum Erkundungsbesuch ein, am besten zu Fuß: Die grenzüberschreitende Strandpromenade von den Kaiserbädern aus führt direkt dorthin.

INFO: Die Wolgaster und die Zecheriner Brücke führen auf die Insel. **INFO USEDOM:** Usedom Tourismus GmbH, Hauptstr. 42, Seebad Koserow, Tel. (03 83 75) 24 41 44, usedom. de. **INFO KULTURMÜHLE BENZ:** 17429 Benz, www.kulturmuehle-benz.de, April–Okt. Di–Sa 10–17 Uhr.

Wie hier in Bansin werden an vielen Promenaden entlang der Ostseeküste Kunst und Kunsthandwerk angeboten

dazu. Nach dem Vorbild des Staatsoberhaupts, Kaiser Wilhelm II., der gern in die Sommerfrische nach Heringsdorf kam, hielten sich Adel und reiches Bürgertum hier zum Bade- und sonstigen Vergnügen auf. Auch Künstler und Intellektuelle wie Thomas und Heinrich Mann, Leo Tolstoi und Johann Strauß genossen neben der guten Luft das Flair der gründerzeitlichen Bäderarchitektur.

Usedoms beliebte Sandstrände erstrecken sich auf einer Gesamtlänge von knapp 40 Kilometern (bis zu 60 Meter breit, mit feinem, weißem Sand und einem Flachwasserbereich bis zu 40 m). Eine zwölf Kilometer lange **Strandpromenade** führt von Bansin über Heringsdorf und Ahlbeck bis ins polnische Swinemünde.

BANSIN ➡ F18

Der Ort war noch bis zur Mitte des 19. Jahrhunderts ein kleines Dorf. Der 1897 offiziell gegründete Kurort entwickelte sich dann aber in kürzester Zeit zum kleinen, feinen Feriendomizil für Hochadel und Staatsbedienstete. Heute ist Bansin das kleinste und beschaulichste der Kaiserbäder (2500 Einw.).

ℹ Tourist Information ➡ F18

Haus des Gastes, An der Seebrücke, 17429 Seebad Bansin
✆ (03 83 78) 470 50
www.bansin.m-vp.de, www.kaiserbaeder-auf-usedom.de
April–Okt. Mo–Fr 9–18, Sa/So 10–15, Nov.–März Mo–Fr 9–16, Sa 10–15, So 10–12 Uhr

KAISER- UND BERNSTEINBÄDER

Usedom, Mecklenburg-Vorpommern

Schon im 19. Jahrhundert zog die »Sonneninsel« Usedom mit ihren weißen Sandstränden und dem maritimen Flair betuchte Badegäste an. Die florierende Bäderkultur mündete in den Kaiserbädern mit prächtigen, neoklassizistischen

Villen und Sommerresidenzen, langen Seebrücken und schicken Strandpromenaden. Zu den Kaiserbädern zählen die Orte Ahlbeck, Heringsdorf und Bansin, die ihr historisches Flair wunderbar bewahrt haben und ganzjährig über eine Fülle an Unterkünften aller Kategorien verfügen. Auch Zinnowitz ist für seine historische Bäderarchitektur bekannt. Kulturell bietet Usedom unter anderem die »Vineta-Festspiele« auf der Waldbühne in Zinnowitz sowie das Usedomer Musikfestival im Herbst.

An der schmalsten Stelle Usedoms, wo man von der Ostsee beinahe zum Achterwasser schauen kann, reihen sich die vier Usedomer Bernsteinbäder aneinander. Zempin, Koserow, Loddin und Ückeritz erhielten ihre Namen von dem vielen Bernstein, der an ihren Stränden gefunden wurde.

Usedom ist gut mit dem Auto, Fernbussen und der Bahn zu erreichen. Auf dem Weg durchquert man das »Tor zur Insel«: Die Herzogstadt Wolgast. Die ehemalige Residenz der Pommernherzöge versprüht auch heute noch das Flair vergangener Zeiten. Ein Halt in Wolgast lohnt sich, um Luft zu holen nach langer Reise, um etwas in den gemütlichen Cafés zu essen, um über Zeitzeugnisse bekannter Persönlichkeiten zu staunen oder um voller Vorfreude einen fantastischen Ausblick auf die Insel Usedom zu genießen.

Abseits der Promenaden und Flaniermeilen zeigt sich die Insel von ihrer ursprünglichen Seite. Im Achterland führen verschlungene Wander- und

Natur & Ruhe genießen am Schmollensee.

Radwege in Fischerdörfer, durch Moore, Wiesen und Wälder. Ein besonders schöner Teil ist der Lieper Winkel zwischen Peenestrom und Achterwasser. Einsame Wege und idyllische Natur gibt es dort selbst im Hochsommer.

INFO: Usedom Tourismus GmbH, Hauptstr. 42, 17459 Koserow, Tel. (03 83 75) 24 41 44, usedom.de, Öffnungszeiten Mo–Fr 8–17, Sa 10–14 Uhr.

🦎 🐢 🐠 Tropenhaus Bansin ➡ F18

Goethestr. 10, Bansin
☎ (03 83 78) 47 20 80, tropenhaus-bansin.de
Tägl. Mai–Sept. 10–18, Okt.–April 10–16 Uhr
Eintritt € 10/5 (3–14 J.)
Kleine Tiersammlung, integriert in die Ferienanlage mit insgesamt 18 Apartements. Im sogenannten Tropenzoo tummeln sich etwa 150 exotische Tiere bei angenehmen Temperaturen.

HERINGSDORF ➡ F18

Der Ort mit dem Meerestier-Namen (8500 Einw.) wurde 1824 als erstes Seebad auf Usedom eröffnet. Der Name erweckt allerdings einen falschen Eindruck, denn hier ging es zeitweise mondäner zu als in den benachbarten Bädern Bansin und Ahlbeck. Der Name »Heringsdorf« stammt angeblich aus dem Mund des preußischen Kronprinzen Friedrich Wilhelm (später König Friedrich Wilhelm IV.), der sich damit auf die 1820 noch namenlose Fischersiedlung bezog.

Seit 1995 kann das »Nizza des Ostens« mit der längsten kontinentalen **Seebrücke** Europas (508 m) aufwarten. Die »Kaiser-Wilhelm-Brücke« trägt einen alten Namen, hat aber eine moderne Form. Auf der

Auf über 500 Meter bringt es die Seebrücke von Heringsdorf

Blick auf Heringsdorf

Seebrücke befinden sich Geschäfte und Gaststätten. Ein große LED-Wand am Strand neben der Brücke bietet Sommerkino vor Wellenpanorama.

ℹ Tourist Information ➡ F18
Delbrückstr. 69, 17424 Seeheilbad Heringsdorf
✆ (03 83 78) 24 50, www.heringsdorf.m-vp.de
www.kaiserbaeder-auf-usedom.de
April–Okt. Mo–Fr 9–18, Sa/So 10–15, Nov.–März Mo–Fr 9–16, Sa 10–15, So 10–12 Uhr

🏛 Kunstpavillon ➡ F18
Promenade am Rosengarten, Heringsdorf
✆ (03 83 78) 228 77
www.kunstpavillon-ostseebad-heringsdorf.de
März–Sept. Mi–So 15–18, Okt. Mi–So 14–17 Uhr
Wechselnde Ausstellungen moderner Kunst, oft mit regionalem Bezug.

⑨ MEERness Spa ➡ F18
Im Strandhotel Ostseeblick
Kulmstr. 28, Heringsdorf
✆ (03 83 78) 541 95, www.strandhotel-ostseeblick.de
Tägl. 10–21 Uhr, für Nichtgäste mit Voranmeldung
Unterschiedliche Angebote und Tarife
Wellness-Oase, die die regionalen Ressourcen nutzt.
Beauty-Anwendungen, Massagen, Saunen, Sonnenterrasse, Panoramapool etc. 2021 erneuert.

Erbaut 1898: die Seebrücke von Ahlbeck

🚢 Insel- und Halligreederei/Adler-Schiffe ➡ F18
Seebrücke, Heringsdorf
✆ (046 51) 987 08 88, www.adler-schiffe.de
Ausflugsfahrten auf die Insel Rügen und nach Polen – u. a. Swinemünde, Stettin – sowie Seebrücken-Hopping.

Usedom kaiserlich erleben:
Seetelhotel Ahlbecker Hof
in Ahlbeck

Das kleine Grandhotel

HOTEL AHLBECKER HOF

Usedom, Mecklenburg-Vorpommern

Das legendäre kleine Grandhotel an der berühmten Ahlbecker Seebrücke prägt seit 1890 das Bild der Insel Usedom. Und das erhabene Gefühl, mit Blick auf die Ostsee kaiserlich zu logieren, umfängt den heutigen Gast

beim Betreten des gemütlichen 5-Sterne-Wellnesshotels. Wie seinerzeit Tolstoi und Gorki und andere illustre und prominente Persönlichkeiten, zu denen auch Kaiser und Könige zählten, darf der Gast hier residieren und sich verwöhnen lassen.

Die renommierten Seeheilbäder Ahlbeck, Heringsdorf und Bansin bilden die Kaiserbäder und zieren die längste Strandpromenade Europas, die für ihre prachtvolle Seebäder-Architektur weithin bekannt ist. Star unter ihnen ist der Ahlbecker Hof mit seinem stilvollen Haupthaus mit 90 zurückhaltend luxuriösen Zimmern und Suiten, zu dem noch zwei schöne Villen und eine Suiten-Residenz mit ebenfalls edlem Ambiente gehören.

Abseits des langen, weißen Strandes entspannt man sich in Kaminzimmer und Smokers Lounge oder bei einer erstklassigen Teezeremonie – der Ahlbecker Hof hat sogar einen eigenen Teesomelier im Haus. Weit mehr als den Reiz preußischer Badetradition versprechen die asiatisch inspirierten Regenerations- und Entspannungsanwendungen im großen Wellnessbereich des „Kinnaree Spa & Beauty".

Im Ahlbecker Hof lässt es sich für jeden Geschmack hervorragend speisen. Highlight ist das Konzept des exklusiven Gourmetrestaurants „Blauer Salon". In seinem Gefolge empfehlen sich das Wellness- und Gourmet-Frühstück sowie die regionale, saisonale Küche des Restaurants „Kaiserblick", die französisch inspirierten Grillspezialitäten des Bistros „La Brasserie" oder die authentisch

Am weißen Sandstrand in Ahlbeck.

thailändische Küche des Restaurants „Suan Thai".

INFO: Direkt an der Strandpromenade von Ahlbeck auf Usedom gelegen. **INFO HOTEL AHLBECKER HOF:** Ahlbecker Hof, Dünenstr. 47, 17419 Seebad Ahlbeck/Insel Usedom, Tel. (038378) 620, Zimmerreservierungen unter Tel. (038378) 470 20, www.seetel.de/hotels-residenzen/hotels-usedom/seehotel-ahlbecker-hof/hotel.html

SEEBRÜCKE AHLBECK

Usedom, Mecklenburg-Vorpommern

Mitte des 19. Jahrhunderts entdeckte das Seebad Ahlbeck auf der Insel Usedom den Tourismus. Die ersten Gäste waren Tagesausflügler aus dem benachbarten Swinemünde. Aber bald schon mieteten sich die Reisenden auch bei den Ahlbecker Fischern ein und ein Hotel öffnete seine Pforten. Nun musste der Ort seinen Besuchern etwas bieten. Deswegen baute man 1882 eine Aussichtsplattform mit hölzernen Aufbauten für ein Freiluftrestaurant und eine Bühne.

Als immer mehr Sommerfrischler kamen, brauchte man einen Schiffsanleger. So beschloss man 1898, die Plattform zu einer Seebrücke mit einem 170 Meter langen Seesteg zu verlängern. Heute ist die Ahlbecker Seebrücke die älteste ihrer Art in Kontinentaleuropa.

Noch aber waren die Bauarbeiten an der Seebrücke nicht beendet: 1930 bekam sie ihr Holzdach mit den charakteristischen vier Türmchen. Eigentlich hatte die Seebrücke damit im Wesentlichen schon das Aussehen von heute – aber nicht für lange. Denn im Winter 1941/42 zerquetschten Eismassen den Anleger, der erst viele Jahre später wieder aufgebaut wurde.

Heute ist der Anleger 280 Meter lang, ansonsten aber hat sich wenig verändert. Der Holzpavillon am Beginn der Seebrücke beherbergt nach wie vor ein Restaurant. Die Seebrücke war auch schon Schauplatz mehrerer Filmdrehs, so auch 1991, als hier Vicco von Bülow, besser bekannt als Loriot, einige Szenen für seinen Film »Pappa ante Portas« drehte.

INFO: Ahlbeck ist das südlichste Ostseebad Usedoms. **INFO SEEBRÜCKE:** Tourist Information Ahlbeck, Dünenstr. 45, 17419 Ahlbeck, Tel. (0 38 78) 49 93 50, www.kaiser baeder-auf-usedom.de.

Die berühmte Seebrücke von Ahlbeck auf Usedom.

Auf dem Platz vor der Seebrücke von Ahlbeck steht eine Jugendstiluhr von 1911, das Geschenk eines begeisterten Kurgastes

AHLBECK ➡ F18

Die Badeära begann für den Ort 1852, als der Stolper Gutspächter Holtz seine Kinder zum Schwimmen hier an den Strand schickte. Dreißig Jahre später hatte sich Ahlbeck als Badeort für die breite Mittelschicht etabliert, die mit ihren Kindern herkam. Heute gehört das Bad mit seinen 3300 Einwohnern zu den größten der Insel. Bundesweit bekannt ist das Wahrzeichen: die 280 Meter lange ❿ **Seebrücke** mit dem türmchenverzierten Holzbau von 1898, der in Loriots »Papa ante Portas« zu Filmruhm gelangte.

🛈 **Tourist Information** ➡ F18
Dünenstr. 45, 17419 Seebad Ahlbeck
✆ (03 83 78) 49 93 50, www.ahlbeck.m-vp.de
www.kaiserbaeder-auf-usedom.de
April–Okt. Mo–Fr 9–18, Sa/So 10–15, Nov.–März Mo–Fr 9–16, Sa 10–15, So 10–12 Uhr

🏊‍ 🌀 🌐 **Ostseetherme** ➡ F18
Lindenstr. 60, Ahlbeck
✆ (03 83 78) 27 30
www.ostseetherme-usedom.de
Mo–Sa 10–22, So 10–20 Uhr, im Winter kürzer
Eintritt Bad und Saunawelt ab € 15/12,50 (3 Std.)
Badelandschaft unter Glaskuppel, mit Wasserfällen, Grottenrutsche und Wellness-Angeboten.

Ausflugsziele

🏛 **Historisch-Technisches Museum** ➡ E16
Im Kraftwerk, Peenemünde
✆ (03 83 71) 50 50, museum-peenemuende.de

Im linken Flügel von Schloss Mellenthin ist heute ein Hotel untergebracht

HISTORISCH-TECHNISCHES MUSEUM

Usedom, Mecklenburg-Vorpommern

In Peenemünde auf Usedom wird neuere deutsche Geschichte lebendig: Hier ließen die Nazis einst die V-Raketen produzieren. Die Lage prädestinierte den entlegenen Ort für Probeabschüsse von Raketen. Startete man nämlich von der Nordspitze Usedoms eine Rakete in Richtung Osten, blieb die Flugstrecke komplett über dem Meer. Gleichzeitig konnte man aber den Flug der Rakete von Beobachtungspunkten entlang der Küste genau verfolgen.

Das Historisch-Technische Museum ist das größte und zugleich beeindruckendste Museum der Insel. In den ehemaligen Heeresversuchsanstalten der Nazis ist heute ein Informationszentrum untergebracht. Die Ausstellung zeigt sowohl den technischen Aspekt bei der Entwicklung der V1- und V2-Raketen als auch die politischen Dimensionen der Raketenfabrik. Die V-Raketen, bei denen das »V« im Namen für »Vergeltung« stand, hatten zwar keine kriegsentscheidende militärische Bedeutung, töteten aber Zehntausende Menschen.

Der Waffenproduktionsprozess der damaligen Zeit wird in der Ausstellung aus seiner technischen Anonymität herausgeholt, indem Lebensgeschichten von Menschen nachgezeichnet werden, die damals hier arbeiteten bzw. arbeiten mussten – angefangen von Leiter Wernher von Braun, der später in den USA eine glänzende Karriere machte, über Mitglieder des Wachpersonals bis hin zu KZ-Arbeitern, die bei ihrer Fronarbeit in Peenemünde ums Leben kamen.

Ein kleiner Teil der Ausstellung widmet sich dem Thema Raketenforschung ganz allgemein – von den Anfängen bis in unsere Zeit. Auf dem Freigelände stehen originalgetreue Modelle der V1 und V2. Außerdem zu sehen sind aus dem Nachlass der DDR-Armee einige Hubschrauber und Jagdflugzeuge des Typs MIG.

Das Kraftwerk der ehemaligen Peenemünder Versuchsanstalten mit Aussichtsplattform auf dem Dach ist das größte technische Denkmal in Mecklenburg-Vorpommern und kann besichtigt werden.

Ein vom Museum ausgehender und ausgeschilderter Rundweg führt zu 23 authentischen Orten auf dem etwa 25 Quadratkilometer großen Areal der ehemaligen Versuchsanstalten, Informationstafeln weisen etwa auf die Lage des KZ-Arbeitslagers Karlshagen I hin, auf Luftschutzbauten, Bunkeranlagen, Flugplatz und Gleisanlagen.

INFO: Peenemünde ist die nördlichste Gemeinde Usedoms. **INFO HISTORISCH-TECHNISCHES MUSEUM:** Im Kraftwerk, 17449 Peenemünde, Tel. (03 83 71) 50 50, museum-peenemuende.de, Öffnungszeiten tägl. April–Sept. 10–18, Okt.–März 10–16 Uhr, Nov.–März Mo geschl., Eintritt € 9, ermäßigt € 6.

Das Freigelände des Historisch-Technischen Museums Peenemünde, links das Modell einer A4-Rakete (V2).

Die neue Seebrücke Koserow am Morgen

Tägl. April–Sept. 10–18, Okt.–März 10–16 Uhr, Nov.–März Mo geschl., Eintritt € 9/6
Die einstige »Luftwaffenversuchsstelle Peenemünde-West« (1936–45) erlangte durch die »Vergeltungswaffe V2« traurige Berühmtheit. Umfangreiche Ausstellungen zur Entwicklung und Erprobung der Raketen- und Luftwaffentechnik sowie historischen Hintergründen.

🎦 🛏 🍴 🅓 Wasserschloss Mellenthin ➜ F17

Schlossallee 5, 17429 Mellenthin
☎ (03 83 79) 287 80
Tägl. ab 12 Uhr
www.wasserschloss-mellenthin.de
Das einzige Wasserschloss (1577–80) Usedoms ließ sich Ritter Rüdiger von Neuenkirchen auf einer alten Burg (um 1280) errichten. Umgeben von einem breiten Wassergraben, ist der zweigeschossige Renaissancebau von Antonio Wilhelmi heute vor allem Domizil eines Hotels. Das **Restaurant** bietet regelmäßig ein mittelalterliches Ritterbuffet an. 2011 öffnete zudem die **Schlossbrauerei**, ein Jahr später eine **Kaffeerösterei**.

🎭 Ostseebühne Vineta-Festspiele ➜ E17

Seestr. 8, Zinnowitz
☎ (039 71) 268 88 00
www.zinnowitz.m-vp.de
Ende Juni–Aug.
Tickets ab € 13/10
Bühnen- und Lichtshow zur Legende um die sagenhafte Stadt Vineta, die vor Usedom versunken sein soll.

Beim Wasserwandern trifft man immer wieder auf ganze Seerosenfelder

»1000 Seen und ein kleines Meer«: die Mecklenburgische Seenplatte aus der Vogelperspektive

Koserower Salzhütten → E17

An der Seebrücke, Koserow
℡ (03 83 75) 206 80
www.koserower-salzhuette.de
Tägl. außer Mo 12–20 Uhr
Um 1820 begann man auf der Insel mit dem Einsalzen von Fischen zur Haltbarmachung. Einige der Arbeitshütten sind erhalten, in denen sich heute ein renommiertes **Fischrestaurant**, ein **Räucherei-Imbiss** und ein kleines **Museum** befinden.

Bernsteintherme → E17

Im Hotel Baltic
Dünenstr. 2, Zinnowitz
℡ (03 83 77) 70 00
www.baltichotel.de/de/bersteintherme
Tägl. 10–21 Uhr
Tageskarte € 29,80/18,40
Bade- und Wellnessanlage mit Thermalbad, (Strand-)Sauna, Meerwasserbad und orientalischem Bad. ■

Reetgedecktes Haus hinter dem Strand in Ahrenshoop auf der Halbinsel Darß

Daten zur Geschichte

8000 v. Chr.	Erste steinzeitliche Besiedlungen durch nomadische Jäger und Sammler im norddeutschen Raum, auch auf Rügen.
3000– 1800 v. Chr.	Beginn von Ackerbau und Viehzucht und Entstehung von Hügelgräbern (Megalithkultur).
1800– 800 v. Chr.	In der Bronzezeit entwickeln sich Handel und Handwerk, Waffen- und Schmuckgegenstände werden hergestellt und gegen Waren aus südlichen Ländern getauscht.
800 v.– 800 n. Chr.	In der Eisenzeit bilden sich einzelne Stämme mit jeweils mächtigen Stammesfürsten heraus. Im Zuge der Völkerwanderung wandern Angeln und Sachsen aus dem heutigen Schleswig-Holstein nach Britannien ab (um 450 n. Chr.).
Um 600	Slawen wandern ins heutige Ostholstein und Mecklenburg ein, dänische Stämme gelangen bis Schleswig.

Schleswig mit Schloss Gottorf (links im Bild) um 1580

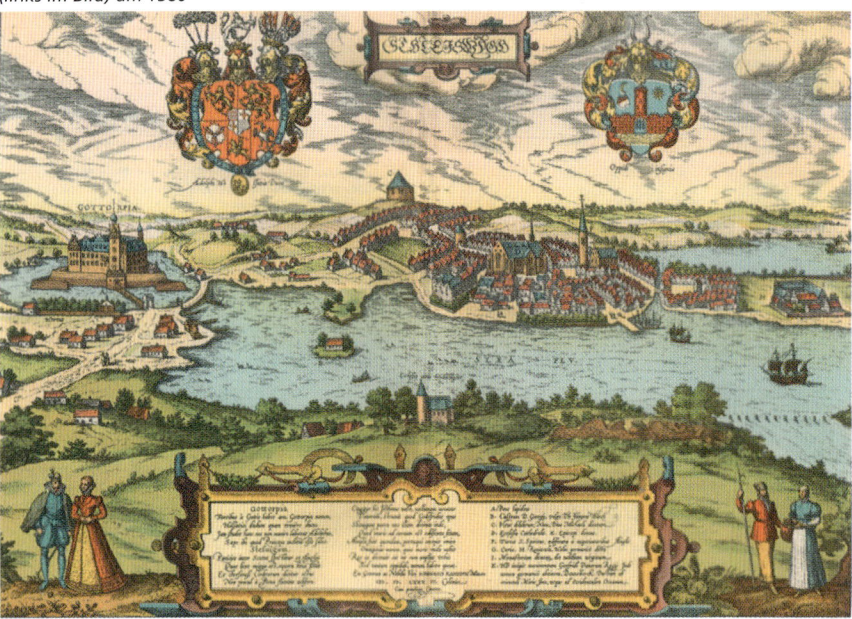

So schmücken sich die Wikinger: nachgearbeitete Zierscheibe nach Funden aus Haithabu (links) und Karolus Magnus – Karl der Große prägt den Grenzverlauf des Ostseeraums (rechts)

798	Karl der Große besiegt in der Schlacht bei Bornhöved die Sachsen, die Grenze zwischen dem fränkischen und dem dänischen Reich verläuft für die kommenden tausend Jahre entlang der Eider.
Um 800	Die Dänen errichten südlich der Schlei einen Schutzwall, das Danewerk. Die Wikinger-Handelsstadt Haithabu entsteht.
Um 900	Von Haithabu geht die Christianisierung Norddeutschlands aus. Die Grenze zwischen den Obodriten und den Sachsen, der *Limes Saxoniae*, verläuft von der Kieler Förde bis Lauenburg an der Elbe.
995	In einer Urkunde wird die Michelenburg (später Mecklenburg) südlich von Wismar erwähnt.
1066	Haithabu wird von Norwegern und Wenden zerstört.
1143	Graf Adolf II. von Holstein legt Lübeck als deutsche Handelsstadt an.
1193	Gründung des Zisterzienserinnenklosters in Bergen auf Rügen (Marienkirche).
1227	In der zweiten Schlacht bei Bornhöved besiegt Adolf IV. von Schauenburg die Dänen und schafft damit die Voraussetzung für die Weiterentwicklung der Hanse.
1229	Auf Gotland bildet sich eine Gruppe von deutschen Handeltreibenden.
13./ 14. Jh.	In London schließen sich Ende des 13. Jahrhunderts flämische und deutsche Händler

Mutmaßliches Porträt des Seeräubers Klaus Störtebeker

Ansicht von Rostock auf einem Kupferstich von Georg Braun und Frans Hogenberg (Köln, um 1575)

zu einem Bund – der Hanse – zusammen. Sie hat wirtschaftliche und politische Bedeutung und zählt in den kommenden Jahren an die hundert Städte als Mitglieder, darunter Danzig, Hamburg und Köln. Sie alle werden bald von Lübeck, der »Königin der Hanse«, beherrscht. Die Vitalienbrüder bedrohen als Piraten die Schiffe der Hanse. Ihre Anführer sind Klaus Störtebeker und Gödeke Michels. In Legenden werden sie seitdem als volkstümliche Helden dargestellt.

1419 In Rostock wird die erste Universität Nordeuropas gegründet.

1460 Der dänische König Christian I. wird Herzog von Schleswig und Graf von Holstein. Er gelobt, dass beide Länder »up ewich ungedeelt« bleiben sollen.

1522 Die Reformationsbewegung breitet sich in Norddeutschland aus.

1625 Im Dreißigjährigen Krieg besetzen Wallensteins Söldner Schleswig und Holstein, Mecklenburg schließt sich Dänemark an.

1648 Nach dem Ende des Dreißigjährigen Kriegs fallen Rügen und Wismar an Schweden. Das Land ist schwer verwüstet, Krieg und Seuchen reduzieren die Bevölkerung auf ein Viertel.

1666 Gründung der Kieler Universität.

1700 Im Nordischen Krieg fällt Schleswig erneut an die Dänen. Schweden und Brandenburg-Preußen teilen sich Vorpommern.

1755	Zwischen den Ständen und den Herzögen Mecklenburgs wird der »Landesgrundgesetzliche Erbvergleich« geschlossen – er gilt bis 1918.
1777–84	Bau des Eiderkanals.
1793	In Bad Doberan wird das Kurhaus eröffnet – Auftakt zum Bädertourismus.
1815	Der Wiener Kongress beschließt: Rügen gehört wieder zu Preußen.
1819	In Mecklenburg wird die Leibeigenschaft aufgehoben.
1827	In Mecklenburg wird die erste Chaussee fertiggestellt. Sie ist Teil einer Strecke von Berlin nach Hamburg.
1848	Die Deutschen in Schleswig-Holstein erheben sich gegen die dänische Vorherrschaft. Das Lied »Schleswig-Holstein meerumschlungen« wird zur Hymne der Unabhängigkeitsbewegung.
1850	Nach der Schlacht bei Idstedt fallen Schleswig und Holstein zurück an den dänischen König.
1864	Dänemark verliert die Herzogtümer Schleswig und Holstein an Preußen und Österreich.

Blick über die Förde auf Kiel um 1855

Bedeckend, aber nicht unattraktiv: schmuckes Badekleid aus der Zeit um 1900

1871	Schleswig-Holstein und die Herzogtümer Mecklenburgs werden Teil des Deutschen Reiches.
1882	Der Kieler Yacht-Club organisiert die erste Kieler Regatta.
1895	Nach acht Jahren Bauzeit wird der Kaiser-Wilhelm-Kanal eröffnet, der später zum Nord-Ostsee-Kanal umbenannt wird. Auf Rügen unternimmt die dampfbetriebene Kleinbahn »Rasender Roland« ihre Jungfernfahrt – sie fährt noch heute.
1918/19	Aufstand der Kieler Matrosen gegen Ende des Ersten Weltkriegs. Auch in Mecklenburg werden Arbeiter- und Soldatenräte gebildet. Die Unruhen enden mit der Abdankung des Kaisers und der Gründung der Weimarer Republik.
1920	Die Bevölkerung Nordschleswigs entscheidet sich in einer Volksabstimmung für den Anschluss an Dänemark, die Mittelschleswigs bleibt bei Deutschland.
1932	Die NSDAP wird bei den Reichstagswahlen stärkste Partei in Schleswig-Holstein.

Neckische Grüße aus Travemünde auf einer historischen Postkarte

1934 In Kiel wird die Marine verstärkt, in Rostock und Wismar entstehen Rüstungsfabriken. Mecklenburg-Schwerin und Mecklenburg-Strelitz werden zum Land Mecklenburg unter einem Reichsstatthalter vereinigt.

1936 Eröffnung des Rügendamms. In der Kieler Bucht finden die Segelwettbewerbe der Olympischen Sommerspiele statt. In Peenemünde auf Usedom bauen die Nazis eine Raketenforschungsstation.

1938 Am 9. November brennen in vielen Städten entlang der Ostseeküste die Synagogen.

1942–45 Im Zweiten Weltkrieg werden große Teile von Kiel, Stralsund, Wismar und Rostock zerstört.

1945 Die Deutsche Reichsregierung unter Großadmiral Karl Dönitz flüchtet nach Flensburg. Nach der Kapitulation wird Schleswig-Holstein der britischen Militärregierung unterstellt. Über eine Million Flüchtlinge aus Pommern, Ostpreußen, Polen und Schlesien finden in Schleswig-Holstein eine neue Heimat. Hinterpommern fällt an Polen, Vorpommern und Mecklenburg werden zusammengefasst und der sowjetischen Siegermacht unterstellt.

1946 Großgrundbesitzer in Mecklenburg-Vorpommern werden enteignet, das Land an »Neubauern« umverteilt.

Brennendes Lübeck nach den Luftangriffen von 1942

1949 Gründung der BRD und der DDR. Schleswig-Holstein wird Bundesland mit der Hauptstadt Kiel.

1952 Die Staatsregierung der DDR lässt Sperren entlang der Grenze zur BRD bauen.

1956–63 Landwirtschaftliche Betriebe in der DDR werden zwangskollektiviert.

1972 Die Kieler Bucht ist erneut Austragungsort der olympischen Segelwettbewerbe.

Ab 1982 In beiden Teilen Deutschlands entwickelt sich die Friedensbewegung.

1987 Teile der Lübecker Altstadt werden in die Liste des UNESCO-Weltkulturerbes aufgenommen.

1989 Auch in den Städten Mecklenburg-Vorpommerns finden Montagsdemonstrationen statt. Im Herbst wird die deutsch-deutsche Grenze zwischen Mecklenburg-Vorpommern und Schleswig-Holstein durchlässig.

1990 Mecklenburg-Vorpommern wird Bundesland der Bundesrepublik Deutschland, mit Schwerin als Hauptstadt.

Ab 1990 Große Naturräume entlang der Küste werden unter Naturschutz gestellt. Tourismus und Fremdenverkehr werden zu einem entscheidenden Wirtschaftsfaktor. Vor allem die Küstenorte Mecklenburg-Vorpommerns erweitern ihre touristische Infrastruktur.

1993 Heide Simonis wird in Schleswig-Holstein erster weiblicher Ministerpräsident eines Bundeslands.

2002 Die historischen Stadtkerne Stralsunds und Wismars werden als UNESCO-Weltkulturerbe anerkannt.

2005 Auf Rügen brechen große Teile der berühmten Wissower Klinken ab.

2015 Eröffnung des Europäischen Hansemuseums in Lübeck.

2016 Ausgrabung der Fundamente eines vorchristlichen Zeremonienhauses aus dem 11. Jahrhundert am Kap Arkona.

2018 Im Januar wird auf Rügen ein Silberschatz gefunden, der mit Harald Blauzahn in Verbindung gebracht wird. Die Wikingersiedlung Haithabu in Schleswig-Holstein wird als Weltkulturerbestätte anerkannt.

2020 Die Corona-Pandemie sorgt an der Ostseeküste im Frühjahr für massiven Verdienstausfall im Gastgewerbe und ab Sommer für einen Umsatzboom.

2021 Die Bauarbeiten für das neue Hochplateau am Kreidefelsen auf Rügen beginnen. ■

Einblick ins Europäische Hansemuseum: Hansetag 1518

Schleswig-Holstein in Zahlen und Fakten

Gesamtfläche: 15 731 km²
Einwohner: 2,9 Mio., 184 Einwohner/km²
Landeshauptstadt: Kiel
Küstenlänge der Ostsee: 637 km, davon entfallen 162 km auf die Schlei, 87 km gehören zur Insel Fehmarn, 146 km sind Steil-, die restlichen 491 km Flachküsten
Höchste Erhebung: Bungsberg (168 m über NHN)
Wirtschaft: Überwiegend stützt sich die Wirtschaft Schleswig-Holsteins auf die Sektoren Handel und Dienstleistungen. Mehr als zwei Drittel der Fläche des Landes werden landschaftlich genutzt. Entlang der Ostseeküste werden im Jahr um die 20 200 Tonnen Fisch gefangen. Im Tourismusbereich hat Schleswig-Holstein konstante Besucherzahlen zu verbuchen, 2019 waren es 4 290 000 Millionen Übernachtungen.

Mecklenburg-Vorpommern in Zahlen und Fakten

Gesamtfläche: 23 173 km²
Einwohner: 1,6 Mio., 69 Einwohner/km²
Landeshauptstadt: Schwerin
Küstenlänge der Ostsee: 1712 km, davon 1360 km Haff- und Boddenküste; die Außenküste ist 355 km lang, davon 227 km Flach- und 128 km Steilküste
Höchste Erhebung: Helpter Berg bei Woldegk (179 m über NHN)
Wirtschaft: Beinahe zwei Drittel der Fläche des Bundeslandes werden landwirtschaftlich genutzt. Neben der Landwirtschaft sind Schiffbau, Fischerei und Tourismus die bedeutendsten Wirtschaftszweige. Immer mehr Besucher kommen in die Region. Im ganzen Bundesland wurden 2019 über 30 800 000 Übernachtungen gebucht. Der Prozentsatz an Arbeitslosen liegt deutlich über dem Durchschnitt in der Bundesrepublik.

Blick über Wolgast auf die blaue Brücke nach Usedom, die bei jedem Brückenzug für ca. 15 Minuten geöffnet wird

Anreise

Mit dem Auto
Die ganze Küste ist mit dem Auto gut zu erschließen. Auch die Inseln Rügen, Usedom, Fehmarn sowie der Darß mit Fischland und Zingst sind »auf dem Landweg«, nämlich durch Dämme und Brücken zu erreichen. In der Hauptreisezeit von Juni bis August sollte man allerdings bei der Anreise auf dem Weg in den Norden auf Stauwarnungen achten. Vor allem bei der Anreise nach Usedom gilt es zudem die **Brückenöffnungszeiten** zu beachten (www.usedom.de).

Mit Bus und Bahn
Mit der Bahn kann man problemlos in so ziemlich jeden Winkel der Küste gelangen. Die großen Hauptbahnhöfe bzw. Knotenpunkte der Region sind Kiel, Lübeck, Rostock und Greifswald. Ab da geht es weiter mit den Regionalbahnen und/oder dem regionalen Busverkehr.
  Die Fahrt mit dem Fernbus wird auch für die Anreise zur Ostsee immer mehr zur günstigen Alternative: Kiel, Lübeck, Rostock, Greifswald, Stralsund und verschiedene Ziele auf Rügen etwa sind gut mit diesem Verkehrsmittel zu erreichen.

Mit dem Flugzeug
Die größeren Flughäfen mit innerdeutschen Verbindungen und Billigfluglinien in der Nähe der Ostseeküste befinden sich in Hamburg und Berlin. Kleinere

Frisch geräucherten Fisch kann man direkt am Hafen kaufen

Regionalflughäfen mit Verbindungen zu deutschen Großstädten gibt es in Lübeck (von und nach München und Stuttgart) und auf Usedom (von und nach Düsseldorf, Frankfurt, Stuttgart). Der Flughafen Rostock-Laage wird von Luxemburg aus angeflogen.

Auskunft

Alle großen und mittleren Orte entlang der Küste haben ihre **Tourist Informationen**. Wer Lust hat zu sparen: Viele Veröffentlichungen und Infoblätter, die in den Tourist Informationen ausliegen, enthalten Coupons mit kleinen Vergünstigungen.

ℹ Tourismus-Agentur Schleswig-Holstein GmbH (TASH)
Wall 55, 24103 Kiel
☏ (04 31) 60 05 83
www.sh-tourismus.de

ℹ Tourismusverband Mecklenburg-Vorpommern e. V.
Konrad-Zuse-Str. 2, 18057 Rostock
☏ (03 81) 403 05 50, www.auf-nach-mv.de

Einkaufen

Alle großen und mittleren Orte an der Küste haben eine gute Infrastruktur für die Selbstversorgung mit Mitteln des täglichen Bedarfs. Campingplätze verfügen oft auch über eigene Einkaufsmöglichkeiten am Platz. Die größeren Städte, z. B. Flensburg, Lübeck, Kiel und Rostock, verfügen über ausgedehnte Einkaufsstraßenzüge.

In zahlreichen Orten gilt die sogenannte Bäderregelung: In der Hauptsaison dürfen Läden in Schleswig-Holstein an Sonntagen (außer Fei) bis zu sechs Stunden, in Mecklenburg-Vorpommern an 31 Sonntagen (außer Fei) bis zu fünf Stunden öffnen.

Essen und Trinken

Die Küche des Nordens ist deftig und eher kräftig – eben die Kost hart arbeitender Landleute und Fischer. Zu den regionalen Spezialitäten gehört natürlich Fisch, Fisch und noch einmal Fisch. Die See ist Lieferantin köstlicher Speisefische und die Küche hat leckere Rezepte dafür: Scholle mit Specksoße, Dorsch mit Senfsoße, eingelegte Heringe und Matjes »nach Hausfrauenart« mit Äpfeln, Zwiebeln und Sahnesoße. Aus den holsteinischen und mecklenburg vorpommerschen Räuchereien kommen Sprotten, Aale, Schillerlocken und Holsteiner Katenrauchschinken auf den Tisch.

Am besten frisch gepult: Krabben

Labskaus – dieses Gericht hat keinen schönen Namen und sieht auch nicht hübsch aus. Aber können echte Seebären Jahrhunderte lang irren? Zu dem Gemisch aus Kartoffeln, Rindfleisch, Heringsfilets und roter Beete isst der Kenner ein Spiegelei.

Neben den Früchten der Ostsee werden auch Obst und Gemüse nicht vergessen: Äpfel kochen die Mecklenburger und Vorpommern auch gern mit Speck und Kartoffeln. Im Grünkohl können hier auch mal Rosinen auftauchen, und im Schmalz finden sich Äpfel. Und die Kartoffeln, die sich zum leckeren Grünkohl gesellen, sind auch gern mal zuckersüß karamellisiert. Viele Überraschungen hält die Küche des Nordens bereit: Alles sehr lecker!

Schwarzsauer ist dann eher was für die Mutigen: ein Gericht aus Fleisch, Brühe und Blut, das früher zu Schlachtfesten angeboten wurde.

An **Süßspeisen** kommen Buttermilch- und Fliederbeersuppen (aus Holunderbeeren) und natürlich rote Grütze auf den Tisch. Letztere kann aus den verschiedensten Früchten bestehen – Rhabarber, Kirschen, Erdbeeren, Himbeeren, Brombeeren – Hauptsache, sie sind rot. Dazu gibt es Milch, flüssige Sahne oder Vanillesoße.

Auf Rügen gibt es viele Produkte rund um den **Sanddorn**.

Getrunken wird zur Mahlzeit ein herbes **Pils**, das z. B. aus Flensburg, Rostock oder Stralsund kommen kann. Nach einem reichhaltigen Essen gibt es **Köm**, einen

Labskaus – nicht schön, aber lecker

Feuerspektakel in Höhe der Ahlbecker Seebrücke: Das Osterfeuer ist in vielen Orten entlang der Ostseeküste von alters her Teil der Osterfestlichkeiten

klaren Kümmelschnaps; nach langem Strandspaziergang bei stürmischem Wetter hilft ein heißer **Grog** zur Wiederbelebung.

Bis 1989 kam Mecklenburg-Vorpommern nicht in einschlägigen Gourmetführern vor, doch mit großen Schritten und viel Engagement wurde aufgeholt. Unter den neuen Bundesländern führt Mecklenburg-Vorpommern inzwischen die kulinarische Hitparade an.

Es lohnt auch der Besuch in einem der vielen gemütlichen Bauernhofcafés. Im Sommer nutzen Bauern den Überschuss an frischem Obst und den eigenen Garten zur Bewirtung.

Feste und Veranstaltungen

Februar
Winterbadespektakel auf Usedom – Eisbaden in Ahlbeck

Mai/Juni
Hafentage Stralsund – Maritimes Volkfest in Stralsund (www.hafentage-stralsund.de)
Kieler Woche – internationaler Segelwettbewerb mit großem Rahmenprogramm auch für Nichtsegler (www.kieler-woche.de)

KIELER WOCHE

Kiel, Schleswig-Holstein

Das Anglasen der Schiffsglocke startet die Kieler Woche und die erste von vielen Regatten auf internationalem Niveau und in vielen Wettkampfklassen. 5000 Segler sorgen zehn Tage lang für Spannung und schöne

Segelregatta während der Kieler Woche.

Ostsee-Impressionen. Wer auf dem Wasser ganz nah dabei sein will, sollte sich – rechtzeitig – über das Angebot an Begleitfahrten informieren.

So wichtig die Kieler Woche als internationales Großereignis des Segelsports ist, so sehr kann man eine Teilnahme dennoch allen Nicht-Seglern und Landratten empfehlen, und davon kommen alljährlich etwa drei Millionen.

Beim Rahmenprogramm ist wirklich für jeden etwas dabei, ob internationaler Markt mit Köchen und kulinarischen Spezialitäten aus aller Herren Länder oder dazu passendem kulturellen Programm auf der großen Bühne vor dem Rathaus. Für Kinder gibt es auf der

Krusenkoppel ein riesiges Aktivitätenangebot: Basteln und Werken, Theater- und Schmink-Workshops, Klettern und Toben – alle Angebote sind fantasievoll gestaltet und Eintritt muss man hier nirgendwo zahlen.

Abends wird entlang der Förde gefeiert, früher hauptsächlich am Hindenburgufer, inzwischen ist ein neuer Schwerpunkt rund um die Hörn entstanden. Die äußerste Spitze der Förde war ehemals von Werftgelände und brachliegenden Baugrundstücken umgeben, doch seit einiger Zeit avanciert die Gegend zu Kiels schicker Adresse mit Blick über Stadt und Wasser. Auf mehreren Bühnen spielen Livebands und für das leibliche Wohl ist mehr als gesorgt.

Sicherlich zu den beeindruckendsten Erlebnissen gehört die Windjammer-Parade, zu der sich große und kleine, alte und neue Segelschiffe einfinden. Auch Drei- und sogar Viermaster in vollem Segelornat sind dabei – ein Anblick, der in ein paar Jahren der Vergangenheit angehören könnte.

In den Tagen der Kieler Woche kann man auch allerhand Großsegler besichtigen, z. B. die schneeweiße »Gorch Fock«, das Segelschulschiff der Deutschen Marine. Den Abschluss bildet in jedem Jahr ein überdimensionales Feuerwerk, das weithin über die Förde leuchtet, und wenn die letzte Rakete dann erloschen ist, geben alle kleinen und großen Schiffe sekundenlang Signal: ein Abschiedsgruß.

INFO: Im Kieler Hafen. **INFO KIELER WOCHE:** Tel. (04 31) 90 19 05, www.kieler-woche.de. **REISEZEIT:** Letzte Juniwoche.

Putbus-Festspiele auf Rügen – Klassikkonzerte, Opern-aufführungen in Putbus zwischen Himmelfahrt und Pfingsten (www.putbus-festspiele.de)
Störtebeker-Festspiele auf Rügen, auf der Naturbühne Ralswiek (Juni–Sept., www.stoertebeker.de)

Juli/August
Hanse Sail – Rostocker Treffen großer und kleiner Traditionssegler mit Rahmenprogramm (www.hanse sail.com)
Schleswig-Holstein Musik Festival – international re-nommiertes Großereignis mit namhaften Klassik-Stars (www.shmf.de)
Travemünder Woche – Segelwettbewerb mit Rahmen-programm (www.travemuender-woche.com)
Heringsdorfer Kaisertage – großes Straßenfest mit Märkten, Theater, Konzerten, Gastronomie im Aug. (www.kaisertage.de)
Vineta-Festspiele auf Usedom – Theateraufführung in Zinnowitz im Sommer (vorpommersche-landesbuehne. de/vineta-festspiele)
Wallensteintage – historisches Volksfest in Stralsund (www.wallensteintage.de)
Warnemünder Woche – Segelwettbewerb mit Rahmen-programm (www.warnemuender-woche.com)

Alljährlich warten auf dem Grenzparkplatz Ahlbeck über 100 Sandskulpturen darauf, bewundert zu werden

Stradivari im Kuhstall

Schleswig-Holstein Musik Festival

Schleswig-Holstein

D as Schleswig-Holstein Musik Festival ist eines der größten Klassikfestivals Europas. Jedes Jahr finden im Juli und August an zahlreichen Spielstätten in Schleswig-Holstein mehr als 120 Konzerte statt. Seit seiner Gründung 1986 durch Justus Frantz gehört das Schleswig-Holstein Musik Festival (SHMF) zu den herausragenden internationalen Kulturereignissen und ist Vorbild zahlreicher ähnlicher Events in ganz Deutschland und Europa. Aktuell ist Christian Kuhnt Intendant des Festivals, das nun jedes Jahr einem anderen Komponisten eine Retrospektive widmet.

Die mitunter hochkarätigen Musiker spielen an den unterschiedlichsten Örtlichkeiten: in Kirchen, alten Ställen und Scheunen oder in eleganten Herrenhäusern und imposanten Schlössern. Aber auch in Werften oder Flugzeugterminals wird auf die Tasten gehauen oder in die Saiten gegriffen. Auch für Eltern mit Kindern gibt es sehr gute Möglichkeiten, das SHMF zu genießen: Zum einen gibt es das Angebot der Kindermusikwerkstatt, bei dem Kinder zwischen drei und 13 Jahren während der Konzerte von Musikpädagogen betreut werden. Zum anderen dürften auch die »Musikfeste auf dem Lande« – eine Verbindung von klassischer Musik und Picknick – den kleinen Zuhörern gut gefallen.

Jungen Talenten stehen die 1987 von Leonard Bernstein gegründete Orchesterakademie und die Chorakademie offen und bei den Meisterkursen in Lübeck werden Nachwuchskünstler gefördert. Seit 2002 gehört auch das internationale Jazzfestival JazzBaltica zum Musikfestival.

Info Schleswig-Holstein Musik Festival: Einsiedelstr. 6, 23554 Lübeck, Tel. (04 51) 389 57-0, (04 31) 23 70 70 (Tickets), www.shmf.de, Eintritt ab € 10.

Picknick auf Gut Emkendorf, einer der Spielstätten des Schleswig-Holstein Musik Festivals.

Fregatten der deutschen
Marine und historische
Segelboote nehmen an der
Warnemünder Woche teil

Hinweise für Menschen mit Handicap

Auf der Website der Tourismus-Agentur Schleswig-Holstein (www.ostsee-schleswig-holstein.de) wird die Broschüre »Barrierefreier Urlaub« bereitgestellt, die über Übernachtungsmöglichkeiten in zahlreichen Ferienorten, über barrierefreie Strände, Museen und Restaurants und über weitere Hilfsangebote rund um einen gelungenen Urlaub informiert.

Auch Informationen über Kureinrichtungen und eine Übersicht der Dialysemöglichkeiten im Urlaub kann man sich ansehen.

In Mecklenburg-Vorpommern informiert man über die Website www.auf-nach-mv.de die Besucher mit Handicap. Neben Übernachtungsmöglichkeiten werden auch behindertengerechte Kultur- und Freizeiteinrichtungen wie Freilichtbühnen, Theater, Museen und Freizeitbäder Auskunft sowie befestigte Wanderwege und Zugänge zu Stränden angegeben.

Für den Strandbesuch gibt es Verleihstationen, die spezielle Strand-Rollstühle für das sandige Terrain anbieten. Außerdem: Reparaturdienste für Rollstühle und eine Adressliste mit Dialysestationen.

*Schwäne verbringen den
Winter an der Küste der Ostsee*

Internet

Auch an der Ostseeküste bieten immer mehr Hotels und Vermieter kostenlosen Internetzugang bzw. WLAN an.

Infos im Netz:
www.sh-tourismus.de
www.ostsee-schleswig-holstein.de
www.museen-sh.de
www.auf-nach-mv.de
www.meckpomm.de

Klima, Reisezeit

Weil das Baden natürlich den ureigensten Grund eines Ostseebesuchs darstellt, sind die Sommermonate selbstverständlich die Hauptreisezeit. Usedom und Rügen gehören zu den sonnenreichsten Gebieten Deutschlands. Wie an jeder Küste wechselt das Wetter häufig, und auf Regen folgt schnell wieder Sonne.

Aber das ganzjährig milde Klima der Ostseeküste lockt Gäste rund um das Jahr an, denn auch im Winter bieten die Strände der Ostsee viel Flair und schöne An- und Aussichten. Deshalb gilt auch die Zeit zwischen Weihnachten und Silvester als Hochsaison.

Kurabgabe, Ostseecard

Einige Gemeinden erheben eine **Kurabgabe**, mit der etwa die Strandreinigung, die Strandsicherung, die Müllentsorgung an öffentlichen Plätzen und deren Instandhaltung finanziert und Feste organisiert werden. Als Inhaber einer Kurkarte erhalten Gäste Vergünstigungen beim Besuch von vielen Sehenswürdigkeiten und Veranstaltungen.

In Schleswig-Holstein gibt es die Ostseecard. Die Karte berechtigt zu vielen Ermäßigungen bei Attraktionen und in Geschäften vieler Urlaubsorte sowie zu unbegrenztem Zugang zu den Stränden in 18 Ostseebädern. Erhältlich ist die Karte im jeweiligen Vermietbetrieb und bei den Tourist Informationen. Eine App informiert über die Angebote.

Weitere Informationen: www.ostseecard.de

He schmökt sin Piep

Mit Kindern an der Ostseeküste

Für die Kinder unter ihren Gästen tun die meisten Küstenorte eine ganze Menge. Bei schönem Wetter bieten sich natürlich Spiel und Spaß am Strand an – mal mit, mal ohne Strandspielzeug, das auch am Urlaubsort in Hülle und Fülle angeboten wird. Da alle Badeorte traditionell auf Familienurlaub eingerichtet sind, sind meist viele Kinder vor Ort – leicht kommt so auch Kontakt zu anderen Kindern zustande.

Daneben hat jeder noch so kleine Ort eine Schlechtwetteralternative zu bieten: Hallenbäder und neuerdings

An der Hohwachter Bucht

255

Kindertraumurlaub

auch Indoor-Spiel- und -Funparks. Größere Orte haben auch während der Saison mobile Einsatzfahrzeuge in Sachen Kinderbetreuung und Freizeitangebote.

Die jeweilige Tourist Information unterrichtet über die Angebote der näheren Umgebung, wie Zoos, Erlebnisparks oder Minigolfanlagen.

Entlang der Ostseeküste bieten sich auch Veranstaltungen rund um regionaltypische Themen an, wie eine Fahrt mit einem Fischkutter oder einer Museumsbahn, sowie der Besuch eines Erlebnisbauernhofs oder eines Freilichtmuseums.

Nachtleben

Die wenigsten Gäste kommen wohl in der Hauptsache wegen des Nachtlebens an die Ostseeküste. Dennoch kann man hier durchaus – neben zahlreichen hochkarätigen Restaurants – auch Cocktailbars und Nachtclubs aufsuchen. In den Großstädten Kiel, Lübeck und Rostock ist das Angebot natürlich entsprechend vorhanden, aber auch die Badeorte entlang der Küste haben sich in den vergangenen Jahren in Sachen Nachtleben weiterentwickelt.

Am schönsten gelingt dies dort, wo Strand und Meerblick mit eingebunden werden. Lounge-Atmosphäre à la Ibiza mit Klappliegen, Sofa-Landschaften und chilliger Musik gibt es vielerorts am Strand.

Tipps für Schleswig-Holstein: Laboe (Ocean Eleven, Hafenplatz 11), Grömitz (Strandhalle, Kurpromenade 56), Heiligenhafen (Deck 7 Strandbar, An der Seebrücke 3), Scharbeutz (Beachlounge, Strandallee 134 A), Fehmarn/Südstrand (360 Grad Bar, Zur Strandpromenade 6 A)

Mehr Infos hier: www.ostsee-schleswig-holstein.de/ostsee-lounges.html

Tipps für Mecklenburg-Vorpommern: Warnemünde (Schusters Strandbar, www.schusters-strandbar.de). Perfekt für den Sonnenuntergang. Spektakulär ist die Sky Bar im 19. Stock des Hotels Neptun (www.hotel-neptun.de). Weitere Tipps: Heiligendamm (deckbeachclub, Am Kinderstrand 3), Zinnowitz (Surf8QBar, Strandaufgang 8Q).

Reetgedecktes Schleihäuschen bei Rieseby

Notfälle, wichtige Rufnummern

Allgemeiner Notruf ☏ 112
Apothekennotdienst ☏ 0800-002 28 33
Giftnotruf☏ (030) 192 40 (Tag und Nacht)
ADAC-Pannendienst ☏ (018 02) 22 22 22
Deutsche Bahn ☏ 0180 699 66 33
Sperrnotruf für Geldkarten ☏ 116 116

Presse

In Schleswig-Holstein werden am häufigsten die »Kieler Nachrichten«, das »Flensburger Tageblatt« und die »Lübecker Nachrichten« gelesen, sowie regionale Ausgaben derselben.

Die meistgelesene Zeitung an der Küste Mecklenburg-Vorpommerns ist die »Ostsee-Zeitung« mit verschiedenen regionalen Beilagen.

Im Strandgut findet sich so allerlei

Sport und Erholung

Baden

Die Badewasserqualität der Ostsee ist generell gut bis sehr gut. Die Badestellen werden regelmäßig überwacht. Informationen über Wasserqualität und sonstige Badebedingungen erhält man bei den örtlichen Kurverwaltungen sowie beim Ministerium für Natur, Umwelt und Landesentwicklung und bei den zuständigen Gesundheitsbehörden. An vielen Stränden sind besondere FKK-Bereiche ausgewiesen, überall sonst ist »oben ohne« aber auch durchaus üblich.

Öfter mal teilt der Urlauber an der Ostseeküste das Badeterrain mit **Quallen**. Sie werden an vielen Stränden und in vielen Hafenbecken der Region angetrieben. Fast immer sind sie völlig harmlos, nur auffallend farbenfrohe Exemplare, vor allem die roten Nesselquallen, sollten gemieden werden. Wenn es doch zum Kontakt kommt, verursacht dies ein Brennen auf der Haut, aber in der Regel sind nur Allergiker genötigt, den Arzt aufzusuchen.

Mehr Info über Badewasser im Internet:
www.schleswig-holstein.de/DE/Landesregierung/Themen/GesundheitVerbraucherschutz/Badegewaesserqualitaet/badegewaesser.html
www.badewasser-mv.de

Radfahren

Zum gemütlichen Radfahren eignet sich die gesamte Küstenregion ganz hervorragend. Damit es nicht zu leicht wird, gibt es auch die eine oder andere kleine Erhöhung zu überwinden. Der **Ostseeküsten-Radweg**, beginnend an der dänischen Grenze, verläuft durch Flensburg, vorbei an Kiel, rund um Fehmarn, an Lübeck und anderen Highlights bis zur Halbinsel Priwall bei Travemünde über 452 Kilometer. In Mecklenburg-Vorpommern geht es weiter, noch einmal 384 Kilometer bis nach Ahlbeck auf Usedom. Über 800 Kilometer Fahrradspaß – die Ostsee dabei fast immer in Sichtweite.

Informationen zu Radwegen unter www.ostsee-schleswig-holstein.de/radfahren.html und www.auf-nach-mv.de. Auf diesen Websites werden zahl-

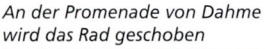

An der Promenade von Dahme wird das Rad geschoben

Ostseeküsten-Radweg

Schleswig-Holstein

Der Ostseeküsten-Radweg verläuft über eine rund 450 Kilometer lange Strecke durch Schleswig-Holstein, von der deutsch-dänischen Grenze bis nach Lübeck-Travemünde. Startpunkt ist Kupfermühle, ein kleiner Ort

Travemünde – Endpunkt des Ostseeküsten-Radwegs von der dänischen Grenze nach Lübeck-Travemünde.

an der Grenze zu Dänemark. Über Flensburg, Kiel, Heiligenhafen geht es auf die Insel Fehmarn, die komplett umrundet wird. An der Küste geht es weiter bis nach Travemünde. Die Strecke ist in sechs bis zehn Tagen machbar, je nach Lust und Kondition eignet sie sich auch hervorragend für Familien mit Kindern. Neben dem Meerespanorama, den weiten Raps- oder Weizenfeldern und den feinen Sandstränden bieten sich den Radlern viele kulturelle Highlights: Vom Schifffahrtsmuseum in Flensburg über das sehenswerte Schloss Glücksburg, den Yachthafen im Ostseebad Damp und das Wikingermuseum Haithabu bis zu den großen Schiffen in der Kieler Förde. Am besten planen Sie die Radtour rund um die »Kieler Woche« im Sommer. Anschließend locken die Altstadt in Heiligenhafen, das natürlich schöne Fehmarn und das reiche Travemünde mit dem Skandinavienkai. Zwischendrin genießen Sie einfach das herrliche Schleswig-Holstein mit den kleinen Dörfern, den – teils doch überraschend hohen – Hügeln, dem guten kulinarischen Angebot und seinen immer wieder weißen Sandstränden mit gemütlichen bis mondänen Seebädern. Und natürlich Land und Leute, denn die Holsteiner sind viel offener als ihr Ruf. Wer vom Radfahren noch nicht genug hat, kann die Tour in Mecklenburg-Vorpommern nach Rügen, Usedom und weiter bis zur polnischen Grenze fortsetzen. Vorbei an weiten Sandstränden und eindrucksvollen Klippen entdecken Sie die Sehenswürdigkeiten der einstmals reichen Hansestädte Wismar, Stralsund und Greifswald.

Info Ostsee-Holstein-Tourismus: Am Bürgerhaus 2, 23683 Scharbeutz, Tel. (045 03) 88 85 25, www.ostsee-schleswig-holstein.de. **Reisezeit:** Mai–Okt.

reiche Touren vorgestellt. Diese können entweder auf eigene Faust nachgefahren oder aber auch als organisierte Ausflüge mit Übernachtungen gebucht werden.

Information zur Mitnahme von Fahrrädern in den Fern- und Nahverkehrszügen der Deutschen Bahn erhält man unter: www.bahn.de/ service/individuelle-reise/bahn_und_fahrrad.

Segeln

Frische, salzhaltige Luft und viel Wind – das ist Segeln in Schleswig-Holstein und Mecklenburg-Vorpommern! Mit seinen knapp 300 Sportboothäfen an den Küsten, seinen Flüssen, dem Großen Plöner See und dem Ratzeburger See, gilt das Urlaubsland als wahres Paradies für Segelfans.

Weitere Infos unter: www.sh-tourismus.de, www.mv-maritim.de.

Segelboote gehören an der Ostsee einfach dazu

Sportangeln

Die Region ist natürlich ein Paradies für Angelsportler – das ganze Jahr über kann an der Küste und in den Gewässern geangelt werden. Von vielen Punkten der Küste aus ist Brandungsangeln möglich.

An der Ostsee werden Fischereischeine anderer Bundesländer anerkannt. Urlauber ohne Fischereischein erhalten gegen Vorlage des Personalausweises eine 40 Tage gültige Bescheinigung. Auskünfte über Fangplätze, Vorschriften und die notwendigen Angelscheine gibt es bei den Tourist Informationen. Auch im Internet unter lsfv-sh.de (Landessportfischerverein Schleswig-Holstein) und www.auf-nach-mv.de/angeln (Mecklenburg-Vorpommern).

Kur und Wellness

Über hundert staatlich anerkannte Heilbäder, Kur- und Erholungsorte und über 40 Seeheilbäder und Seebäder gibt es entlang der Ostseeküste.

Rote Kugeln am Fischernetz helfen dabei, die Netze im Wasser zu erkennen

Der Wellnesstrend hat auch entlang der Ostseeküste zahlreiche Anbieter auf den Plan gerufen. Besonders beliebt sind Anwendungen, die regionale Produkte wie Meerwasser, Algen oder Rügener Heilkreide einsetzen.

Infos zu Kuraufenthalten geben der Heilbäderverband Schleswig-Holstein e. V. (℡ 04 31-21 08 88 38, www.heilbaederverband-sh.de) und der Bäderverband Mecklenburg-Vorpommern e.V. (℡ 03 81-80 89 93 80, www.mv-baederverband.de, www.gesundes-mv.de).

Sprachhilfen für das Plattdeutsche

Platt ist nicht gleich Platt: Kenner hören große Unterschiede z. B. zwischen Angeliter und Mecklenburger Platt. Natürlich denkt jeder Sprecher, die anderen sprächen Tüddelkroam. Aber Sprachwissenschaftler bestätigen die feinen Unterschiede, die dem Laien allerdings wohl meist verborgen bleiben.

Zur Zeit der Hanse hatte das Niederdeutsche seine größte Ausbreitung und Blütezeit, denn nach und neben dem Lateinischen diente es den Handeltreibenden als Verkehrssprache. Auch wichtige Verträge wurden in Platt abgefasst.

Mit der Verbreitung des Hochdeutschen begann der allmähliche Niedergang der Mundart, die jedoch erst in unseren Tagen tatsächlich vom Aussterben bedroht ist. Wie alle Mundartsprecher lieben die Norddeutschen ihren Dialekt und pflegen ihn so weit es geht. Aber auch wenn in Radiosendungen, Lokalblättern, in Heimatliteratur, in mehr oder minder wissenschaftlichen Wörterbüchern und sogar in speziellen Unterrichtseinheiten dem Aussterben Einhalt geboten werden soll – zusammen mit den älteren Sprechern droht vielerorts auch die plattdeutsche Mundart zu sterben.

Um so mehr ein Grund für Urlauber, bei dieser Dialektvariante des Deutschen ganz genau hinzuhören und ein bisschen mitzureden. Mit »Moin« und »tschüß« kommt man auch nach kurzem Aufenthalt an der Ostseeküste recht weit. Und wenn man beim Abschied »Kiek mol wedder in« hört, dann hat man wohl alles richtig gemacht.

Unterkunft

Die Übernachtung in der Ostseeregion kann sehr unterschiedlich ausfallen. Wer nicht das nötige Kleingeld für Hotelübernachtungen aufbringen kann, muss dennoch nicht auf einen Logenplatz am Wasser verzichten.

Viele der zum Teil preisgekrönten **Campingplätze** (www.bvcd-mv.de und camping-schleswigholstein.de) entlang der Küste bieten Stellplätze in Sicht- und Hörweite des Strands.

Zudem haben sich zahlreiche **Jugendherbergen** (www.jugendherberge.de) heutzutage auch auf Einzelreisende und Familien eingestellt und auch der Service wird sicher manchen positiv überraschen.

Viele Touristen ziehen jedoch **Ferienwohnungen** vor. Gastgeberverzeichnisse mit Angeboten aller Preisklassen erhält man bei den Tourist Informationen oder auf den entsprechenden Buchungsportalen.

Selbst geerntete Radieschen, Treckerfahren, eine Nacht im Heu – **Urlaub auf dem Bauernhof** ist besonders für Kinder auch an der Ostseeküste ein Traumurlaub: (www.landsichten.de/schleswigholstein, www.bauernhofurlaub.de, www.heuherbergen.de).

Dass eine schöne Landschaft und vielfältige Kulturlandschaft einen guten Nährboden für **Luxushotels** bietet, versteht sich von selbst. Das Besondere an den

Sellin auf Rügen: Traumvillen im Stil der Bäderarchitektur

Wohnzimmer mit Blick auf die See: Ferienhäuschen auf der Halbinsel Darß

vielen Traumhotels der Region ist die große Zahl historischer Bauten, die in First-Class-Anlagen verwandelt wurden. Kaum eine andere Region Deutschlands kann mit derartig vielen und vielgestaltigen Schlössern, Guts- und Herrenhäusern aufwarten.

Verkehrsmittel

Das öffentliche Nahverkehrsnetz ist gut ausgebaut. Die **Deutsche Bahn** und **private Bahnunternehmen** bedienen einen Großteil der Regionen und bieten auch Spartickets (Schleswig-Holstein-, Mecklenburg-Vorpommern- oder Bernstein-Ticket) sowie die Fahrradmitnahme an. Dazu kommen zwei **Schmalspurbahnstrecken:** der Molli (Kühlungsborn–Bad Doberan) und der Rasende Roland (Rügen). Auch das Fernbusnetz bietet sich an. Weitere Informationen zu Verkehrsmittel vgl. Anreise. ▪

Das Seebad Warnemünde
bei Rostock

Andreas Meyer, Rostock: S. 11 u., 197 u., 227 u.
Andreas Sewald: S. 106, 107
Archiv der Hansestadt Rostock: S. 241
Campingplatz ABC Großensee: S. 40
Carsten Heinke: S. 190
Christin Kiepke: S. 38
Cliff Hotel Rügen: S. 198, 199
Dirk Bleyer: S. 225
Eszter Kalmár, Potsdam: S. 195
Europäisches Hansemuseum, Lübeck/ Bertram Solcher:
S. 18; Axel Bauer: S. 19; Olaf Malzahn: S. 243
Forsthaus Friedrichsruh: S. 39
Fotolia/Dermerkur: S. 67; hanseat: S. 30; Kameraauge:
S. 13; Ralf Gosch: S. 56
Freilichtmuseum Klockenhagen/Fried Krüger: S. 172
Grand Hotel Heiligendamm/Peter Lück: S. 149
Hans-Jürgen Fründt, Elmshorn: S. 244 o.
Hansa-Park, Sierksdorf: S. 122
Haus der Schiffergesellschaft/Frank Höhne: S. 16 u.
Herzogtum Lauenburg Marketing und Service GmbH/
Carina Jahnke: S. 34, 35, 37; Elke Tampe: S. 36; Na-
tascha Pätzold: S. 41
HTM Peenemünde GmbH: S. 232
iStockphoto/ aldorado10: S. 123 o.; Andrew Chambers:
S. 75 o.; anela: S. 246; anyaivanova: S. 177; Arne
Thaysen: S. 57 o., 57 u., 260; Bitbeerdealer: S. 234 o.;
delectus: S. 183; DR pics24: S. 208 u., 265; eurotravel:
S. 143; Exkalibur: S. 105; Hedda Gjerpen: S. 4 Mitte,
25; hsvrs: S. 10, 166; IngmarWesemann: S. 205 u.;
Joerg Franzen: S. 223; J Wackenhut: S. 4 r., 108,
117 o., 118; Maria Wachala: S. 8/9; Maxim Bolotni-
kov: S. 87; Michael Haul: S. 50 l.; Mikhail Markovskiy:
S. 5 l., 174; nicky39: S. 235; nicoolay: S. 48 u.; ollo:
S. 75 u.; Pesky Monkey: S. 48 o.; pwmotion: S. 188;
querbeet: S. 3 r., 4 l., 50 r., 51, 146, 157; ralfgosch:
S. 85; RedMoonRise: S. 257 u.; RelaxFoto.de: S. 230;
Remen: S. 11 o., 167; Sabine Wagner: S. 47, 181; Sean
Pavone: S. 154; SLindenau: S. 100; Steffen Hoejager:
S. 2 l., 69; tane-mahuta: S. 152; Tarek El Sombati:
S. 261; Thomas Fluegge: S. 103; typo-graphics: S. 141;
venemama: S. 77, 98; whitemay: S. 156
Karl-May-Festspiele, Bad Segeberg: S. 101, 102
Katrin Tams, Potsdam: S. 78, 79, 89, 93, 110, 111, 114,
115 o., 116, 123 u., 125
Kurverwaltung Koserow: S. 233
Landeshauptstadt Kiel: S. 83; Nadine Rathjen: S. 250
Lübeck und Travemünde Marketing GmbH (LTM):
S. 29; Olaf Malzahn: S. 15 u., 17, 20, 24, 28, 31, 32 r.,
33, 49, 126, 130, 131
Lübeck und Travemünde Tourist-Service GmbH (LTS)/K.
E. Vögele: S. 259; Torsten Krüger: S. 3 Mitte, 27, 127;
Hans-Wedig Müller: S. 12
Lübecker Museen/Michael Haydn: S. 21 u.
marcusfriedrich.media: S. 175
Maritim Hotelgesellschaft mbH, Bad Salzuflen: S. 42
Niederegger, Lübeck: S. 26
Otto-Lilienthal-Museum, Anklam/Wittig: S. 220
Ozeaneum, Stralsund/Margit Wild: S. 179
Pixelio/ Andreas Hilbeck: S. 95; Andreas Kalfaß: S. 54 u.;
Bernd Sterzl: S. 191 o.; Dieter Strehle: S. 161; Gabi
Hamann: S. 55 o.; Hans Peter Fischer: S. 113; HeiFisch:
S. 249; Kurt F Domnik: S. 5 r., 61 u., 63, 257 o.; Manfred
Hehlert: S. 255 u.; Marco Barnebeck Telemarco: S. 262;

Pandi: S. 120, 124, 263; Schwert: S. 15 o.; shssl: S. 73 u.
Rainer Drexel, Frankfurt/M.: S. 234 u.
Schloss Güstrow/SSGK-MV: S. 164; Dan Petermann: S. 165
SEETELHOTELS: 228, 229
Shutterstock/A. Freund: S. 245; alfotokunst: S. 53; Alt-
rendo Images: S. 194, 203 u.; AndiHH77: S. 151 u.;
Andreas Rose: S. 145; Andreas Vogel: S. 97, 180 r.;
anela.k: S. 74 o.; Angela Rohde: S. 91; AS Food studio:
S. 248; beckart: S. 196; Bernd Meissner: S. 203 o.; Bes-
junior: S. 80; Bildagentur Zoonar GmbH: S. 219 u.;
Bjoern Deutschmann: S. 74 u.; bluecrayola: S. 168 u.;
bPictureDE: S. 104; canadastock: S. 213; Christian Kaeh-
ler: S. 160, 184 o., 185, 207, 251; ClaudiaMMImages:
S. 133; El Greco 1973: S. 155 u.; EszKa: S. 137 o.; foo-
tageclips: S. 187 o., 187 u.; fotubi: S. 217; Frederick
Doerschem: S. 70/71; gara pro: S. 186; Gunares: S. 182;
Henner Damke: S. 151 o., 200; imageBROKER.com: S.
6, 168 o.; Iurii Buriak: S. 191 u.; Jane Petrick: S. 173;
JessiBaa: S. 61 o.; JJFarq: S. 178 o.; JTF Boettcher: S. 171
o.; Juergen Wackenhut: S. 109, 258; Julia Kuznetsova:
S. 211 o.; KH-Pictures: S. 193 u.; Konrad Weiss: S. 58 u.;
konradkerker: S. 132, 204; mapman: S. 158; Marc Ve-
nema: S. 2 r., 52, 66, 99, 155 o., 176 o. l.; Marcus Hof-
mann: S. 211 u.; Maren Winter: S. 148, 244 u.; Marli-
en6690: S. 88; Mattis Kaminer: S. 170 o.; Michael
Kaercher: S. 253; Mickis-Fotowelt: S. 224; mijeshots: S.
135, 209 r.; Nina Alizada: S. 180 l.; Oleksiy Mark: S. 138;
Oliver Hoffmann: S. 64, 90, 184 u., 209 l.; Oliver Foerst-
ner: S. 112; Pawel Kazmierczak: S. 197 o., 201, 202 o.,
202 u., 212, 214; penofoto: S. 76, 82; PHOTOCREO
Michal Bednarek: S. 210; pit24: S. 162; Randy Pr: S. 136;
rdp15: S. 86; Reiner Conrad: S. 142 u.; Riko Best: S. 206;
Rudi Ernst: S. 22, 128; Sergey Kohl: S. 218; Shurik the
Creator: S. 189; Sina Ettmer Photography: S. 55 u., 62,
119, 134, 137 u.,139, 144, 150, 169, 193 o., 226, 231 o.;
Sinuswelle: S. 170 u., 178 u.; Stefan Lauk: S. 227 o.;
stylefoto24: S. 221 u.; Sue Martin: S. 176 u.; T. Richter:
S. 147; Takashi Images: S. 176 o. r.; TeleMakro Fotogra-
fie: S. 153 o.; Torben Knauer: S. 140; Travelling Thilo:
S. 54 o.; travelview: S. 231 u.; Vincenzofo-to: S. 219 o.;
vivooo: S. 254; Vossiem: S. 208 o.; Werner Spremberg:
S. 215, 216 u.; Wilm Ihlenfeld: S. 59, 60; Wolfgang
Hauke: S. 44
Stiftung Schleswig-Holsteinische Landesmuseen: S. 68
Störtebeker-Festspiele GmbH, Ralswiek: S. 192
Tourismus-Agentur Schleswig-Holstein GmbH, Kiel:
S. 2 Mitte, l., 81, 84, 247, 255 o., 256
Tourismuszentrale Rostock & Warnemünde/Irma
Schmidt: S. 5 Mitte, 73 o., 159
Usedom Tourismus/Slawomir Ryfczynski: 222
Ute Sabelmann, Kiel: S. 117 u.
Verband Mecklenburgische Ostseebäder e.V. (VMO)/
René Legrand: Schmutztitel (S. 1), 240
Verkehrsverein Poel: S. 142 o.
VISTA POINT Verlag (Archiv), Rheinbreitbach: S. 16 o.,
21 o., 23 l., 23 Mitte, 23 r., 32 l., 92, 153 u., 171 u.,
173 o., 205 o., 216 o., 221 o., 236, 237 o. r., 237 o. l.,
237 u., 238, 239, 240 o., 240 u., 242
Wallmuseum Oldenburg: S. 94
Wikipedia: H005: S. 72; Schiwago: S. 163; Taschenkrebs:
S. 65; Thiele: S. 252
www.olli-zimtstern.de: S. 129
Zweckverband Seebäder Usedom: S. 58 o.

Titelbild: Strand mit Boot auf Usedom (Foto: iStockphoto/rpeters86)
Umschlagrückseite: Blick auf die Seebrücke in Ahlbeck auf Usedom (links/s. S. 230), buntes Treiben während der Kieler Woche (Mitte/s. S. 76), Blick auf die Stadt Flensburg (rechts/s. S. 50 r.)
Schmutztitel (S. 1): Ostseevergnügen pur
Seite 2/3 (v. l. n. r): Wikinger Museum Haithabu, Kieler Woche, Schleswiger Holm, Kinderparadies Ostsee, St. Marien in Lübeck, Fähre vor Warnemünde
Seite 4/5 (v. l. n. r): Blick auf Flensburg, Lübecker Holstentor, Seebrücke Grömitz, Rathaus in Stralsund, Hanse Sail in Rostock, Mühle »Amanda« in Kappeln
Seite 10: Münster von Bad Doberan
Seite 11 (v. o. n. u): auf der Halbinsel Fischland-Darß-Zingst, Ahlbecker Seebrücke

Konzeption, Layout und Gestaltung dieser Publikation bilden eine Einheit, die eigens für die Buchreihe der **1000 Places To See Before You Die-City/Regio Guides** entwickelt wurde. Sie unterliegt dem Schutz geistigen Eigentums und darf weder kopiert noch nachgeahmt werden.

Mit Textbeiträgen aus **1000 Places To See Before You Die – Deutschland · Österreich · Schweiz** und **1000 Places To See Before You Die – Deutschland** von Christine Berger, Heike Gallus, Erica Gebhart, Carsten Heinke, Tina Hoffmann, Die Journalisten, Holger Möhlmann, Lilly Nielitz-Hart, Christian Nowak, Detlef Schmalenberg, Christian Schnohr und Katrin Tams.

Inspired by 1,000 PLACES TO SEE BEFORE YOU DIE SECOND EDITION: A Traveler's Life List
Copyright © 2011 by Patricia Schultz
1,000 Places to See Before You Die is a registered trademark of
Patricia Schultz and Workman Publishing
This 1,000...Before You Die book is published under license from Workman Publishing Co., Inc.

Aufgrund der Corona-Pandemie kann es zu veränderten Öffnungszeiten und Zugangsbeschränkungen sowie Schließungen kommen. Wir bitten dies zu entschuldigen!

© 2022 Vista Point Verlag GmbH, Rolandsecker Weg 30, D-53619 Rheinbreitbach
Alle Rechte vorbehalten
Reihenkonzeption: Andreas Schulz & Vista Point-Team
Bildredaktion: Kathrin Fäller
Lektorat: JB Bild | Text | Satz
Layout: Britta Wilken
Reproduktionen: Henning Rohm, Köln; Noch & Noch, Datteln
Kartographie: Huber Kartographie GmbH, Unterschleißheim
Gesamtherstellung: VISTA POINT Verlag GmbH, Rheinbreitbach

ISBN 978-3-96141-627-1

An unsere Leser!
Die Informationen dieses Buches wurden gewissenhaft recherchiert und von der Verlagsredaktion sorgfältig überprüft. Nichtsdestoweniger sind inhaltliche Fehler nicht immer zu vermeiden. Für diese übernimmt der Verlag keine Haftung. Für Ihre Korrekturen und Ergänzungsvorschläge sind wir dankbar.

VISTA POINT Verlag
Rolandsecker Weg 30 · 53619 Rheinbreitbach
Telefon: +49 (0)2224/7795-0 · Fax: +49 (0)2224/7795-100
info@vistapoint.de · www.vistapoint.de · www.facebook.de/vistapoint

STRALSUND
MUSEUM
GESCHICHTE(N) AM MEER
MUSEUMSHAUS

HANSEGESCHICHTE
ERLEBEN

IM MUSEUMSHAUS

Mönchstraße 38
+49 (0) 3831 253 605
www.stralsund-museum.de

Dienstag bis Sonntag
10 – 17 Uhr geöffnet
Geschlossen am Montag,
24. und 31. Dezember